普通高等教育交通运输专业教材

道路运输组织学

李 琼　汪勇杰　主　编
朱文英　主　审

人民交通出版社股份有限公司
北京

内 容 提 要

本书是普通高等教育交通运输专业教材,全书共分为7章,包括道路运输组织概述、道路运输基础设施、道路运输组织效果评价、道路旅客运输组织、道路货运车辆运行组织、道路货物运输组织、城市公交运营组织,系统地阐述了道路运输组织学的理论与实务。

本书通俗易懂,可作为高等院校交通运输专业、物流工程专业与物流管理专业的教材,也可作为大中专院校相关专业的参考教材,或者供从事交通运输与物流管理工作的技术人员和管理人员自学参考。

图书在版编目(CIP)数据

道路运输组织学/李琼,汪勇杰主编.—北京:人民交通出版社股份有限公司,2020.10(2024.11重印)
ISBN 978-7-114-16574-0

Ⅰ.①道… Ⅱ.①李…②汪… Ⅲ.①公路运输—运输组织—教材 Ⅳ.①U492

中国版本图书馆 CIP 数据核字(2020)第 084996 号

书　　名：	道路运输组织学
著 作 者：	李　琼　汪勇杰
责任编辑：	钟　伟
责任校对：	孙国靖　宋佳时
责任印制：	刘高彤
出版发行：	人民交通出版社股份有限公司
地　　址：	(100011)北京市朝阳区安定门外外馆斜街 3 号
网　　址：	http://www.ccpcl.com.cn
销售电话：	(010)85285911
总 经 销：	人民交通出版社股份有限公司发行部
经　　销：	各地新华书店
印　　刷：	北京市密东印刷有限公司
开　　本：	787×1092　1/16
印　　张：	12.75
字　　数：	292 千
版　　次：	2020 年 10 月　第 1 版
印　　次：	2024 年 11 月　第 3 次印刷
书　　号：	ISBN 978-7-114-16574-0
定　　价：	35.00 元

(有印刷、装订质量问题的图书由本公司负责调换)

PREFACE 前　　言

本书是为满足我国高等院校交通运输专业、物流工程与管理专业本科生的专业学习而编写出版的。

运输生产与工业生产不同,其生产与消费是同一个过程,而且是在流动分散、点多线长、广阔的空间范围内进行的。因此,运输组织是组织生产和组织销售交织在一起的过程,组织工作尤为复杂,是运输企业经营管理的中心环节。运输组织学是一门正在发展中的综合性边缘学科,涉及交通运输学、组织学、管理学和经济学等多个学科。本书本着理论联系实际的原则,在前人研究的基础上,参考近期的研究成果对运输组织进行了深入、系统的研究。总体来说,运输组织学是以研究运输生产过程中生产力诸要素和各环节、各工序的整体结合运动为研究对象,系统地研究运输组织理论、形式、方法、手段和制度,寻求有效的组织途径和措施,实现运输生产力诸要素的最优结合和各环节、各工序的紧密配合,形成有序、协调、均衡、连续的整体运动,争取以一定的劳动消耗,获得最高的运输效率、最好的服务质量和最佳的经济效益,以发展各种运输方式的生产力,充分发挥其最大效力,满足社会对运输服务的需要。其核心问题是运用现代科学管理方法,组织旅客、货物同运输工具在空间上和时间上的有效结合,提高运输生产能力和服务质量。

本书章节设计按照运输基本知识与理论、运输成本与价格、运输组织效果的评价、车辆运行组织、道路旅客运输组织、道路货物运输组织进行,考虑道路运输组织在综合运输体系中的地位和作为,本书增加了集装箱运输组织相关内容,符合读者循序渐进的学习习惯。本书内容完整系统、重点突出,所用资料力求更新、更准确地解读问题点。本书在注重运输组织理论知识的同时,强调运输组织知识的实用性。

本书由长安大学李琼、汪勇杰主编,由长安大学朱文英主审。

在本书的编写过程中,参考了有关书籍和资料,在此向其作者表示衷心的感谢! 本书在出版过程中,得到人民交通出版社股份有限公司的大力支持,在此一并表示衷心的感谢!

  本书的知识体系和教学内容,仍需在今后的运输发展与教学实践中不断完善。由于编者水平所限,书中难免存在疏漏之处,希望读者不吝批评与指正。

编 者

2020 年 6 月

CONTENTS 目　　录

第一章　道路运输组织概述 ·············· 1
第一节　交通与运输的概念及其系统辨析 ·············· 1
第二节　运输的分类、作用与特征 ·············· 4
第三节　五种运输方式的比较分析 ·············· 8
第四节　运输组织学概述 ·············· 13
第五节　运输组织相关原理 ·············· 15
思考与练习 ·············· 17

第二章　道路运输基础设施 ·············· 18
第一节　道路设施 ·············· 18
第二节　汽车客运站 ·············· 21
第三节　道路货运站(场) ·············· 26
思考与练习 ·············· 28

第三章　道路运输组织效果评价 ·············· 29
第一节　道路运输生产过程及基本术语 ·············· 29
第二节　营运车辆及车辆完好率 ·············· 32
第三节　道路运输组织效果评价的单项指标 ·············· 36
第四节　道路运输组织效果评价的综合指标 ·············· 45
第五节　汽车运输成本的计算与分析 ·············· 49
第六节　道路运输服务质量评价 ·············· 51
思考与练习 ·············· 53

第四章　道路旅客运输组织 ·············· 54
第一节　旅客与客流 ·············· 54
第二节　道路旅客运输及其线路 ·············· 57
第三节　道路旅客运输发展现状与定位 ·············· 59
第四节　班车客运组织 ·············· 63
第五节　定制客运组织 ·············· 68
第六节　道路旅游客运组织 ·············· 74
思考与练习 ·············· 79

第五章　道路货运车辆运行组织 ·············· 81
第一节　道路货运生产计划 ·············· 81
第二节　运输合理化 ·············· 92

第三节　货运车辆行驶线路及其选择 …………………………………… 97
　　第四节　多班运输 ………………………………………………………… 111
　　第五节　甩挂运输 ………………………………………………………… 115
　　第六节　多式联运 ………………………………………………………… 123
　　思考与练习 ………………………………………………………………… 129
第六章　道路货物运输组织 …………………………………………………… 131
　　第一节　道路货物运输概述 ……………………………………………… 131
　　第二节　整车货物运输组织 ……………………………………………… 136
　　第三节　零担货物运输组织 ……………………………………………… 140
　　第四节　特种货物运输组织 ……………………………………………… 149
　　第五节　集装箱运输组织 ………………………………………………… 155
　　第六节　无车承运人 ……………………………………………………… 163
　　思考与练习 ………………………………………………………………… 170
第七章　城市公交运营组织 …………………………………………………… 171
　　第一节　城市道路公共交通的系统组成 ………………………………… 171
　　第二节　城市公共汽电车运营组织 ……………………………………… 175
　　第三节　定制公交运营组织 ……………………………………………… 191
　　思考与练习 ………………………………………………………………… 196
参考文献 ………………………………………………………………………… 197

第一章　道路运输组织概述

学习目标

1. 理解交通与运输的区别与联系;
2. 掌握运输的分类及特征;
3. 掌握五种运输方式的技术经济特征;
4. 理解组织、运输组织的含义及特性;
5. 掌握运输组织原理。

运输系统是支撑经济协调发展,促进生产力合理布局,沟通城乡,保障国家安全和社会稳定的基础性、先导性产业,也是重要的生产性服务业和消费性服务业,是社会生产、分配、交换、消费各个方面得以正常进行的重要桥梁和纽带。运输组织是保障运输系统正常运作的软件支持,在运输系统中发挥着计划、组织、协调、控制、经营、决策等作用,从而保证运输系统有效地满足社会需要,促进社会经济发展。

第一节　交通与运输的概念及其系统辨析

现代社会中,交通与运输是一对使用频率很高的专业词汇。虽然人们在使用时并未严格区分它们的含义,而且这样使用似乎也并未产生歧义,但是在具体而深入地讨论相关问题时,就要严格区分两者的内涵了。

一、从概念角度区分

关于交通与运输这两个词汇的确切含义,现有的相关教材中表述不太一致,各类权威工具书给出的表述也不尽相同,在此选择其中具有代表性的定义进行分析。

《辞海》中对交通的解释为:各种运输和邮电通信的总称,即人和物的转运和输送,语言、文字、信号、图像等传递播送;对运输的解释为:人和物的载运和输送。

胡思继著的《综合运输工程学》对交通的界定为:交通是指通过一定的组织管理技术,实现运载工具在公共交通网络上流动的一种经济活动和社会活动,包括运载工具、公共交通网络和组织管理技术三个要素。这里的运输对象(人或物)被淡化,融合于运载工具之中。对运输的界定为:指借助公共交通网络及其设施和运载工具,通过一定的组织管理技术,实现人与物空间位移的一种经济活动和社会活动。该书指出:"运输作为一项经济活动和社会活动的四要素是公共交通网络及其设施、运载工具、组织管理技术和客货对象——人与物。经济活动中的输电、供暖、供气和电信传输的信息等,虽然也产生物的位移,但都拥有独立于公共交通网络及其设施之外的专用传输系统，不再依赖于人们一般公认的公共运输工具，它不完全具备运输四要素，因此不属于运输的范畴。"

2005年出版的《交通大词典》对交通和运输分别定义为：交通是指人、物和信息在两地之间的往来、传递和输送，包括运输和通信两个方面，是国民经济活动的主要环节之一，在国民经济发展中起先行作用；狭义的交通专指运输。运输，又称交通运输，指使用运输工具和设备，运送人和物的生产活动。该词典由交通运输行业内众多著名专家、学者共同编撰，基本包括了交通运输领域的所有相关术语，该书对交通与运输的解释代表了大多数业内人士的观点。

在译著的国外词典和著作中，《牛津现代高级英汉双解词典（第三版）》译为"交通"的词汇有两个：一个是"communication"，解释为"交通或通信设备，（联络各地的）公路、铁路、电话或电报线，无线电，电视"；另一个是"traffic"，解释为"往来于街道上的行人及车辆或天空中飞行的飞机"。运输所用的词汇是"transportation"，解释为"运送，运输"。

通过以上权威书籍对交通和运输的解释，可以发现这些书籍并未对这两个词汇给出严格且明确的区别，但基本上可以总结出以上表述的共同点。第一，交通的概念分狭义和广义两种：广义的交通包括运输和通信两个方面，是指人、物和信息在两地之间的往来、传递和输送；狭义的交通专指运输。第二，运输所涵盖的内容是明确的，指使用运输工具和设备运送物品或人员从一地到另一地的过程，即运输不包括通信。由于运输的概念中不包含通信，因此，对交通与运输的区分，从广义角度分析不具有实际意义。本文从狭义角度对二者进行区分。

交通按字面意思可以通俗地理解为"交互通行"或"交叉通行"，是指行人、各类交通工具流动的过程，由此构成的流动整体称为交通。交通强调的是交通工具和人的流动，而与交通工具上所载运的人员、物资的多少、有无没有关系，一般用通过多少辆车来衡量交通量。不管是交通工具还是人，其流动都具有主动性，可见交通概念的主题意义在于"主动通行"，重在强调借助五种运输方式实现所连接对象的流通，其核心功能在于保障主动通行的流畅性。而运输可以通俗地理解为"载运输送"，是指依赖运输工具实现人与物的位移过程，被运送的人或物统称为旅客或货物。因此，运输强调的是运输工具所运载的旅客或货物实现位置的转移，而不强调采用何种运输工具，一般我们用 t·km 或人·km 来描述运输量的大小。相对于交通概念中交通工具和行人的主动性，可知运输对象人或物，其位移的发生完全属于被动行为，因此，运输概念的主题意义在于"被动位移"，重在强调借助五种运输方式实现对所运输对象的位移，其核心功能在于保障被动位移的可实现性。

交通与运输反映的是同一事物的两个方面，或者说是同一过程的两个方面。这同一过程就是运输工具在运输网络上的流动；两个方面指的是，交通关心的是运输工具的流动情况（流量大小、拥挤程度），运输关心的是流动中的运输工具上的载运情况（载人或货的数量与质量，运送了多远的距离）。

因此，交通与运输虽然比较相似，但反映的层面、侧重点不同，两者结合起来才能反映交通运输的全貌。不管是交通还是运输，若想完成其运作过程，离不开其中所构成要素的一致合作，所以从系统的角度对二者进行分析，更能揭示其本质区别。

二、从系统角度区分

从技术角度分析,交通系统是指为行人和各类交通工具在特定通道上的顺利流动而建立起来的有机组成,由硬件和软件两部分组成。硬件是系统的物质基础,包括线路基础设施、交通基础设施、管理设施、各种形式的交通工具等。其中,线路基础设施主要指运行线路系统,因为水运和航空的运输通道是天然的,所以线路基础设施主要指铁轨、公路和管道。交通基础设施是指为交通工具在线路上正常运转提供保障条件的系统,主要是指车站、机场、港口等为实现人和各类交通工具顺利流通所配备的专用系统。软件部分包括交通法规、交通政策、交通管理和交通科技等。

从技术角度分析,运输系统是指利用五种运输方式使被运送对象按既定目标实现位移所涉及的各个有机组成部分,也由硬件和软件两个部分组成。硬件包括线路基础设施、运输基础设施、管理设施、各种运输工具以及为运输过程服务的相关辅助设施,如维修、加油、装卸搬运和途中急救等相关服务设施等。软件部分包括运输法规、运输政策、运输管理政策等。

从以上系统角度分析,两个系统既有相同部分,也有不同部分,但由于系统核心功能的差异,即使是相同的系统要素在各自的系统中发挥的作用也是不一致的。例如:同样是机动车辆,在交通系统中是作为服务对象出现的;而运输系统的服务对象是旅客或货主,机动车辆则作为服务手段存在。再如:以道路运输方式为例,同样的道路基础设施,在交通系统中是以满足通行功能为主导目标的,而在运输系统中是则是以满足客、货位移的需求为主导目标的。因此,交通系统的道路设计和建设应尽量减少冲突点、横向干扰因素和流动过程的障碍,最大化满足畅通需要;而运输系统,为完成客货位移,既要保证机动车辆运行过程中的顺畅,又要充分考虑客货位移过程提出的各方面要求,如场、站、装、卸、旅客上下等,在中心城市以及车流量趋于饱和的干线公路上,交通和运输系统都具有非常鲜明的排他性,如果从便于运输的角度考虑,应允许所有车辆进出、按旅客或货主的要求停靠,但从交通角度考虑,绝大多数城市对进城车辆都有严格的限制,所有车辆只能在指定泊位停靠,因此,围绕交通与围绕运输问题建立起来的系统在要求配置方面是不同的。

三、交通与运输概念及其辨析在道路运输方式中的应用

通过交通与运输概念的辨析,可以看出:道路具有两种基本功能,一种是交通功能,另一种是运输功能。交通功能是为了满足机动车辆、非机动车辆及行人的空间通过要求,以保证应有通过速度为主要目标;运输功能则是为了满足旅客和货物的位移要求,以保证运输过程的顺利实现为主要目标。

一般情况下,城市道路的主导功能是解决交通问题,城市间道路主要是解决运输问题。但道路可以根据所发挥功能的侧重点不同分为两类:一类是交通型道路,另一类是运输型道路。

交通型道路是以解决交通问题为主导目标的道路。交通型高速公路的主要特征是全封闭、全立交,其主导目标是最大限度地保障运输流的畅通,极少兼顾运输其他方面的需要,国外绝大多数高速公路都属于交通型高速公路。

运输是实现道路经济价值最基本、最重要的环节,因此,修建道路的根本目的是为运输服务。按此推论,道路应最大限度地实现点、线、面的结合,尽可能与沿线产业分布、人口分布联系起来,但由于每一条道路所在区域的条件有差异,由此决定的该道路上交通流的构成特性也会有所不同。

交通运输主管部门应根据交通流的构成特性规划道路等级和设施配置,在有些路段上运输流过大,造成通行不顺畅,不仅直接影响运输效率,而且也会造成交通安全事故,于是解决通行问题便成为修建这些道路的首要矛盾,修建全封闭、全立交的高速公路,最大限度地减少横向因素对运输流的影响,正是解决这一矛盾的最佳对策。这样的高速公路不应设置过多的进出口或运输作业设施,使以运输为主要目标的高速公路从形式上转变为以解决交通问题的高速公路。

运输型道路是以解决运输问题为主导目标的道路。尽管目前很多地区的运输流还不需要修建高速公路或高等级专用公路保障其通行的流畅性,但从发展或其他角度(如方便人民群众生产生活、改善投资环境、满足沿线客货对运输的时效性、便捷性要求等)考虑,仍然修建了高速公路或高等级专用公路。但这些高速公路由于运输流相对较小,不宜严格强调全封闭、全立交,应尽可能兼顾运输的其他需求,如适当保留一些简易(平交)的进出口、旅客上下车点。

另外,其他等级的道路一般都属于运输型道路,有些运输型道路的交通量可能远远小于其通行能力设定的交通量,但它主要发挥了运输功能,发挥了线对面的辐射作用,其主导目标是最大限度地满足人或物的位移需要。从国民经济的角度考虑,运输型道路对国民经济的贡献应根据运输量的大小来体现,而不是交通量的大小,因此,建议相关部门在确定道路等级、修建道路及配置相关设施时,除了考虑交通量以外,还应考虑道路主要承担的运输功能。

第二节 运输的分类、作用与特征

一、运输的分类

现代运输业按不同的标准可划分为不同的类型,通常有以下分类方法。

1. 按运输对象分类

(1) 旅客运输。旅客运输是为实现人的空间位移所进行的运输服务活动,简称客运。

(2) 货物运输。货物运输是为实现物的空间位移所进行的运输服务活动,简称货运。

2. 按运输工具分类

(1) 铁路运输。铁路运输是指在铁路上以车辆编组成列车载运旅客和货物的一种陆上运输方式。它是现代最重要的运输方式之一。

(2) 道路运输。道路运输是以道路为线路,以各种机动和非机动的载客、载货车辆为运送工具,实现旅客、货物空间位移的一种陆上运输方式。

(3) 航空运输。航空运输是指使用飞机或其他飞行器载运客货的一种现代化运输方式。

(4) 水路运输。水路运输是使用船舶及其他水上工具通过河道或海上航道运送旅客、货物的一种运输方式。

(5)管道运输。管道运输是指利用管道输送气体、液体和粉状固体的一种特殊的货物运输方式。

3. 按运输协作程度分类

(1)独立运输。独立运输是指孤立地采用不同运输工具或同类运输工具而没有形成有机协作关系的运输方式,如单纯的道路运输、铁路运输等。

(2)多式联运。货物由一种且不变的运载单元装载,相继以两种及以上运输方式运输,并且在转换运输方式的过程中不对货物本身进行操作的运输形式。

4. 按运输中途是否换载分类

(1)直达运输。直达运输是指利用一种运输工具从起运站、港一直到到达站、港,中途不经换载、不入仓库存储的运输方式。直达运输不仅可以避免中途换载所出现的运输速度减慢、货损增多、费用增高等一系列弊端,而且能缩短运输时间、加快车船周转、降低运输费用。

(2)中转运输。中转运输是指运送过程中,在途中的车站、港口、仓库进行转运换装的一种运输方式。中转运输可以将干线、支线运输有效地衔接,可以化整为零或集零为整,方便用户,提高运输效率。

5. 按运输作用与距离分类

(1)干线运输。干线运输是利用铁路、公路的干线,大型船舶和飞机的固定航线进行的长距离、大运量的运输。干线运输是运输的主体。

(2)支线运输。支线运输是与干线相接的分支线路上的运输。支线运输路程较短、运输量相对较小,支线的建设水平和运输水平往往低于干线,因而速度较慢。

(3)二次运输。二次运输又称末端运输,是指干线、支线运输到站后,站与用户仓库或指定地点之间的运输。由于这是一种补充性的、以满足个体单位需要的运输方式,所以一般具有运量小、运距短、送达地点不固定且较分散的特点。

二、运输的作用

运输是人类进步、社会发展、经济增长的基础,对国民经济起着非常重要的作用。没有运输就没有人类社会的发展,没有现代化的运输也就没有现代物质文明和精神文明,运输对国民经济和社会发展起着非常重要的作用。

(1)运输是人类社会与经济发展的基础。从人类社会发展进程来看,由于人类社会直接的物质资料生产同运输生产相辅相成,因而运输几乎影响着人类的一切活动,并构成了人类社会发展的基础。运输业的便利性也可以使世界各个地区、民族相互交流,推进世界闻名的发展和人类的进步。现代文明就是把更多的人和物以更快的速度和更节省的方式投入空间运输,投入更远的空间运动。

(2)运输是促进城市发展、繁荣的重要因素。历史的发展证明:城市的形成与政治的需要是同商品生产与交换、交通便利结合在一起的。交通便利地一般也是商品的集散地,因需要最后也成了商品的生产地,商品生产和商品交换集中地最后发展成为城市,这就是城市往往建设在交通运输最便利的原因之一。著名的地理学家克里斯勒曾指出:"交通运输是独立的经济因素,它起着中间介质的作用,使得物质的空间交换成为可能。"

(3)运输促进资源的合理分配。生产力的布局在很大程度上是一个空间运输状况的概念。合理的运输可以使土地获得多种用途,土地产出品的价值又决定于它在给定市场上的价格,而这在很大程度上取决于运输的状况。基于运输的发达,我们得以把资源丰富地区的资源借助运输工具运到资源需求地。

(4)运输有利于降低和稳定物价。运输的改善有利于商品价格的降低,这是因为运输使得更多的生产者进入市场参加价格竞争。产品生产者把其生产成本加上运费作为自己商品的定价基础,其他卖主也就必须以此基准制定相应的价格,以避免在竞争中失利。因此,一般说来,充足的运输鼓励商品市场上的竞争和使产品保持较低的价格。另外,在商品的零售价格中,运费占有很大比例,如果运输条件很好,运费也相应降低,就会降低商品的零售价。运输的改善还有助于保持价格的稳定。很多产品的生产在一年中是不平衡的,比如农产品,在运输不足的情况下,地区市场只能自产自销,这些产品在收获期价格就会下跌,而在其他时间价格就会上涨。但是,运输条件的改善可以使不同地区的产品参与到同一地区的市场竞争中,在当地供大于求的情况下,产品可以运出,在供给不足的时候,外地货源又可以满足市场的需求,该产品的价格就可能保持相对稳定。

三、运输服务的基本特征

运输生产是指向运输需求者提供运输服务的过程,而运输生产的成果称为运输产品。与其他服务相比,运输服务具有以下基本特征。

1. 运输服务的公共性

运输服务的公共性是指运输服务在广泛的社会范围内与广大群众均有利害关系的特性,主要表现在以下两个方面:

(1)运输服务为保证人在生产和生活过程中的出行需要提供运输服务,使用者广泛。在现代社会生活中,人们不可能在同一地点工作、生活及教育、娱乐等。出于满足各方面生活需要,出行需求随即产生。那么,当人们出行的距离超出一定的步行距离范围时,就需要乘坐交通工具,所以因人的移动而产生的运输需求是非常广泛的。

国外部分城市的统计资料显示,平均每人每天的出行次数约 2~3.4 次。我国长春市曾对部分居民出行情况进行过抽样调查,被调查的居民总数为 61834 人,调查结果表明,长春市居民的人均日出行次数(包括各种出行方式)为 2.08 次。上述资料均表明,旅客的出行需求是非常广泛的。《2018 年交通运输行业发展统计公报》显示,2018 年,全国完成营业性客运量 179.38 亿人次,这足以说明运输需求的广泛性和普遍性。

(2)运输服务能够保证社会经济活动中物的运输需求,使用者同样十分广泛。我国人口众多,产品种类众多,每个人日常生活中都需要大量的生活用品用于每日的吃、穿、用等,另外,全国每天生产过程中所发生的原材料、半成品、产成品、成品等的运输需求,都离不开运输。《2018 年交通运输行业发展统计公报》显示,2018 年,全国完成营业性货运量 506.29 亿 t,说明货物的运输需求是极其广泛的和普遍的。

总之,无论是人的出行还是物的位移,都是在整个社会范围内普遍发生的运输需求,因而运输服务对整个社会的经济发展和人民生活水平的提高,均有着广泛的影响,从而表现出运输服务的公共性特征。

2．运输产品的特殊性

（1）运输产品是无形产品。运输产品是运输供给方向运输需求方提供的所需要的人或物的位移，是运输业各个品种、品牌产品的总称。

在广义的生产概念中，就生产结果而言，主要有以下三种生产方式：

①劳动对象发生质的或形态的变化，如工业产品及建筑业产品等。

②劳动对象发生空间位置的变化，如运输生产。

③劳动对象发生时间位置的变化，如物品的储存。

第一种生产形式的产品为有形产品，因此，也称为有形产品生产。第二种和第三种生产形式的产品为无形产品，称为无形产品生产。例如，运输生产并没有改变人或物的形态，只是使他们进行了空间场所的移动，使之具有移动价值，运输生产为社会提供的并不是实物形态，而是一种服务，其产品为一种无形产品。

服务的无形性会给顾客带来一些选择上的难题。为什么这么说呢？因为有形产品在人们购买时可以通过观察、触摸和测试产品的性能来决定产品是否达到人们的要求；而对于服务，顾客必须依靠服务企业的声誉来作为购买与否的依据。运输产品是以服务形式体现的无形产品，不具备一般实物性有形产品的可直接感知性。因此，运输企业要想自己的产品被更多的人认可与购买，必须要在经营的过程中注意声誉的塑造。运输产品的数量由服务对象的数量与运送距离乘积的复核计量单位——$t \cdot km$ 或人$\cdot km$ 计量，对产品质量的评价具有较大的间接性，其评价的内容通常包括安全性、及时性、经济性、方便性、舒适性等。

（2）运输产品是即时产品。即时产品是指只能在其生产与消费过程中即时存在的产品，也就是产品只能在其生产与消费的过程中同时存在，生产与消费两个环节不可分割，在时间上和空间上重合。运输过程对于运输供给者来说是生产过程，对于运输需求者来说是消费过程。

运输产品的即时性对运输供给方的影响表现为，运输生产只能在有运输需求的时间、空间进行；每一运输生产过程必须保证质量，一旦运输质量不合理将造成巨大影响。即时性对需求者的影响表现为，乘客只有在有运输生产的时间、空间去利用这种服务，其运输需求才能满足。

（3）运输产品具有差异性。不管是不同的运输方式还是同一种运输方式下，不同的运输企业所提供的运输产品具有差异性。因为人们对于运输产品的评价包括、安全性、及时性、便利性、经济性以及舒适性，不同的运输企业因为运输设备、服务理念、运输服务人员素质等的差异，决定了其所提供的运输产品具有一定的差异性。

（4）运输产品具有较强的替代性。虽然运输产品严格地说具有差异性，但各种运输方式、各个运输企业所提供的各种运输产品，其核心功能都集中体现为实现货物或旅客的空间位移。这种功能的同一性，必然极易造成运输产品具有较强的可替代性，各种运输方式之间容易产生激烈的市场竞争。随着人们生活条件的不断改善和消费的不断升级，价格已不再是多数人出行选择的唯一标准，便捷性、舒适性正在成为人们出行选择的主要考虑因素。可以预见，未来各种运输方式的竞争将更加激烈。

(5) 运输产品具有不可存储性。一般我们所说的有形产品,可以加班加点生产、储存起来或者是从其他产地调运过来,为如节假日市场的旺盛需求做准备,这就是有形产品的存储性。但运输产品不像其他实物性产品那样有生产、流通和消费之分,不能储存,无法通过产品流通、调拨进行调剂,只能通过增强市场供给能力来解决。因此,运输企业在生产、经营方面具有较大的被动性与风险性。节假日,旅客滞留等待时间较平时时间长,就是因为旅客人数激增,运输企业的运力严重不足;其他时间,运力过剩。如果按照旺季配备运力,平时又闲置,对企业来说也是一种浪费;按照平时的客运量需求配置运力,虽不至于运力闲置,但是旺季又会出现严重不足,这也是市场中供需矛盾存在的根源。

(6) 运输产品缺乏所有权。在运输服务的生产和消费过程中,不涉及任何物品所有权的转移。运输产品不改变运输对象的形态或物理、化学属性,只改变他们的位置,除实现运输的基本功能目标外,消费者更多地将其所购买的产品价值的衡量集中在附加服务的质量上。

3. 运输服务的准公费服务性

准公费服务是介于纯私费和纯公费服务之间的一种收费服务方式。纯私费服务是指社会成员通过市场按等价交换原则用私人费用购买的所需服务,是由服务供给者提供的有偿服务。纯公费服务是指由社会公共事业部门支付费用,免费向各社会成员提供的服务,如社会治安保障、免费教育等。纯公费服务不适于通过市场机构进行,而是由社会公共事业部门免费提供。

运输服务介于纯私费服务和纯公费服务之间。这是因为,一方面运输业与其他有形产品的生产一样,运输产品中也凝结着服务供给者创造的劳动价值,其产品也具有商品的属性,可进行交换,可获取利益。为了保证运输业劳动者的劳动所得及运输企业的扩大再生产,运输业也应根据运输产品的价值,按等价交换的原则,通过市场向社会提供有偿运输服务。另一方面,由于运输服务具有公共性,为了减轻人们的负担,运输产品的价格不能过高,特别是旅客运输。因此,运输产品不能完全按照市场机制确定价格,尚须在保障和改善民生、妥善处理提高市场效率和保障社会公平的关系等原则下确定其价格,这就是运输服务的准公费服务特性。现阶段,我国对城市公共交通实施不同程度的财政补贴政策,对部分特殊人群实施票价减免优惠等政策,就是运输服务的准公费服务性的表现。

第三节 五种运输方式的比较分析

由于载运工具、线路设施、运营组织方式及技术经济特性等方面各不相同,所以五种运输方式在不同运输领域内各有优势与不足,具有不同的运输效能和适用范围。如何根据客户需要,充分利用不同运输方式的特点和优势,合理选择和使用各种运输方式和运输工具,对确保运输的及时性、安全性、方便性、经济性等具有十分重要的意义。

一、道路运输的特点与适用范围

道路运输是指以道路(包括城市间公路和城市道路)为线路,以各种机动和非机动的载客、载货车辆为运送工具,实现旅客、货物空间位移的一种陆上运输方式。新中国成立之初,我国陆上有动力装置的交通工具主要是四轮车辆,称为"汽车",并用其实现"货畅其流、人便于行"的运输目的,所以称为"汽车运输"。因此,当时的运输单位大都称"××汽车运输公司"等。当然,也有称"××道路运输公司"的。"道路运输"是以其汽车通行的基础设施命名的,与其他其中运输方式的命名思路同理,有其合理之处,但"汽车运输"逐渐被"道路运输"代替。实际上,道路从词义上讲就是供各种无轨车辆和行人通行的基础设施,按其使用特点分为城市道路、公路、厂矿道路、林区道路及乡村道路等。"道路运输"不仅包括城际间公路上的运输,还有城市区间内的运输,以及厂矿道路、林区道路及乡村道路的运输。因此,"道路运输"更能全面地概括此种运输行为的全部类型。

1. 道路运输的优点

(1)机动灵活。主要体现在以下几个方面:①空间上的灵活性。由于汽车体积较小,中途一般也不需要换装,除了可沿分布较广的路网运行外,还可离开路网深入工厂企业、农村田间、城市居民住宅等地,即可以把旅客和货物从始发地门口直接运送到目的地门口,实现"门到门"直达运输。这是其他运输方式无法比拟的特点之一。②时间上的灵活性。对于运输货物,可根据货主的需求随时启动;对于旅客运输虽然实行"五定"(定点、定线、定车次、定时、定价),但随着运输网点的发展及运输组织与管理水平的提高,旅客候车时间逐渐缩短,许多干线上基本上实现了随到随走。③批量上的灵活性。在五种运输方式中,道路运输的起运批量最小。④运行条件的灵活性。汽车运输服务的范围不仅在高等级公路上,还可延伸到等级外道路上,甚至可以辐射到乡村便道上。⑤服务上的灵活性,既可自成体系组织运输,又可作为其他运输方式的衔接运输。

此外,还能根据旅客或货主的具体需求提供针对性服务,最大限度满足不同层次旅客、不同性质货物的需求。由于道路运输网一般比铁路、水路网的密度要大十几倍,分布面也广,因此道路运输车辆可以实现"无处不到、无时不有"。

(2)在中、短途运输中,运送速度较快。在中、短途运输中,由于道路运输可以实现"门到门"直达运输,中途不需要倒运、转乘就可以直接将旅客及货物运达目的地,因此,与其他运输方式相比,旅客及货物在途时间较短,运送速度较快。

2. 道路运输的缺点

(1)运输能力小。由于汽车体积小,所以不适宜运送大件货物、需要长距离运输的货物以及大批量的货物。要形成庞大的运输能力,只有增加运输工具的数量和运输的密度。

(2)安全性相对较低。在交通事故方面,道路运输发生事故的概率以及造成的损失总量比其他运输方式都高。如2015年8月发生的"8·26"包茂高速公路特大交通事故导致36人死亡。

(3)单位运输成本较高。由于汽车载质量小,行驶阻力极大,所消耗的燃料又是价格较高的液体汽油或柴油,因此,除航空运输外,汽车运输成本最高,总体上不利于低附加值货物的长途运输。

(4)容易造成环境污染。在新能源汽车出现之前,汽车基本以液体汽油或柴油为主要动力来源,燃油产生的尾气对环境污染较大,是大城市环境污染的最大污染源之一。同时汽车的噪声污染也是影响城市环境的因素之一。

3. 道路运输的适用范围

(1) 道路运输主要负担短途客货运输。道路运输一般不适合运输大宗货物及需要长距离运送的货物,适合小批量、高附加值、多批次货物的短距离运输。随着高速公路建设里程的增加及高速公路网的逐步完善,道路运输逐渐开始在中长途领域同其他运输方式展开有力竞争。

(2) 道路运输为其他运输方式集散客货。道路运输机动灵活的特性决定了运输主要为其他运输方式集散客货,常常担负着为其他运输方式起、终点处的客货集散任务。

二、铁路运输的特点与适用范围

1. 铁路运输的优点

(1) 运行速度高。作为陆上的运输方式,它的运行速度快,现阶段我国高速铁路运行速度可达 350km/h,甚至更高。

(2) 运输成本较低。虽然铁路的始建投资额巨大,但因为铁路的能耗比较低,所以,铁路运输的单位成本仅高于沿海运输和长江干线运输,但远低于道路运输和航空运输,所以铁路适合承担中、长距离且运量大的客货运输业务。

(3) 运输能力大。铁路牵引动力主要有蒸汽、内燃和电力三种机车,功率可达到数千千瓦,一般每列客车能载运 1500~2000 名旅客,一列货车一般能装载 3000~5000t 货物,大秦线的运煤重载列车已达 1 万 t,国外长大列车有的甚至高达 2 万~3 万 t,所以铁路运输适合大批量低值货物及长距离的运输。

(4) 运输的经常性和连续性强。凭借固定轨道,铁路运输能克服自然条件的种种限制,较少受气候、季节等自然现象变化的影响,能保证一年四季、昼夜不停地连续作业。

(5) 通用性能好。铁路运输的包容性好,能运送各类不同货物,也可方便实现驮背运输、集装箱运输及多式联运。

2. 铁路运输的缺点

(1) 始建投资大。铁路的始建投资大,建设周期长,对资金占用较多。

(2) 运送时间长。在运输过程中需要有列车的编组、解体、中转改变等作业环节、占用时间较长,因而增加了货物的送达时间,不适宜运距较短的运输业务。

(3) 灵活性较差。受轨道限制,一个城市一般只有 1~2 座火车站,需要道路运输等为其集散旅客和货物,灵活性较差。

(4) 货损率高。由于装卸次数较多,货物损毁或者丢失概率通常高于其他运输方式。

(5) 铁路及其设备的专用性强,一旦停止营运,不易转让或回收,损失较大,即铁路的沉没成本较大。

3. 铁路运输的适用范围

基于铁路运输的高速度和低成本以及大的运输能力,铁路运输适宜大宗低值货物的中、长距离运输;适宜大批量、可靠性要求高的一般货物和特种货物运输;适合于大批量一次性高效运输,也较适合于散装货物(煤炭、金属、矿石、谷物等)的运输;尤其是对于运费负担能力小的大批量、长距离货物运输来说,无疑是最佳选择。

三、航空运输的特点与适用范围

航空运输简称空运,是指使用飞机或其他飞行器载运客货的一种现代化运输方式。

1. 航空运输的优点

(1) 速度快。航空运输的运行速度最高,这是航空运输最突出的优势。一般民航飞机速度达 500~800km/h,远高于其他运输方式。距离越长,航空运输所能节约的时间越多,快速的特点也越显著。

(2) 机动性大。航空运输几乎可以飞跃各种天然障碍,因而大大缩短两地之间的运距。有研究认为,完成同样的客货位移,航空运距比铁路运距近 25%~30%,比内河近 70%~80%,能适应紧急抢险救灾的需要。

(3) 安全性高。随着科技的不断进步,航空运输的安全性不断提高,相比其他运输方式,其安全性较高。

(4) 具有独特的经济特性。从经济方面来讲,航空运输的成本及运价均高于铁路运输和水路运输,是一种价格较高的运输方式。但如果考虑时间的价值,航空运输有独特的经济价值。因此,随着经济发展、人均收入水平的提高及时间价值的提高,航空运输在运输中的比例将呈现上升趋势。

2. 航空运输的缺点

(1) 运输成本高,运价昂贵。

(2) 运载量小,一般大型运输机的运载量低于 100t。

(3) 受天气影响较大。因飞行条件要求高,航空运输在一定程度上受到天气条件的限制,从而在一定程度上影响运输的准点性与正常性。

(4) 可达性差。航空运输难以实现"门到门"运输,需要借助于其他运输工具转运,主要是汽车运输工具。

3. 航空运输的适用范围

(1) 国际运输。目前,除远洋运输外,国家间的客货运输基本上依靠航空运输。它是国际、洲际间的主要运输方式。

(2) 特殊货物运输。一是适合高附加值、质量轻、体积小的货物运输,如电子产品、精密机械设备等;二是时效性强、需求紧急的物品。

(3) 适宜于运输距离较长的中长距离运输。由于航空运输的速度快,所以比较适宜 500km 以上的中长距离运输。

四、水路运输的特点与适用范围

水路运输包括内河运输和海洋运输两种形式,海洋运输又分为沿海运输和远洋运输。虽然这两者之间有一定的区别,但总的来说,和其他运输方式相比,有其共同的优势和劣势。

1. 水路运输的优点

(1) 单位运输工具的载质量大。在通常情况下,我国一只大型内河拖驳船的载质量已超过 1 万 t,相当于铁路列车载质量的 3~5 倍。在海洋运输中,目前世界上最大的超巨型游轮载质量达 50 余万 t。

(2)投资少。水运主要利用"天然航道",不需投入多少建设资金,除必须投资建造船舶、港口外,沿海航道投资较少。

(3)运输成本低。沿海运输成本只为铁路运输成本的2/5,在所有运输方式中,水运的运输成本水平最低,是经济性最好的运输方式。

(4)平均运距长,通用性好。据统计,海洋运输的平均运距较长,长于公路运距与铁路运距,但次于航空运距。水路运输各类不同的货物,特别是大件货物,还能方便实现集装箱运输和多式联运。对于海上运输来说,通行能力几乎不受限制。

2. 水路运输的缺点

(1)运输速度低。由于大型船舶体积大,水流阻力高,因此航速一般较低。低速行驶所需克服的阻力小,能够节省燃料。例如航速从5km/h增加到30km/h,所受阻力将增大35倍,一般船舶行驶速度只能达到30km/h左右。速度低,意味着运输的时效性相对较差,致使货物在途时间长,增加货主流动资金的占有量。

(2)受自然条件影响较大,江河断流或枯水、海洋风暴、台风等都会造成船舶停运。

(3)可达性差。水路运输只能在固定水路航线上进行运输,需要其他运输方式的衔接与配合,才能实现"门到门"运输。

3. 水路运输的适用范围

水路运输适宜于运距长、运量大、时间性不太强的各种大宗货物运输。运量大、运价低的海上运输是长期以来联系全球性经济贸易的主要方式,承担着全球性、区域间的货物运输,成为世界经济全球一体化和区域化服务的主要纽带。

五、管道运输的特点与适用范围

管道运输是一种由大型钢管、泵站和加压设备等组成的运输系统完成运输工作的运输方式。当今世界大部分的石油、绝大部分的天然气是通过管道运输的。管道还用于运送固体物料的浆体,如煤浆和矿石的浆体,如原油管道、成品油管道、天然气管道、油气混合管道、固体物料浆体管道等。

1. 管道运输的优点

(1)运输量大。一条油管线,根据其管径的大小不同,每年的运输量可达几百至几千万吨,甚至上亿吨。如一条直径1200mm的管道,每年可输送原油4300万t。

(2)运输安全可靠,避免环境污染。由于石油、天然气等特种货物易燃、易爆、易挥发、易泄露,故常采用管道运输安全可靠,同时可减少损耗,避免对空气、水源、土壤的污染,实现可持续发展。

(3)能耗小、成本低、效率高。在各种运输方式中,管道运输能耗最小,每吨千米的能耗不足铁路运输的1/7,在大批量运输时与水运接近。又由于管道运输属于一种连续不断的作业方式,几乎不存在空载,因而运输成本低。以石油运输为例,管道运输、水路运输、铁路运输的运输成本之比约为1:1:1.7。

(4)不受气候影响。由于管道密封且多埋在地下,几乎不受气候的影响,因此,可以确保运输系统长期稳定的运行,送达货物的可靠性较高。

(5)占地少、建设速度快、费用低。管道埋于地下部分占管道总长度的95%以上,且永久占用的土地只为铁路的1/9、道路的1/40。管道建设只需铺设管线、修建泵站,土石方量比道路、铁路建设少得多,建设周期短,建设费用低。

2. 管道运输的缺点

灵活性差,管道运输功能单一,只能运输石油、天然气及固体浆料(如煤炭、粉煤灰等),货源减少时不能改变线路。当运输量降低,并超出合理的运行范围时,运输成本会显著增加。

3. 管道运输适用范围

管道运输适用于单向、定点、量大的流体且连续不断货物的运输(如石油、天然气、煤浆、某些化学制品原料等)。

综上所述,各种运输方式都有一定的优点,也有一定的缺点,也就是说,各种运输方式都有其有利的使用范围,也有不适合的运输空间。在对各种运输方式进行分析时不能厚此薄彼,而应采取相应的政策使各种运输方式协调发展。

第四节 运输组织学概述

一、组织的概念及功能

1. 组织的概念

"组织"可以从静态与动态两个方面来理解。静态的组织是指组织结构,是为了实现某一共同目标确定的使工作任务得以分解、组织和协调的权责结构。静态组织的内涵有3层含义:组织作为一个整体,具有共同的目标;组织必须有分工和合作;组织要有不同层次的权责制度。

动态的组织是指通过一定权力体系,为了实现组织的目标,将所进行的各项工作加以分类,对所需要的一切资源(人、物、财、信息)进行合理配置的行为及过程,其内涵有3个方面:

(1)组织结构的设计和优化。为了实现组织目标,首先要进行组织结构设计,合理的组织结构是实现目标的保证和基础,通过对已有的组织结构优化,使组织更具有效率和适应目标的需求。

(2)人员合理配置和分工。在建立组织结构的基础上,通过对组织成员的明确分工,充分发挥组织成员的才能,从而实现组织目标。

(3)权力的分配和关系的协调。赋予组织中各成员完成相应工作所需要的权力,与此同时还应对他们相互之间责任和权力关系进行协调。

2. 组织的功能

任何一种组织都应具备以下功能:

(1)能为组织内部所有成员提供明确的指令,有助于组织内部各成员、各部门之间的合作,使组织活动更具有秩序性和预见性。

(2)能及时总结组织活动的成功经验和失败教训,依据工作目标的需求,不断进行调整优化,形成合理的组织结构。

(3)能够保持组织活动的连续性,有助于工作的合理分工与协调,提高工作效率。

二、运输组织学的概念及特性

1. 运输组织学的概念

运输组织学是在运输企业的生产和经营实践中发展起来的关于运输资源合理配置的理论和技术,是研究如何合理配置运输资源,实现少投入、多产出的管理技术经济学。

运输组织就是在一定运输任务的条件下,合理选用载运工具、线路、中转地点、装卸机械,制订最优的运输组织方案并实施的过程。也就是说,运输组织就是通过对各种运输方式、各个运输企业相互关系的协调,使装、卸、集、散、运、储之间紧密衔接,争取最大限度地运用各类资源,提高运输效率和效益的过程。

2. 运输组织的特性

运输需求具有多样性,需要多样的运输组织方式来满足。于是,在支持全社会运输活动、不断调整自身发展策略的过程中,运输组织开始具有以下特征:

(1) 国民经济的基础性。运输组织活动的基础性表现在:工农业生产、人民生活、国防建设及社会活动诸方面对运输活动具有普遍需求性。随着社会的进步和商品经济的发达,社会经济各方面对运输的依赖性会越来越强,运输业的作用也会愈发突出。许多国家的经验表明,一个经济发达的经济体也同时一定会具有完善的运输网络、先进的运输组织方式。

(2) 生产服务性。运输组织具有服务性,运输组织的过程就是为社会提供运输产品的过程,即为实现旅客和货物的空间位移的一切活动过程和组织手段。因此,运输组织的生产活动为社会提供的效用不是实物形态的产品,而是一种劳务,即运输不产生新产品,但产生新的价值。

(3) 公共性与企业性的双重性。运输组织活动具有公共性,运输组织活动的产品非但不能作为纯粹的公共品由社会提供,而且在生产经营过程中,运输组织活动还表现出一定的企业性。理解了运输的双重属性,对更好地制定运输政策具有一定的指导价值。

(4) 隐性的社会贡献性。隐性的社会贡献性是从基础性派生出来的,之所以把它作为运输组织的特征之一加以强调,有如下两方面原因。

①运输组织活动的经济效益由运输对象来体现。运输组织活动的经济效益除了少部分体现在行业本身上缴国家的税费外,更重要的是蕴含在运输对象所有者身上。当运力供给大于运量时,损失的只是运输部门自身的经济效益;而当运力供给小于运量时,则对社会效益造成了损失。通常,后者会远远大于前者。

②运输组织的社会贡献是隐性的。一方面是因为运输需求是从其他社会经济活动中派生出来的,运输组织活动只是其实现目标的手段;另一方面是因为运输活动的经济效益具有滞后性,这是因为整个运输系统的基本建设规模较大,一般投资大、建设周期长,往往即使建成所带来的效益也是逐渐显现的。例如,一些高速公路和大型机场在建成后需过一段时间才能发挥最佳的效益。

3. 运输组织学研究的内容

运输组织学的研究可以从不同角度进行:

(1) 从载运工具运用的角度看,有车辆、船舶、飞机的货物配载问题,有特殊货物运输条

件的确定和安全运输问题等;

(2) 从运输港站工作的角度看,有运输动力、线路、作业站台、仓库货位和装卸机械等设备配置问题与运输技术作业流程的组织管理问题等;

(3) 从运输网络运用和管理的角度看,有交通流的组织调整和动态监控、确保系统安全、畅通和交通高效有序的问题等;

(4) 从运输企业生产和经营的角度看,有运输市场调查、客流和货流组织以及运输产品设计的问题,运输设备综合运用和运输生产过程优化组织的问题等;

(5) 从整个综合运输系统的角度看,有各种运输方式的布局和运输协作配合问题等。

这些都是运输组织所要研究的问题。随着运输需求的不断发展,从运输资源合理配置的角度,需要对运输设备及其运输能力的加强和发展提出运营上的要求,科学合理地规划运输固定设备、活动设备和运输管理系统的布局和建设。这也是运输组织所要研究和解决的重要理论和技术问题。

第五节　运输组织相关原理

一、运输经济原理

1. 规模经济原理

规模经济原理是指随着一次运输装运量的增加,每单位质量的货物的固定运输成本逐步下降,运量越大,每单位质量货物分摊的成本越低,形成规模效益。利用规模经济原理,企业在运输过程中可采用集中运输、共同配送、小车换大车、选择一次运输量大的运输方式等方法,使运输资源和货源能够产生集中效应,降低企业运输成本。例如从零担运输到整车运输,运输费用下降。

2. 距离经济原理

距离经济原理是指同一种运输方式每单位距离的运输成本随着距离的增加而分摊的成本逐渐减少。这是因为货物在运输端点装卸所发生的固定费用要分摊到每单位距离上,而且随着距离的增加,可以使固定费用分摊给更多的里程数,导致每千米支付的总费用降低。因此,在企业选择运输方式时,要充分考虑距离经济问题。如铁路和水路运输在长距离运输中距离经济效应比较显著。

3. 时间经济原理

时间经济原理是指实现物品运输时间经济的本质要求,表现在运输时间的节约能使物品在其流通的极限时间内,以较快的速度进入消费领域,实现物品的价值。在选定运输方式和事先确定的运送时间中,运输时间越短,运输效率越高,运输产生的效益就越大。极限时间可以用物品寿命周期、保质期、订货提前期、销售季节等表示。

二、运输组织原理

1. 运输组织的连续性原理

运输组织的连续性原理是指运输过程的各个生产环节、各项作业之间,在时间上能够紧密地衔接和连续地进行,不发生各种不合理的中断现象。如旅客运输或货物运输过程中,经常保持相对的运动状态,没有或者很少有不必要的停留和等待现象,包括旅客运输中的零距离换乘、货物运输的动态搬运作业体制、托盘运输、集装箱运输等。

连续性是获得较高劳动生产率的重要因素,可以提高客货运送速度;可以有效地利用车辆、场站和仓库,提高设备利用率;可以改善运输服务质量,提高运输管理水平,加速物资部门的流动资金周转等。为了提高运输组织的连续程度,优越的技术条件和先进的管理和组织方法相配合,才能获得理想的效果。运输过程的中断现象不可能完全避免,但在组织运输生产时,对于因管理和组织造成的生产中断应尽量克服和避免;对于因技术要求或规章制度原因造成的中断应力求尽量缩短。

2. 运输组织的平行性原理

运输组织的平行性原理是指运输过程的各个生产环节、各项作业之间,在时间上尽可能平行地进行。如旅客运输中的结点运输、货物运输的甩挂运输。平行性是运输过程连续性的必然要求,对于可以进行平行作业的生产环节或作业,可能会影响运输过程的连续性;运输组织的平行性可以提高单位时间内的生产效率,加速车辆周转,为生产过程的连续性创造条件;节约某些生产活动所需要的延续时间;运输组织的平行性,应从运输生产实际出发,分具体情况,予以合理解决。

3. 运输组织的协调性原理

运输组织的协调性原理也称为比例性原理。它是指运输过程的各个环节、各项作业之间,在生产能力上应保持适当的比例关系,即他们所配置的生产工人、车辆及其吨(座)位、机器设备等数量以及组织水平,必须相互协调、不会发生不配套、不平衡或相互脱节的现象。如旅客运输中的一体化运输、干支线路通达的协调性;货物运输中的联合运输,物流中的运输与配送、合理的专业化分工,大力发展综合运输、网络化运输中的线路与站点的系统性。

协调性是社会化大生产的客观要求,也是劳动分工与协作的必然结果。运输组织的协调性可以提高车辆、机械、站场等设备的利用率和劳动生产率,促使运输过程的连续性。在一定的技术条件下,运输组织的协调性在很大程度上取决于运输组织工作的水平。抓好运输组织的协调与平衡工作,及时调整比例失调现象,保持运输组织的协调性,是运输组织工作的一项重要内容。

4. 运输组织的均衡性原理

运输组织的均衡性原理也称为节奏性原理。它是指运输过程的各个环节、各项作业之间,在相同的单位时间内,完成大致相等的工作量或稳步递增,使车队、车站、车间的作业量能保持相对稳定,不会出现时松时紧、前松后紧的不正常现象,如货运中的合同运输、计划运输和旅客运输中的定线定班运输。

运输组织的协调性,有利于企业保持正常的生产秩序,有利于充分利用车辆、机械、站场和库房的生产能力,有利于货物完好和运输安全,也有利于运输部门和物资部门均衡生产等。运输组织的均衡性不是绝对的(临时性的突击是难以避免的),但从整个运输过程的组织工作出发,应力求达到生产的均衡性。

连续性、平行性、协调性和均衡性原理只是运输组织的一般原理,它们不是绝对的而是相对的,不是永恒的而是暂时的,不是静止的而是不断变化着的概念。但无论如何,它们之间是相互联系的,其共同的出发点就是保证运输过程的顺利进行,谋求高效率和高效益。

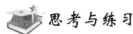

1. 交通与运输的区别和联系是什么?
2. 运输服务的基本特征都有哪些?
3. 简述五种运输方式的技术经济特点。
4. 如何理解运输组织的内涵?
5. 简述运输组织的基本原理。

第二章　道路运输基础设施

学习目标

1. 了解道路运输的基础设施构成；
2. 掌握道路与公路的异同；
3. 掌握汽车客运站的分类及功能；
4. 掌握道路货运站(场)的分类及功能。

道路运输基础设施主要由路网系统和场站系统两部分组成。路网系统是指由各类等级公路、城市道路及其辅助设施组成的纵横交错、干支结合、四通八达的道路网络系统；场站系统是指由若干种运输线路所连接的固定设施和移动设备组成的整体，包括汽车客运站、汽车货运站、停车场、仓库等。二者既是道路运输不可缺少的组成部分，又是社会经济发展的基础设施。

第一节　道　路　设　施

一、道路与公路的概念

道路一般是指供各种车辆(无轨)和行人等通行的工程设施，按其使用特点分为公路、城市道路、林区道路、工矿企业专用道路及乡村道路等。其基本组成部分包括路基、路面、桥梁、隧道、涵洞和各种排水与防护设施。

城市道路是指在城市范围内，供车辆及行人通行的具备一定技术条件和设施的道路。城市道路主要由行车道(包括机动车道和非机动车道)、人行道(包括地下人行道及人行天桥)、交叉口、步行广场、停车场、公共汽车站、交通安全设施、排水系统、沿街设施、地下管线、绿化带等几部分组成。我国城市道路主要包括快速路、主干路、次干路、支路四个级别。

公路是指连接城市、乡村和工矿基地等，主要供汽车行驶、具备一定技术条件和设施的道路。公路包括路基、路面、桥梁、隧道、涵洞和其他辅助建筑物，是道路运输的基础设施。

二、公路技术等级

根据《公路工程技术标准》(JTG B01—2014)，公路按技术等级分为高速公路、一级公路、二级公路、三级公路和四级公路五个技术等级。

1. 高速公路

高速公路为专门供汽车分向、分车道行驶，全部控制出入的多车道公路。高速公路为全程封闭式,一般沿线有护栏,两端有收费站。高速公路采取封闭式,一则保证高速公路上实现真正的高速,不受干扰;二则便于收费。高速公路的年平均日设计交通量宜在15000辆小客车以上。

2. 一级公路

一级公路为供汽车分向、分车道行驶,可根据需要控制出入的多车道公路。一级公路的年平均日设计交通量宜在15000辆小客车以上。

3. 二级公路

二级公路为供汽车行驶的双车道公路。二级公路的年平均日设计交通量宜在5000~15000辆小客车。

4. 三级公路

三级公路为供汽车、非汽车交通混合行驶的双车道。三级公路的年平均日设计交通量宜在2000~6000辆小客车。

5. 四级公路

四级公路为供汽车、非汽车交通混合行驶的双车道或单车道公路。双车道四级公路年平均日交通量宜在2000辆小客车以下。单车道四级公路年平均日交通量宜在400辆小客车以下。

三、公路网

1. 公路网及公路网密度

公路网是指一定区域内相互联络、相互交织成网状分布的公路系统。公路网是一个国家或地区统一交通运输网的组成部分,要求与其他运输方式的线网相协调。在铁路网或水路网稠密的地区,公路网处在分工协作的地位;反之,在缺乏铁路或水路干线的地区,公路网处于主干地位。

公路网密度是道路运输生产所需要的物质基础,其空间分布、通行能力和技术水平体现着整个运输系统的状况和水平,在区域交通运输中占有十分重要的地位。公路网密度反映了公路网总体建设及其规模特性。

公路网密度是衡量公路网的意向主要指标,依据公路网所处区域的面积与人口,或耕地面积与人口乘积而形成的公路网面积密度 δ_a,公路网人口密度 δ_p,公路网耕地密度 δ_g 及公路网综合密度 δ 来表示,其表达式分别为:

$$\delta_a = \frac{L}{A} \tag{2-1}$$

$$\delta_p = \frac{L}{P} \tag{2-2}$$

$$\delta_g = \frac{L}{G} \tag{2-3}$$

$$\delta = \frac{L_{ep}}{AP} \tag{2-4}$$

式中:L——公路网总里程;

A——公路网所属区域的土地面积;

P——公路网所属区域的人口总数；

G——公路网所属区域的耕地总面积；

L_{ep}——公路网等效车道长度。

2019年末，全国公路总里程为501.25万km，比2018年末增加16.6万km。公路网面积密度52.21km/百km²。近年来我国公路总里程及公路网面积密度变化情况如图2-1所示。

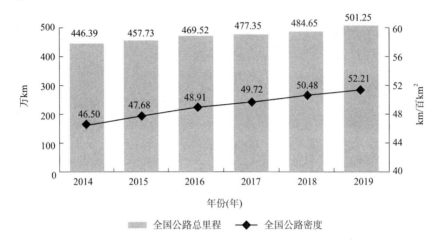

图2-1 2014—2019年全国公路总里程及公路密度变化情况

2. 公路网的组成

在我国，公路网由干道网和地方公路网组成。干道网包括国家干线公路(国道)和省级干线公路(省道)，地方道路网包括连接各县内城乡的公路和等外乡村公路。

(1)国道：指具有全国政治、经济、军事意义的干线公路。由交通运输部会同各省(自治区、直辖市)有关部门共同选定，由交通运输部统一规划、统一技术标准，由所在省(自治区、直辖市)分建、分管、分养。

(2)省道：指具有全省意义的公路干线，由各省(自治区、直辖市)交通运输部门根据国道网进行规划，负责建设、养护和管理。

(3)县道：指具有全县(县级市)政治、经济意义，连接县城和县内主要乡(镇)、主要商品生产和集散地的公路，以及不属于国道、省道的县际间公路。县道由县、市公路主管部门负责修建、养护和管理。

(4)乡道：指主要为乡(镇)村经济、文化、行政服务的公路，以及不属于县道以上公路的乡与乡之间及乡与外部联络的公路。乡道由人民政府负责修建、养护和管理。

(5)村道：指为农村居民生产、生活服务，不属于国道、省道、县道和乡道，连接行政村之间、行政村通往村民居住规划保留点或者行政村与外部连接，经省交通运输主管部门验收认定的公共道路。

(6)专用公路：指专供或主要供厂矿、林区、农场、油田、旅游区、军事要地等与外部联系的公路。专用公路由专用单位负责修建、养护和管理，也可委托当地公路部门修建、养护和管理。

国道的命名和编号，由国务院交通运输主管部门确定；省道、县道、乡道的命名和编号，由省(自治区、直辖市)人民政府交通运输主管部门按照国务院交通运输主管部门的有关规定确定。

第二节　汽车客运站

　　汽车客运站是站场系统的重要组成部分,是旅客运输的始发、中转、到达以及相关作业的场所,具有旅客集散、中转换乘、车辆运行组织、后勤保障和综合服务等功能,在道路客运系统中发挥着基地、桥梁与纽带的作用。

一、汽车客运站及其分类

　　1.汽车客运站的定义及任务

　　汽车客运站是公益性交通基础设施,是道路旅客运输网络的节点,是道路运输经营者与旅客进行运输交易的场所,是为旅客和运输经营者提供站务服务的场所。汽车客运站的主要任务是为旅客提供良好的旅行环境和舒适的候车条件,方便旅客办理一切旅行手续,安全、及时、有序地组织旅客上下车,在整个道路旅客运输过程中发挥着枢纽作用。

　　2.汽车客运站的分类

　　(1)按车站规模划分。

　　汽车客运站的等级划分一般是按照设计年度平均日旅客发送量、地理位置、车站设施和设备配置情况等因素综合划分的,一般划分为等级站、简易车站和招呼站三类。

　　①等级站:是指具有一定规模,可按规定分级的车站。

　　②简易车站:是指以停车场为依托具有集散旅客、售票和停发客运班车功能的车站。

　　③招呼站:是指道路沿线(客运班线)设立的旅客上落点。

　　(2)按位置和特点划分。

　　①枢纽站:是指可以为两种以上交通方式提供旅客运输服务,且旅客在站内能实现自由换乘的车站。在此可以实现两种以上交通方式的换乘。

　　②口岸站:是指位于边境口岸城镇的车站。

　　③停靠站:是指为方便城市旅客乘车,在市(城)区设立的具有候车设施和停车位,用于长途客运班车停靠、上下旅客的车站。

　　④港湾站:是指道路旁具有候车标志辅道和停车位的旅客上车点。

　　(3)按车站服务方式划分。

　　①公用型车站:是指具有独立法人地位,自主经营,独立核算,全方位为客运经营者和旅客提供站务服务的车站。

　　②自用型车站:隶属于运输企业、主要为自有客车和与本企业有运输协议的经营者提供站务服务的车站。

二、汽车客运站的功能与等级划分

　　1.汽车客运站的功能

　　(1)运输服务功能。贯彻执行国家级行业主管部门有关规定,进行旅客运输生产、人流和客运车辆的运行组织,实现道路旅客的合理运输。其内涵包括运输生产组织、人流组织、运力组织、运行组织等。

(2)运输组织功能。收集旅客的信息和客流变化规律资料,根据旅客流量、流向、类别等,合理安排运营线路,安排运力,使运力和运量始终保持相对平衡。

(3)中转、换乘功能。客运站为旅客的中转、换乘提供方便,配备相应的场站服务设施,在时间、要求、物耗等方面为中转旅客提供服务,确保旅客完全、迅速、方便地完成换乘作业,及时将旅客送达目的地。

(4)多式联运功能。承担运输代理,为旅客和车主提供双向服务,选择最佳运输线路,合理组织多式联运,实行"一次承运、全程服务"。

(5)通信、信息功能。通过计算机及通信设备,使全国道路运输枢纽形成网络,也使公路场站与铁路、水运及航空等场站有机联系,相互衔接,并使各种运营信息得以迅速、及时、准确地传递和交换。同时,面向社会提供运力信息及通信服务。

(6)辅助服务功能。为旅客和驾乘人员提供食、宿、娱乐、购物一条龙服务。为营运车辆提供停放、加油、检测和维修服务。

2.汽车客运站的等级划分

《汽车客运站级别划分和建设要求》(JT/T 200—2004)规定,基于车站设施和设备配置情况、地理位置和设计年度平均日旅客发送量(以下简称"日发量")等因素,车站等级划分为五个级别以及简易车站和招呼站。

1)一级车站

设施和设备符合表2-1和表2-2中一级车站必备各项,且具备下列条件之一:

(1)日发量在10000人次以上的车站;

(2)省、自治区、直辖市及其所辖市、自治州(盟)人民政府和地区行政公署所在地,如无10000人次以上的车站,可选取日发量在5000人次以上具有代表性的一个车站;

(3)位于国家级旅游区或一类边境口岸,日发量在3000人次以上的车站。

2)二级车站

设施和设备符合表2-1和表2-2二级车站必备各项,且具备下列条件之一:

(1)日发量在5000人次以上,不足10000人次的车站;

(2)县以上或相当于县人民政府所在地,如无5000人次以上的车站,可选取日发量在3000人次以上具有代表性的一个车站;

(3)位于省级旅游区或二类边境口岸,日发量在2000人次以上的车站。

3)三级车站

设施和设备符合表2-1和表2-2中三级车站必备各项,日发量在2000人次以上,不足5000人次的车站。

4)四级车站

设施和设备符合表2-1和表2-2中四级车站必备各项,日发量在300人次以上,不足2000人次的车站。

5)五级车站

设施和设备符合表2-1和表2-2中五级车站必备各项,日发送量在300人次以下的车站。

汽车客运站设施配置表　　　　　　　表2-1

设施名称			一级站	二级站	三级站	四级站	五级站
场地设施		站前广场	●	●	★	★	★
		停车场	●	●	●	●	●
		发车位	●	●	●	●	★
建筑设施	站房	候车厅(室)	●	●	●	●	●
		重点旅客候车室(区)	●	●	★	—	—
		售票厅	●	●	★	★	★
		行包托运厅(处)	●	●	★	—	—
	站务用房	综合服务处	●	●	★	★	—
		站务员室	●	●	●	●	●
		驾乘休息室	●	●	●	●	●
		调度室	●	●	●	★	—
		治安室	●	●	★	—	—
		广播室	●	●	★	—	—
		医疗救护室	★	★	★	★	★
		无障碍通道	●	●	●	●	●
		残疾人服务设施	●	●	●	●	●
		饮水室	●	★	★	★	★
		盥洗室和旅客厕所	●	●	●	●	●
		智能化系统用房	●	★	★	—	—
		办公用房	●	●	●	★	—
	辅助用房	汽车安全检验台	●	●	●	●	●
		汽车尾气测试室	★	★	—	—	—
	生产辅助用房	车辆清洁、清洗台	●	●	★	—	—
		汽车维修车间	★	★	—	—	—
		材料间	★	★	—	—	—
		配电室	●	●	—	—	—
		锅炉房	★	★	—	—	—
		门卫、传达室	★	★	★	★	★
	生活辅助用房	驾乘公寓	★	★	★	★	★
		餐厅	★	★	★	★	★
		商店	★	★	★	★	★

注："●"——必备；"★"——视情况设置；"—"——不设。

6）简易车站

达不到五级车站要求或以停车场为依托，具有集散旅客、停发客运班车功能的车站。

汽车客运站设备配置表　　　　　　　表2-2

设备名称		一级站	二级站	三级站	四级站	五级站
基本设备	旅客购票设备	●	●	★	★	★
	候车休息设备	●	●	●	●	●
	行包安全检查设备	●	★	★	—	—
	汽车尾气排放测试设备	★	★	—	—	—
	安全消防设备	●	●	●	●	●
	清洁清洗设备	●	●	●	★	—
	广播通信设备	●	●	●	★	—
	行包搬运与便民设备	●	●	●	★	—
	采暖或制冷设备	●	★	★	★	★
	宣传告示设备	●	●	●	★	★
智能系统设备	微机售票系统设备	●	●	★	★	★
	生产管理系统设备	●	★	★	—	—
	监控设备	●	★	★	—	—
	电子显示设备	●	●	★	—	—

注："●"——必备；"★"——视情况设置；"—"——不设。

7）招呼站

达不到五级车站要求，具有明显的等候标志和候车设施的车站。

总之，汽车客运站设置得当、布局合理、设施齐全、管理科学，对旅客具有吸引力，不仅有利于货畅其流、人便于行，而且也有利于提高企业经济效益和社会效益。为了强化汽车运输企业的基础工作，为车站建设提供科学依据，应根据汽车客运站站务工作量（旅客日均发送量），结合车站所在地的政治、经济、文化等因素，来确定汽车客运站的等级。

三、汽车客运站的业务

汽车客运站的业务主要包括旅客发送和到达的业务工作。

1. 组织客源

汽车客运站是道路旅客集散点，它为旅客乘车提供服务，使旅客能方便、舒适、安全地踏上旅途，同时，客源是车站创收的基础。因此，汽车客运站应经常调查、了解当地的客流动态，以优质的服务不断扩大客源，提高旅客运输市场占有率。组织和吸引客源的方法很多，但最重要的是车站内的服务质量。

2. 办理客运商务作业

客运商务作业是汽车客运站业务中最基本的内容，具体包括客票发售工作、行包运送工作、候车室服务工作、组织乘车及发车、接车以及信息工作等。

1）客票发售

客票发售是组织客运业务的首要工作，属于市场营销的范畴，是企业提高营业收入的重要工作和途径。售票工作的基本要求是：准确、迅速、方便，其中最重要的准确无误（包括乘车日期、车次及发车时间、票款）。客运站窗口售票是旅客运输客票发售的主要途径，而车站售票有明显的高峰期,组织好高峰时间的售票工作,对于减少旅客等待购票的时间和提高售票效率具有重要意义。汽车客运站应根据客流量的大小、在站购票旅客比例、经营线路及班次的多少、售票窗口的工作延续时间、售票的效率、线上购票人数占比等因素,合理确定售票窗口的数量。应尽量使用计算机联网售票,购票排队最好采用一列多点式。除了车站窗口售票以外,还应组织多种灵活的售票方式,可以通过发售预售票、双程票、联运票等业务等方式发挥各方面的积极性。有条件的车站,还可以使用自动售票机售票。

电子客票也称作"无纸化"车票,是指旅客通过互联网订购车票之后,无须换取纸质车票,可以直接持二代身份证等有效身份证件通过进站口和验票闸机乘车。随着互联网技术和道路运输信息建设的不断发展,道路运输系统应用电子客票取代纸质客票将是道路旅客运输客票销售、验证的发展趋势。

车票必须符合国家规定。车票是旅客乘车凭证,也是旅客和客运企业之间责、权、利关系的契约或合同,具有法律效力。在双方发生纠纷时,应以车票为重要依据。

2)行包运送

行包是行李、包裹的简称,行包运送是车站对旅客携带行包中超过规定质量部分所承担的一种业务。行包业务是伴随着旅客的旅行需要而产生的,它虽然属于一种从属业务,但它与旅客运输有着同等的重要性。

行包运送工作可分为发送和到达两部分,发送过程包括了承运、保管和装车、运送作业。行包的到达作业,包括卸车、保管和交付作业。承运后的行包应按不同的运输路线、到达站、堆码待运,按班次、分票号对号配装,并添置"行包交接清单"。行包到达后,应及时通知收件人提取,无法通知的予以公告。行包凭行包票提取,延期提取行包,按规定核收保管费。

行包运送组织工作的基本要求是:确保行包的安全和准确地送达目的地。为了提高行包作业的效率,确保行包运输的安全与完整,必须按照有关操作规程进行,并建立必要的岗位责任制,严格交接手续,尽量减少行包事故的发生。行包自承运时起到交付时止,汽车运输部门要承担安全运输责任。在运输过程中,因运输部门责任发生损坏或丢失的,应由运输部门负责修理或赔偿。但若因自然灾害发生损坏、丢失或包装完整内容损坏、变质、减量等情况,运输部门不负赔偿责任。

3)候车室服务

候车室服务是站务工作的重要环节,是提高旅客运输服务质量的集中体现。要做好候车室服务工作,一方面要保证一定数量的服务人员,另一方面要配备一定的服务设施和设备。

站务服务人员不仅要掌握旅客流向、流量及其变化规律,而且还要懂得一些心理常识及一般思想工作方法,以便能区别不同情况,对旅客提供"文明礼貌、热情周到"的良好服务。

站务服务人员,应本着"全面服务、重点照顾、一视同仁"的原则,坚持使用文明礼貌用语、礼貌待客、扶老携幼,为旅客提供周到的服务。为了使旅客出行方便,配备一定的服务设施和设备是十分必要的(如客运班次时刻表显示牌、客车到发信号装置、旅客站内指示系统、电子问询设施、广播设施、计时系统等)。

4)组织乘车及发车

办理客车的发、到作业,签发、填写行车路单,指挥发车,尤其在班次较多、客流量大的车站,组织旅客有序乘车尤为重要。应在候车室内按班次划定乘车区域,尽量避免"候车时乱、上车时挤"的现象。

从检票工作开始,旅客的旅程已经开始。做好验票工作,既可以防止旅客错乘、漏乘,还可以正确统计运输量,为旅客运输提供可靠的数据和资料。

旅客上车就座后,驾驶员和乘务员应利用发车前的时间做好宣传工作,使乘客了解本班车到达的终点站、沿途停靠站、途中膳宿地点、整点发车时间、到达时间以及行车中的注意事项。开车前的短暂宣传,是保证乘客安全乘车的有效措施之一。

班车出发前,车站值班站长或值班人员应做好最后的检查工作,当确认各项工作就绪、车辆前后左右上下情况正常后,才能发出允许放行信号。驾驶员在得到允许放行信号后方可起动车辆运行。

5)接车

客车到站,俗称"接车",即在班车到站时,值班员应指挥车辆停放适当地点,查看行车路单数,交接行包清单等有关资料,了解本站下车人数,清点到站的行包情况,通知有关人员进行各项站务作业,包括向车内旅客报告本站站名、照顾旅客下车、提醒下车旅客携带好随身物品、检查车票、解答旅客提出的有关问题、在行车路单上填写班车到达时间、根据行车路单上的有关记录或驾驶员的反映,处理其他临时遇到的事项等。如果是路过班车,还应该按站务作业要求组织本站旅客乘车;对终到班车,在站务作业结束后,可将车辆调回车次或调放过夜地点。

第三节 道路货运站(场)

一、道路货运站(场)及其分类

1. 道路货运站(场)的定义

道路货运站(场)是指道路货运网络中组织货物集散、中转运输及相关服务,并具有一定规模的场所。

道路货运站(场)具备以下特征:

(1)以公路运输为主要运输手段,可提供集疏运、仓储、信息等服务;

(2)具有一定规模和数量的装卸作业场所、仓储或信息服务的设施、设备;

(3)具有一定规模的停车场所。

2. 道路货运站(场)的类型

根据公路货运站承担的主要业务及功能不同,道路货运站(场)可分为如下几类。

1)综合型公路货运站

综合型公路货运站应体现运输和仓储等物流多环节服务的功能,并同时符合以下要求:

(1)从事物流多环节服务业务,可以为客户提供运输、货运代理、仓储、配送、流通加工、包装、信息等多种服务,且具备一定规模;

(2)按照业务要求,自有或租用必要的装卸设备、仓储设施及设备;

(3)配置专门的机构和人员,建立完备的客户服务体系,能及时、有效地提供服务;

(4) 具备网络化信息服务功能,应用信息系统可对服务全过程进行状态查询和监控。

2) 运输型公路货运站

运输型公路货运站应体现以运输服务为主的中转服务功能,并同时符合以下要求:

(1) 以从事道路货物运输业务为主,包括公路干线运输和城市配送,并具备一定规模;

(2) 可以提供门到站、站到门、站到站的运输服务;

(3) 具有一定数量的装卸设备和一定规模的场站设施。

3) 仓储型公路货运站

仓储型公路货运站应体现以道路运输为主的仓储服务功能,并同时符合以下要求:

(1) 以从事货物仓储业务为主,可以为客户提供货物储存、保管等服务,并具备一定规模;

(2) 具有一定规模和数量的仓储设施及设备。

4) 信息型公路货运站

信息型公路货运站应体现以道路运输为主的信息服务功能,并同时符合以下要求:

(1) 以从事货物信息服务业务为主,可以为客户提供货源信息、车辆运力信息、货流信息及配载信息等服务,并具备一定规模;

(2) 具有网络化的信息平台,或为客户提供虚拟交易的信息平台;

(3) 具有必要的货运信息交易场所和一定规模的停车场所;

(4) 具备网络化信息服务功能,应用信息系统可对交易过程进行状态查询、监控。

二、道路货运站站级划分

道路货运站站级划分,主要以占地面积与货物处理能力作为主要依据。

1. 综合型公路货运站

综合型公路货运站按照占地面积和处理能力不同,主要分为三级:

(1) 一级站,占地面积≥600hm(1hm≈666.67m^2),且年货物处理≥600万t;

(2) 二级站,占地面积≥300hm,且年货物处理≥300万t;

(3) 三级站,占地面积≥150hm,且年货物处理≥100万t。

2. 运输型公路货运站

运输型公路货运站按照占地面积和处理能力不同,主要分为三级:

(1) 一级站,占地面积≥400hm,且年货物处理≥400万t;

(2) 二级站,占地面积≥200hm,且年货物处理≥200万t;

(3) 三级站,占地面积≥100hm,且年货物处理≥100万t。

3. 仓储型公路货运站

仓储型公路货运站按照占地面积和处理能力不同,主要分为三级:

(1) 一级站,占地面积≥500hm,且仓储面积≥20万m^2;

(2) 二级站,占地面积≥300hm,且仓储面积≥10万m^2;

(3) 三级站,占地面积≥100hm,且仓储面积≥3万m^2。

4. 信息型公路货运站

信息型公路货运站按照占地面积和处理能力不同,主要分为三级:

(1) 一级站,占地面积≥200hm,且日均交易次数≥500次;
(2) 二级站,占地面积≥100hm,且日均交易次数≥300次;
(3) 三级站,占地面积≥50hm,且日均交易次数≥100次。

思考与练习

1. 简述道路与公路的区别。
2. 简述汽车客运站的功能、分类与站务作业要求。
3. 简述道路货运站(场)的定义及类型。

第三章　道路运输组织效果评价

学习目标

1. 掌握道路运输生产过程；
2. 熟悉道路运输相关术语；
3. 了解运输组织评价的目的、作用及评价类型；
4. 重点掌握运输组织评价的方法；
5. 能够进行载运工具运用效率的计算与分析；
6. 能够结合具体评价目标建立合理的评价指标体系并进行综合评价。

道路运输组织效果评价主要是评价道路运输组织效率的高低，最直接的表现是单位时间内车辆在时间、行程、速度、载质量等方面的利用效果。获得较高的道路运输组织效率是道路运输组织工作的追求目标。掌握道路运输生产过程及相关基本术语是进行道路运输组织效果评价的基础。

第一节　道路运输生产过程及基本术语

一、道路运输生产过程的构成

道路运输过程主要由两大组成部分：运输用户与运输企业之间的运输商务过程及运输企业运送旅客和货物的运输生产过程。运输商务过程其实是运输用户与运输企业之间，围绕运输服务需求、运输服务质量和价格，明确双方权利义务进行交易并最终形成契约关系，订立运输合同的过程。运输生产过程，则是运输企业履行上述契约要求，提供相应的运输产品，将运输对象从始发地送到目的地的过程。这一过程是在运输企业内部，借助一定的运载工具，并综合运用相关技术设备和人力资源，组织有关部门和环节的协调和配合，实现运输对象的运送过程及其相关技术、经济和安全管理过程。

道路运输生产过程是指从准备运输旅客或货物开始，直到把旅客或货物送到目的地位置的全部生产活动。一个完整的道路运输生产过程，通常由三个相互关联、相互作用的部分组成，即运输准备过程、基本运输过程、辅助运输过程。

1. 运输准备过程

运输准备过程又称为运输生产技术准备过程，是旅客、货物进行运输之前所做的各项技术性准备工作。例如，客运组织方面确定客运班次、安排车辆、确定运营线路、站点设置、安排当班客车驾驶员等；货运组织方面包括车型选择、线路选择、装卸设备配置、运输过程的装卸工艺设计等。

2. 基本运输过程

基本运输过程是运输生产过程的主体,是指直接组织旅客或货物,从起运地至到达地完成其空间位移的生产活动。在客运方面,包括检票、组织旅客上车、装卸行李包裹、车辆运行、中途站旅客上下车、终点站旅客下车和交付托运行李包裹等作业过程;在货运方面,包括起运站装货、车辆运行、终点站卸货等作业过程。

3. 辅助运输过程

辅助运输过程指为运输生产及其准备工作提供后勤保障服务的各项工作的总称,它包括辅助运输生产过程和辅助运输服务过程。

辅助运输生产过程是指为保证基本运输过程正常进行,所必需的各种辅助性生产活动。辅助运输过程本身不直接构成旅客、货物位移的运输活动,它主要包括车辆、装卸设备、承载器具、专用设施的维护保护与修理作业,各种商务事故、行车事故的预防与处理工作,以及营业收入结算工作等。

辅助运输服务过程是指服务于基本运输过程和辅助运输过程中的各种服务工作和活动。例如,各种行车材料、配件的供应、代办货物储存、包装、保险业务,为旅客提供的各种服务性工作,如旅客小件物品寄存、茶水供应及旅行用品供应等工作,均属于运输服务过程。

构成道路运输生产过程的各个组成部分的划分是相对的。它们之间即表现了一定的相对独立性,又表现了相互关联性。同时,通过运输准备过程、辅助运输过程,可以使基本运输过程能够与物流过程、客流过程的各个功能环节有机地协调起来,使得运输生产过程的服务质量得以提高。

二、车辆运输过程

车辆运输过程,就是利用汽车运送旅客或货物的工作过程。一个完整的车辆运输过程,通常由如下工作阶段或工作环节组成。

(1) 准备工作:向起运地提供运输车辆(停车场调空车到装货点,其间也包括加油等辅助生产过程)。

(2) 装载工作:在起运地组织乘客乘车或装货。

(3) 运送工作:自起运地点向运送目的地运输旅客或货物。

(4) 卸载工作:在运送目的地组织乘客下车或卸货。

如图 3-1 所示,车辆由停车场 P 点空车开往起运地点 A 准备装货,此时产生了一段空驶行程,这是准备工作阶段。在 A 点上客或装货结束,这是装载工作阶段;将旅客或货物由 A 点运至 B 点,这是运送工作阶段;在 B 点下客或将货物卸下,这是卸载工作阶段。这就是一个完整的运输生产过程。有时,由于某种原因(如车辆本身就停在起运点),在上述四个基本运输工作阶段缺少了第一个准备工作阶段,此时也可称为一个运输过程。如车辆在卸、装货点 D,卸下部分货物,同时再装上另外货物运往 A 点,在 A 点卸货完毕,车辆空驶回停

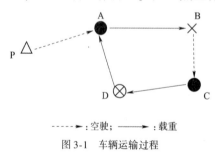

图 3-1 车辆运输过程

车场 P 点,也称为一个运输过程。

三、道路运输基本术语

1. 运次

在上述运输过程中,通常将包括准备、装载、运送及卸载几个工作环节在内的一个循环的运输过程称为一个运次。显然,运次包括完整循环过程(存在准备工作环节)的运次和不完整循环过程(缺乏准备工作环节)的运次两种情况。如图 3-1 所示,在 D 点下客或卸载完毕后,又在原地上客或装载,然后运送至目的地 A 点下客或卸货,构成一个运次,但由于从 D 点到 A 点的运输过程中缺少了准备工作阶段,故称为不完整循环过程或不完整运次。

2. 车次

如果在完成运输工作的过程中,车辆自始点行驶到终点,途中存在车辆停歇并存在旅客上下或货物装卸,则这一运输过程称为一个车次或单程。在一个车次中,为了旅客上下或货物装卸的中途停歇,可能只有一次,也可能有多次。在一个车次中每经历一次中途停歇,便经历了一个运次。因而一个车次是由两个或两个以上的运次组成。

运次与车次分别是两种不同运输过程的计量单位,运次适用于直达运输过程,车次适用于沿途有旅客上下车或货物装卸的运输过程。

3. 周转

若车辆在完成运输工作过程中,有周期性地返回第一个运次的起点,那么这个运输过程称为周转。因此,一个周转可能由一个运次或几个运次组成,周转的行车路线习惯上称为循环回路。

4. 运量

在每一次运输过程中,所运送的旅客人数称为客运量,所运送的货物质量称为货运量。客运量和货运量统称为运量。运量是衡量道路运输工作成果的一项重要的统计指标。

5. 周转量

运量与相应旅客或货物位移的距离的乘积,通常称为周转量,其计量单位是人·km 或 t·km。

换算周转量,是指将旅客周转量按一定比例换算为货物周转量,然后与货物周转量相加称为一个包括客货运输的换算周转量指标。换算周转量可综合反映各种运输工具在报告期实际完成的旅客和货物的总周转量,它是考核运输业的综合性的产量指标。货物周转量与旅客周转量之间的换算公式为:1t·km = 10 人·km。

6. 运输工作量

道路运输完成的运量及周转量统称为运输工作量,也称为运输产量。故运输工作量或产量分别包括运量和周转量两种指标,而不是指运量和周转量之和。

7. 平均运距

平均运距通常是指旅客平均出行的运输距离,它反映了人们出行活动的范围。在统计上将运输完成的旅客周转量与客运量之比称为平均运距,即:平均运距 = 旅客周转量/客运量。

第二节　营运车辆及车辆完好率

一、营运车辆与非营运车辆

汽车运输企业的全部车辆,按照其用途划分,可分为营运车辆与非营运车辆两大类。

1. 营运车辆

营运车辆(以下简称"营运车")是指从事营业性运输活动的车辆。营业性运输是指对外提供运输服务,并收取运输费用的运输活动。汽车运输企业的营运车辆是汽车运输企业的基本生产工具,是生产用固定资产的主要组成部分。营运车辆的多少,直接影响汽车运输企业运输生产能力的大小。

2. 非营运车辆

与营运车辆相对应,非营运车辆是指没有从事营业性运输活动,只为本单位内部生产或职工生活服务的自备车辆。汽车运输企业的非营运车辆是配属于修理、救急、教练等为本企业服务的汽车,包括企业及附属单位使用的公务车,有特别用途的专用车,如职工班车、修理工程车、起重车、救急车、自用的油罐车、加油车、材料车等,以及用于培训驾驶员的教练车等。

道路运输企业的非营运车辆,大部分属于辅助性生产设备,小部分属于非生产性设备。在企业车辆总数中,应尽量控制非营运车辆的比例,提高营运车辆的比例,以提高企业的运输能力及经济效益。

二、技术完好车辆与非技术完好车辆

道路运输企业的营运车辆,按照其技术状况,可分为技术完好车辆和非技术完好车辆两大类。

1. 技术完好车辆

技术完好车辆(以下简称"完好车")是指技术状况良好,可以随时出车工作,没有任何技术方面的保留条件的营运车辆。完好车应在行车安全、运行速度、车辆装载、拖挂、燃料消耗、车辆装备等各个方面须同时符合车辆技术规定的要求。

2. 非技术完好车辆

非技术完好车辆(以下简称"非完好车")是指技术状况不符合完好车辆标准的营运车辆,包括正在进行或等待进行维修作业的车辆、正在进行技术改造或改装的车辆、等待报废技术鉴定的车辆等。非完好车的技术状况不符合车辆正常运行的要求,不能接受运行调度指令出车工作,也不应指令其出车工作。

车辆技术状况不良,勉强令其出车工作,"带病运行",弊端非常多:如可能发生行车事故,难以保证行车安全;运行途中可能发生抛锚,造成旅客或货物滞留,影响运输服务的质量;可能影响车辆行驶速度和装载能力的充分利用;增加燃料消耗和其他运行材料的耗费;会增加驾乘人员的劳动强度等。

三、营运车日及其计算

1. 营运车日(U_y)

以营运车辆为讨论对象,车日是指运输企业的营运车辆在企业内的保有日数(在册车

日)。凡企业的营运车辆,不论是完好车还是非完好车,不论是工作还是停驶,只要在本企业保有一天,就计为一个车日,即营运车日或营运车辆的在册车日。在车辆发生增减变动时,新增车辆自交通监理部门检验合格并发给牌照及行驶执照之日起计算;报废车辆自主管机关批准之日起,不再计算;调入、调出车辆,以双方交接车辆之日为期,调入单位开始计算,调出单位不再计算。在统计期内,企业所有营运车辆的总车日(U_y),等于营运车辆数(A)与其在企业内保有的日历天数(D)的乘积的累计数。营运车日的计算公式如下:

$$U_y = \sum_{i=1}^{n} A_i D_i \tag{3-1}$$

式中:i——按相同保有日历数划分的车辆组别;

n——上述车辆组别的数量;

A_i——某一组别的营运车辆总数;

D_i——某一组别的保有日历天数。

一辆营运汽车,不论技术状况是否完好,也不论其是否参加了运营工作,只要在企业保有一天,即计为一个"车日"。

营运车日又称总车日。它反映了一个企业的运输生产规模或一定时期内企业拥有的运输生产能力。企业在一定时期内所拥有的营运车辆数量,可以用该时期内企业所拥有的营运车日数(总车日)表示,也可用平均营运车辆数表示。

总车日数可按一定时期内每天实际拥有的营运车辆数累计,也可按每辆营运车在企业保有的天数(即每辆车的车日数)累计。

【例3-1】 某汽车运输公司4月1～10日每天保有营运车50辆,11～20日每天保有营运车47辆,21～30日每天保有营运车56辆。则该公司四月份的总车日为50×10+47×10+56×10=1530(车日)。

【例3-2】 某汽车运输公司五月份共有营运车辆56辆,其中50辆车在企业保有31天,4辆车在企业保有12天,2辆车在企业保有7天。则该公司五月份的总车日为31×50+12×4+7×2=1612(车日)。

企业在月末(或月初)、季末(或季初)、年末(或年初)的实有营运车数,只反映该期末(或期初)这一时点上企业实际保有的营运车辆数,即实有车辆数只是一个时点指标。在一定时期内,企业营运车数总是有增有减,处于变化中。总车日指标综合反映了车辆增减变动的影响,较好地反映企业的运输生产规模或生产能力。

2. 平均营运车数(A)

平均营运车数是表示企业在一定时期内平均每天所拥有的营运车辆数,其计算公式为:

$$A = \frac{U_y}{D} \tag{3-2}$$

式中:D——统计期内日历天数。

【例3-3】 【例3-1】中的某公司4月平均营运车数为1530车日/30日=51(辆);【例3-2】中的某公司5月平均营运车数为1612车日/31日=52(辆)。

如果平均营运车数已知,可按下式计算总车日数,即:

$$U_y = A \times D \tag{3-3}$$

3. 完好车日(U_w)与非完好车日(U_f)

一辆技术完好的营运车辆在企业保有一天,计为一个"完好车日";一辆非技术完好的营运车辆在企业保有一天,计为一个"非完好车日"。与营运车辆分为技术完好车和非技术完好车两大类相对应,营运车日(即总车日)包括完好车日和非完好车日两部分,即:

$$U_y = U_w + U_f \tag{3-4}$$

上式表明:在营运车日一定的时候,非完好车日的增加,意味着完好车日的减少。

在企业统计工作中,报告期的完好车日数,是按照报告期每天完好车数累计的。在企业计划工作中,计划期的完好车日数指标,是根据有关资料,先测算非完好车日数,再从总车日数中减去非完好车日数得到的,即:

$$U_w = U_y - U_f \tag{3-5}$$

在营运车辆数一定的情况下,完好车日数越多,企业满足生产需要的运输能力就越强。

在一般情况下,汽车运输企业的非完好车日数,主要是车辆维护和修理所占用的那部分营运车日。所以,减少非完好车日,必须努力改善车辆维修的组织工作,尽量缩短维护与修理的作业周期(时间),以减少车辆在修理车日和在维护车日数;同时,尽量减少车辆等待维护与修理作业的时间,以减少车辆待修理车日和待维护车日数。

4. 工作车日(U_g)与待运车日(U_d)

一辆营运车在一个日历日内,只要出车参加过营运工作,不论其出车时间长短,出车班次多少,完成运输量多少,也不论其在出车前或者收车后,是否进行过维护或修理,途中是否停驶或抛锚,均计为一个工作车日。

在完好车日中,由于缺少驾驶员、无客无货、燃料供应中断、运行路线阻碍、气象因素或其他非技术性原因,车辆全日停场没有出车工作的车日,称为待运车日。

以上各种车日数之间的关系如图3-2所示。

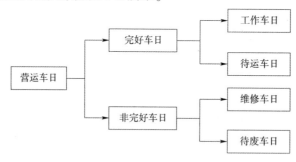

图 3-2 车日关系

四、平均总吨(座)位与平均吨(座)位

1. 车辆的额定吨(座)位(q_0)

车辆的额定吨(座)位数,是表示营运车辆载质量能力的指标。

营运货车的额定吨位数,一般以制造厂规定的标记吨位数为准。车辆监理部门核发行车证时改变了出厂标记吨位的,以车辆监理部门核定的吨位数为准;改装车、自制车,以企业所在地区交通局或车辆监理部门核定的吨位数为准。

营运客车的额定座位数,一般按实际装置的座位数计算。公共汽电车的座位数还应包括由车辆监理部门核定的站位数。

2. 总吨(座)位(Q)

汽车运输企业全部营运车辆的额定吨(座)位数合计就是总吨(座)位。总吨(座)位一般按客车和货车分别计算。

企业 n 辆车总吨(座)位数的计算方法如下：

$$Q = \sum_{i=1}^{n} q_{0i} \tag{3-6}$$

【例 3-4】 某汽车运输公司有额定吨位为 5t 的营运货车 90 辆，额定吨位为 8t 的营运货车 70 辆。则该公司营运货车的总吨位为：$5 \times 90 + 8 \times 70 = 1010$(吨位)。

3. 总车吨(座)日(M)

总车吨(座)日是汽车运输企业在一定时期内每天所拥有营运车辆额定吨(座)位累计数。总车吨(座)日可以按总车日与车辆额定吨(座)位的乘积累计。其计量单位是：营运货车为"车吨日"，营运客车为"车座日"。

企业 n 辆车总车吨(座)日数的计算方法如下：

$$M = \sum_{i=1}^{n} U_{yi} q_{0i} \tag{3-7}$$

【例 3-5】 某汽车运输公司 7 月 1 日有额定吨位为 5t 的营运货车 90 辆，7 月内没有发生车辆及吨位的增减变动，8 月 1 日增加额定吨位为 6t 的营运货车 5 辆，9 月 1 日减少额定吨位为 5t 的营运货车 3 辆，至 9 月 30 日再无车辆及吨位的增减变动。则该公司 7 月 1 日总车吨日为 $90 \times 5 = 450$(车吨日)。7 月总车吨日(按每天拥有营运车辆额定吨位累计)为 $90 \times 5 \times 31 = 13950$(车吨日)；或按总车日与额定吨位乘积累计，先算出 7 月总车日为 $90 \times 31 = 2790$(车日)，则 7 月总车吨日为 $2790 \times 5 = 13950$(车吨日)。该公司三季度总车吨日为 $90 \times 5 \times 62 + 5 \times 6 \times 61 + 87 \times 5 \times 30 = 42780$(车吨日)。

总车吨(座)日数，以"车吨(座)日"作为计量单位，可以较好地反映汽车运输企业的生产能力。因为，按车吨日计算，既可充分反映营运车辆数增减变化对生产能力的影响，又可反映车辆额定吨(座)位数大小差异对运输生产能力的影响。所以，不同运输企业之间，或同一运输企业的不同时期，用总车吨(座)日表示的生产能力，具有广泛的可比性。

4. 平均总吨(座)位(N)

平均总吨(座)位是指汽车运输企业平均每天所拥有营运车辆的总吨(座)位，计量单位为 t(座)/日。其计算公式为：

$$N = \frac{M}{D} \tag{3-8}$$

可见，计算平均总吨(座)位时，必须先算出计算期的总车吨(座)日数。

【例 3-6】【例 3-5】中某公司 7 月的平均总吨位为 13950 车吨日/31 日 = 450(t/日)，三季度平均总吨位为 42780 车吨日/92 日 = 465(t/日)。

5. 平均吨(座)位(R)

平均吨(座)位是指汽车运输企业全部营运车平均每一辆车的吨(座)位数，其计算公式为：

$$R = \frac{N}{A} = \frac{M}{U_y} \tag{3-9}$$

【例3-7】【例3-5】中某公司三季度的总车日为 90×31+95×31+92×30=8495（车日），三季度平均车数=8495车日/92日≈92.34（辆），并已计算出三季度总车吨日为42780车吨日，平均总吨位为465t/日，即可计算出三季度营运货车的平均吨位：

$$平均吨位 = \frac{465}{92.34} \approx 5.04(t)$$

或

$$平均吨位 = \frac{42780}{8495} \approx 5.04(t)$$

第三节 道路运输组织效果评价的单项指标

道路运输组织效果评价，按其评价范围可以分为综合指标和单项指标。综合指标主要是指车辆运输生产率；单项指标包括车辆的时间利用指标、速度利用指标、行程利用指标、载质（客）量利用指标及动力利用指标等。

最能直接反映道路运输组织效果的是运输车辆的利用程度。基于此，运输生产率主要是指运营车辆在运输生产活动中的效率，它是车辆在时间、速度、里程、载质量和动力利用等方面的一个综合性指标。为了阐明道路运输生产率的分析公式及各使用因素对生产率的影响，必须首先分析评价车辆运用程度的各个单项指标。评价车辆利用程度的单项指标应满足下列要求：

(1) 清楚地概括车辆的运输过程及其有关的各种现象。
(2) 明确地表明车辆各方面的利用程度及其有关的各项数值。
(3) 客观地反映车辆利用程度与运输生产率之间的关系。
(4) 有利于加强企业管理基础工作，有利于信息的储存和使用。

一、车辆时间利用指标

以车日为基础，用以反映车辆时间利用的指标主要有完好率、工作率、平均每日出车时间和出车时间利用系数四项。

1. 完好率（α_W）

完好率是指统计期内企业营运车辆的完好车日与总车日的百分比。完好率表明了总车日可以用于运输工作的最大可能性，故又称完好车率。

$$\begin{cases} \alpha_W = \dfrac{U_W}{U_y} \times 100\% \\ \alpha_W = \dfrac{U_y - U_f}{U_y} \times 100\% \end{cases} \quad (3\text{-}10)$$

式(3-10)说明，减少非完好车日有利于提高营运车辆的完好率。

完好率是反映汽车运输业企业营运车辆技术状况和维修水平的重要指标。车辆完好率越高，表示营运车辆的技术状况越好，即技术完好的车辆越多，企业的生产能力才可能越强。

完好率的高低受很多因素影响，车辆本身所特有的技术性能就是一个很主要的方面，如车辆的使用寿命、坚固性和可靠性，对维护和修理的适应性，行车安全性等。车辆的生产活动是在复杂的运用条件下进行的，不利的运输条件常会导致车辆技术状况的恶化，如道路状况对于车辆的完好程度也有很大的影响,即使车辆在城市道路和公路干线上行驶,也会因路面的等级和种类不同,致使同一型号车辆的技术状况出现很大的差别。恶劣的气候条件也会给车辆的技术状况带来不利的影响。同时,驾驶员的操作也对车辆的完好情况有一定的影响。

在上述条件一定的情况下,车辆完好率主要取决于企业对车辆的技术管理、使用状况及维修质量。运输企业应加强技术管理和维修工作,特别要注意车辆的例行维护。驾驶员的技术操作水平和熟练程度,对车辆的技术状况也有很大的影响,企业要定期开展对驾驶员的技术培训和安全教育等,这也是提高完好率的重要措施。

2. 工作率(α_g)

工作率是指一定时期内工作车日在总车日中所占的比例,反映了企业总车日的实际利用程度,故又称出车率。

$$\alpha_g = \frac{U_g}{U_y} = \frac{U_y - U_f - U_d}{U_y} \times 100\% \tag{3-11}$$

工作率反映了企业营运车辆的技术状况及运输组织工作水平,它对于车辆生产率有直接的影响。要提高工作率,就必须努力消除导致车辆停驶的各种原因,这样才有可能使工作率维持在较高水平。提高工作率的具体措施有:加强企业的物资管理工作和生产调度工作,注意有计划地培养驾驶员;加强与公路部门的联系和协作,逐步、有计划地改善路面质量,提高路面等级,改善交通管理,保证路线畅通;加强与气象部门的联系,注意天气变化规律,及时采取必要措施;加强计划运输和(客)货源组织工作,提高车辆完好率等。

工作率指标只反映总车日的利用程度,即工作车日在总车日数中所占的比例,不足以全面反映车辆的时间利用程度,因为一辆营运车在一个车日内,只要出车工作过,不论出车时间长短,均计为一个工作车日,所以工作车日只表示出车工作过,不能反映车辆工作时间的长短,即较高的工作率不一定能保证有较多的工作时间。为了全面反映工作车日的利用程度,有必要设置总车时利用率指标以及工作车时利用率指标等。

3. 平均每日出车时间(t_c)

平均每日出车时间是指一定时期内全部营运车辆每个工作车日的平均出车时间,是反映工作车日出车时间长短的指标,其计量单位为 h/车日,计算公式是:

$$t_c = \frac{T_c}{U_g} \tag{3-12}$$

式中:t_c——平均每日出车时间,h/车日;

T_c——计算期内出车时间总和,h;

U_g——计算期内工作车日总数。

式(3-12)中的"出车时间总数"是按计算期内全部营运车辆每日出车时间(h)累计计算的。

在车辆工作率一定的情况下,平均每日出车时间越长,表示车辆的时间利用程度越高。

平均每日出车时间长短,既与企业规定的工作制度(单班制、双班制等)有关,又在很大程度上取决于运行组织工作水平,并且还受到运输距离和道路通阻及天气等的影响。在实行单班制工作制度时,理论上的每日出车时间是 8h,但实际上由于运行过程中各种客观、主观因素的影响,每日出车时间长度很难准确规定。

4. 出车时间利用系数(α_c)

平均每日出车时间只反映了工作车日出车时间的长短。由于出车时间是由运行时间和停歇时间两部分构成的(图 3-3),其中停歇时间属于车辆时间的损失,只有运行时间才是车辆时间的有效利用,所以还必须设置出车时间利用系数这个指标,以进一步说明车辆的时间利用程度。

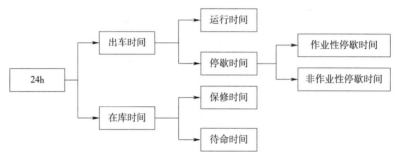

图 3-3 工作车日的时间构成示意图

出车时间利用系数是指车辆出车时间内纯运行时间所占比例,其计算公式是:

$$\alpha_c = \frac{T_y}{T_c} \tag{3-13}$$

式中:α_c——出车时间利用系数;

T_y——计算期内车辆运行时间总和,包括与交通管理、会车等因素有关的短暂停歇时间,h。

式(3-13)中的"运行时间"和"出车时间",可以是平均每个工作车日的运行时间和平均每日出车时间,也可以是一定时期内全部营运车辆的运行时间总数和出车时间总数。

【例 3-8】 某汽车运输公司 4 月全部营运车辆的运行时间是 4500h,出车时间累计达到 9000h,则该公司的出车时间利用系数计算如下:

$$出车时间利用系数 = \frac{4500h}{9000h} = 0.50$$

营运车辆的运行时间,主要包括有载行驶时间和空载行驶时间。车辆运行途中某些短暂的停车时间,如会车让道的停车时间,交叉路口遇红灯停车的时间,招呼到站旅客上下车的时间,通过收费道路、桥梁、隧道停车交费的时间,一般不过几分钟,为简化统计工作,也计为运行时间。

车辆停歇时间,包括必需的停歇时间和非必需的停歇时间两部分。其中,必需的停歇时间是指装卸作业时间、始发站、终到站旅客上下车时间,商务作业时间,技术作业时间以及其他必要的停歇时间;非必需的停歇时间是指因运输生产组织工作失误造成的停歇时间,因驾乘人员责任造成的停歇时间,因车辆技术故障造成的停歇时间,因发生行车事故而造成的停歇时间等。

驾乘人员在出车途中可能需要用餐、休息或住宿,这些时间一般不应计入出车时间,称为车辆在库外停歇时间。

提高出车时间利用系数的基本途径是尽量减少出车时间内的各种停歇时间。

对于各种必需的停歇时间,可以采取以下各种措施加以压缩:

(1)努力实现装卸作业机械化;
(2)商务作业尽量采用现代化办公;
(3)技术作业尽量使用现代化仪器和机具设备;
(4)为上述各项作业配备业务熟练、技术素质较高的工作人员;
(5)改善劳动组织,克服薄弱环节;
(6)尽量组织各项作业平行地进行。

对非必需的停歇时间要尽可能消除。通过制定完善的工作制度和严格的劳动纪律,提高工作人员的思想素质和业务技术素质等措施,可以把人为的非必需停歇时间大大减少甚至消除。因道路阻塞、大雾、暴风雪等客观原因而使车辆发生的不必要的停歇,则是难以完全消除的。

非必需的停歇时间还因运输生产过程组织工作有缺陷而发生。例如不能保证运输生产过程的连续性、均衡性等,路政管理部门、运政管理部门、车辆监理部门等工作质量和效率不高,以及有些行政部门违法设卡、滥施检查、罚款、扣车扣照等,也使车辆非必需的停歇时间增加。这些需要政府有关部门改进服务质量,以改善车辆运行的外部环境。

二、车辆速度利用指标

车辆速度是指车辆单位时间内的平均行驶里程。反映车辆速度利用程度的指标有技术速度、运送速度、运营速度及平均车日行程。

1. 技术速度

技术速度是指车辆在行驶车时内实际达到的平均行驶速度,即在运行时间内平均每小时行驶的里程,用以表示车辆行驶的快慢,计算公式为:

$$v_j = \frac{L}{T_y} \tag{3-14}$$

式中:v_j——车辆的技术速度,km/h;

L——车辆行驶距离,km。

在实际行驶过程中,车辆的技术速度受多种因素的影响。车辆本身的技术性能(尤其是速度性能,如动力性能、最高速度、加速性能等)、结构、制动性能、行驶平顺性和稳定性、外形、新旧程度等都是影响技术速度的主要因素。在车辆本身技术性能一定的条件下,道路条件往往也是影响车辆技术速度发挥的一个重要原因。具有良好速度性能的车辆,在恶劣的道路条件下,也不一定达到较高的技术速度。道路条件对于车辆技术速度的影响主要表现在道路的等级、宽度、坡度、弯度、视距、路面状况和颜色等方面。在城市中,道路的交通量、照明条件、规定的行驶速度等,对车辆技术速度有很大的影响。另外,天气情况、装载情况、拖挂情况、驾驶员操作技术水平高低等也对技术速度有一定的影响。

技术速度一般低于设计速度,它们之间差距的大小,反映了车辆速度的利用程度高低。技术速度越高,车辆速度利用就越充分。在保证行程安全的前提下,尽量提高技术速度,意味着在相同的运动时间内,可以行驶更多的里程,使旅客或货物移动更远的距离。但盲目地追求高技术速度,有可能造成行车事故增加,使运输安全性下降,还可能造成燃料消耗的不合理增加,使运输成本提高。

2. 运营速度

运营速度是指出车时间计算的车辆平均每小时行驶的里程:

$$v_d = \frac{L}{T_c} \tag{3-15}$$

凡是影响技术速度和工作车时利用率的因素,同时也是影响运营速度的因素。影响运营速度的主要因素有车辆技术速度、运输组织工作水平、装卸机械化水平、车辆技术状况及运输距离等。

运营速度高,意味着在相同的出车时间内,可以行驶更多的里程,完成更多的运输工作量。运营速度一般比技术速度低 10%~20%。当运输距离很长时,装卸停歇时间所占比例较小,则 v_d 趋近于 v_j。

3. 平均车日行程

平均车日行程是指统计期内,全部营运车辆平均每个工作车日内行驶的里程,是以车日作为时间单位计算的综合性速度指标,计量单位为 km,计算公式为:

$$\overline{L}_d = \frac{L}{U_g} \tag{3-16}$$

由于平均车日行程与运营速度和平均每日出车时间成正比,即:

平均车日行程 = 平均每日出车时间 × 运营速度

且平均车日行程与技术速度、出车时间利用系数以及平均每日出车时间成正比,即:

平均车日行程 = 平均每日出车时间 × 出车时间利用系数 × 技术速度

所以,平均车日行程是速度和时间利用方面的综合性指标,既受出车时间长短的影响,也受运营速度的影响。因此,要提高平均车日行程,必须从两方面来考虑:通过延长出车时间固然可以提高平均车日行程,但在出车时间一定的条件下,更应该从速度方面挖掘潜力;高速度是发展方向,但必须确保安全,不能盲目追求高速度,追求高速度势必会加剧车辆磨损、增加燃料消耗,导致成本上升。所以要在确保安全的情况下,提倡中速行驶,在合理的技术速度下,着眼于最大的运营速度。

【例 3-9】 某汽车运输公司 9 月有关统计数据为:营运车辆 100 辆(没有发生车辆数增减变动),车辆工作率 90%;出车时间总数为 18900h,其中运行时间总数为 9450h;总行程为 567000km。则可计算出该车队 9 月的有关指标值如下:

(1)总车日 = 100 × 30 = 3000(车日)。

(2)工作车日总数 = 3000 × 90% = 2700(车日)。

(3)出车时间利用系数 = 9450/18900 = 0.50。

(4)平均每日出车时间 = 18900/2700 = 7(h/车日)。

(5)技术速度 = 567000/9450 = 60(km/h)。

(6)运营速度 = 567000/18900 = 30(km/h);

或:运营速度 = 60 × 0.50 = 30(km/h)。

(7)平均车日行程 = 567000/2700 = 210(km/车日);

或:平均车日行程 = 7 × 30 = 210(km/车日);

或:平均车日行程 = 7 × 0.50 × 60 = 210(km/车日)。

三、车辆行程利用指标

营运车辆在一定统计期内出车工作行驶的里程称为总行程(总车公里)。总行程由重车行程和空车行程两部分构成。车辆载有旅客或货物行驶的里程,称为重车行程(也称重车公里)。重车行程是实现运输生产的有效行程,是总行程的有效利用,属于生产行程。车辆完全无载行驶的里程,称为空车行程(空车公里)。空车行程包括空载行程和调空行程。其中,空载行程是指车辆由卸载地点空驶到下一个装载地点的行程;调空行程是辅助性的,指空车由车场(库)开往装载地点,或由最后一个卸载地点空驶回车场(库)的行程。

车辆的行程利用指标,即行程利用率,是指统计期内车辆的重车行程与总行程的百分比,用以表示车辆总行程的有效利用程度,其计算公式为:

$$\beta = \frac{L_y}{L} \times 100\% = \frac{L - (L_k + L_d)}{L} \quad (3-17)$$

式中:β——行程利用率,%;
L_y——有载行程,km;
L_k——空载行程,km;
L_d——调空行程,km。

在总行程一定的情况下,要提高行程利用率,就必须增加有载行程的比例,车辆只有在有载行程的条件下才能产生有效的运输工作量,同时要减少空驶;空驶是一种很大的浪费,不仅没有产生运输工作率,相反却增加了燃料消耗及轮胎磨损等,从而致使运输成本上升。车辆空驶距离越长,这种影响也就越严重。但空驶却很难避免,因此应积极科学地组织运输生产活动,合理调度车辆,尽量降低空驶里程。

【例 3-10】 某市道路货物运输公司 2018 年平均营运车辆 200 辆,车辆工作率 80%,平均车日行程 300km,全年空车行程为 4380000km,试计算该公司 2018 年营运车辆的里程利用率。

解:由已知条件,可计算出该公司 2018 年工作车日数为:

$$U_g = 平均营运车数 \times 工作日数 = 200 \times 365 \times 80\% = 58400(车日)$$

总行程为:

$$L = \bar{L}_d \times U_g = 300 \times 58400 = 17520000(km)$$

则行程利用率为:

$$\beta = \frac{L_y}{L} \times 100\% = \frac{17520000 - 4380000}{17520000} \times 100\% = 75\%$$

行程利用率是一个十分重要的指标,在总行程一定的前提下,要提高行程利用率,必须增加重车行程的比例,车辆只有在有载运行下才会进行有效生产。车辆空驶是一种很大的浪费,它不仅没有产生运输工作量,相反却增加了燃料消耗及轮胎磨损,致使运输成本上升。车辆空驶距离越长,此种影响也就越严重。

提高行程利用率,是提高车辆运输工作生产率和降低运输成本的有效措施,对提高经济效益有重要影响。企业实际行程利用率不高,主要是行程利用率受客流量、货流量在时间上和空间上分布不均衡,以及车辆运输调度等主客观因素的影响。加强运输组织工作时提高行程利用率的一项重要措施。为此应积极做好货(客)源组织工作,正确掌握营运区内货(客)源的形成及其货(客)流的规律,确保生产均衡性;应加强运输市场的管理,坚持合理运输;应不断提高车辆运输作业计划的准确性,积极推广先进的调度方法;应科学地确定收、发车点和组织车辆行驶路线;正确选择双班运输的交接地点;应尽量调派与装运货物相适宜的车型,组织回程专用车辆装运普通货物;应加强经济调查,合理规划车站、车队、车间(包括修理厂)、加油站之间的平面位置等。

编制运输生产计划时,通常要先确定行程利用率,然后再计算重车行程。重车行程的计算公式为:

$$L_u = L \cdot \beta \tag{3-18}$$

确定行程利用率的计划值时,一般以上期实际达到的行程利用率指标值为参考依据,并通过预测分析计划期内客流量和货流量在时间和空间分布的均衡程度测算确定。

四、车辆载重(客)能力利用指标

车辆的载重(客)能力是指车辆的额定载货质量或额定载客量。反映车辆载重(客)能力利用程度的指标是吨(客)位利用率[又称重车载重(客)量利用率]和实载率。

1. 吨(客)位利用率

吨(客)位利用率是指车辆在重车行程中实际完成的周转量与重车行程载质量的百分比:

$$\gamma = \frac{\sum qL_y}{\sum q_0 L_y} \times 100\% \tag{3-19}$$

式中:γ——吨(客)位利用率;
  q——换算周转量,t·km 或人·km;
  q_0——车辆的额定载质(客)量,t 或人。

对式(3-19)中的分子作出如下项说明:换算周转量,是将载客或载货周转量,按"10人·km = 1t·km"的比例,换算成同一的计量单位。例如,在计算营运货车的吨位利用率时,应将货车附载旅客所完成的旅客周转量(人·km),换算成 t·km;在计算客车的座位利用率时,应将客车附载货物所完成的货物周转量(t·km),换算成人·km。

对式(3-19)中的分母项作出如下说明:载运行程载质量又称"重车吨(座)位公里",其计量单位,货车为"吨位公里",客车为"座位公里"。载运行程载质量是各辆营运车的"载运行程"与其"额定吨(座)位"乘积的累计数。

【例3-11】 9月,A车(额定吨位5t)总行程6400km,其中载运行程4460km,完成周转量22160t·km;B车(额定吨位5t)总行程6300km,其中载运行程4200km,完成周转量18160t·km;C车(额定吨位6t)总行程6000km,其中载运行程3600km,完成周转量21360t·km。则A、B、C三车9月的载运行程载质量为:

$$4460 \times 5 + 4200 \times 5 + 3600 \times 6 = 64900(吨位公里)$$

载运行程载质量表示营运车辆载运行驶时的载重能力,含义即载重运行的车辆在满载时能够完成的运输工作量(t·km 或人·km)。例如上述 A、B、C 三车,9 月载运行程载质量为 64900 吨位公里,即意味着,如果三车每次载运行驶都按照其额定吨位装载货物,就能够完成货物周转量 64900t·km。而三车实际只完成了货物周转量 22160 + 18160 + 21360 = 61680(t·km),说明其载重能力没有被充分利用。由式(3-19),可得:

$$\gamma = \frac{61680}{64900} \times 100\% \approx 95.04\%$$

按上式计算的吨(座)位利用率,又称"载运行程载质量利用率"。考核企业营运车辆载重能力的利用情况时,通常都是考察全部营运车辆的。因此,若无特别说明,本教材中的吨(座)位利用率,均是按式(3-19)计算的。

吨(座)位利用率的高低,对车辆生产率有重要影响,并且也对企业的经济效益有重要影响。车辆空驶是浪费,吨(座)位不能充分利用同样也是浪费。例如,A、B 两辆额定座位都是 45 座的客车,行驶里程都是 100km,A 车载有 30 位乘客,B 车载有 45 位乘客。假定所有乘客的运距和票价相同,则 B 车的客运收入比 A 车的客运收入就多近 50%,B 车完成的旅客周转量比 A 车也多近 50%,而两辆车的燃油消耗、折旧、轮胎磨损以及其他开支,几乎是一样的,按车公里计算的运输成本基本相等,但经济效益却相差悬殊。

车辆核定吨位的大小与利用程度的高低,对车辆生产率有很大影响。一般情况下,载质量能力大的车辆具有较高的生产能力,但能力的发挥还取决于载质量能力的利用程度,载质量能力利用得越充分,车辆生产率也就提高得越多。

在车辆核定吨位既定的情况下,影响载质量能力利用程度的因素有很多,例如货源条件、货物特性及货运种类、车辆类型及车厢几何尺寸、装车方式及装载技术、有关的装载规定、车辆调度水平以及车货适应程度等。

车辆载质量和载质量利用水平对车辆生产率的影响比较显著,运输企业应在运输组织方面,加强货源组织和理货工作,逐步实现车辆专用化。大宗货物应调派大吨位车辆予以装运,积极开展拖挂运输等。在装车组织方面,应加强对主要货种和车型的研究,不断提高装载技术,配合物资部门改善货物的包装;开展成组运输时,应做好配载工作,做好零担货物配装计划,并严格执行有关的装载规定。

2. 实载率

实载率是按全部营运车辆在一定时期内的总行程计算的载重能力利用指标,是指汽车实际完成周转量占其总行程载重(客)量的百分比,用以反映总行程载重(客)量的利用程度。总行程载重(客)量的计算方法,是以每辆车的总行程分别乘以其额定载重(客)量加总求得。实载率的计算公式为:

$$\varepsilon = \frac{\sum q L_y}{\sum q_0 L} \times 100\% \qquad (3-20)$$

式中:ε——实载率。

由于吨位利用率与实载率之间存在以下关系:

$$\gamma = \frac{\sum q L_y}{\sum q_0 L_y} \times 100\%$$

$$\varepsilon = \frac{\sum q L_y}{\sum q \partial L} \times 100\%$$

因此,有:

$$\varepsilon \times \sum q_0 L = \gamma \times \sum q_0 L_y$$

即

$$\varepsilon = \gamma \times \frac{\sum q_0 L_y}{\sum q_0 L}$$

故有:对于一辆车或车辆核定吨位 q_0 相同时:$\varepsilon = \gamma \times \beta$;对于多辆车或车辆核定吨位不相同时:$\varepsilon \approx \gamma \times \beta$。

【例3-12】 【例3-11】中 A、B、C 三辆车9月的总行程载质量为:

$$6400 \times 5 + 6300 \times 5 + 6000 \times 10 = 123500(吨位公里)$$

即三辆车在9月总行程可能完成的最大运输工作量为123500吨位公里,但其实际完成的运输工作量为64900吨位公里,所以,其实载率为:

$$\frac{64900}{123500} \times 100 \approx 52.6\%$$

因此,实载率并不直接影响车辆生产率,而是通过吨位利用率和行程利用率来影响车辆生产率的。实载率是反映车辆在行程利用和载质量利用方面的一个综合性指标。要提高实载率,一方面要努力提高吨(客)位利用率,另一方面要减少车辆空车运行里程,提高行程利用率。只有双管齐下,才能收到好的效果。

实载率虽然能够综合反映车辆行程和载重能力的利用程度,较全面地评价车辆有效利用程度,但在组织运输过程时不能完全以实载率代替行程利用率和吨(客)位利用率。分析车辆生产率诸多影响因素的影响程度时,也应对行程利用率和吨(客)位利用率分别进行分析。这是因为这两个指标的性质、内涵不同,对组织运输生产各有不同的要求。以实载率代替行程利用率的吨(客)位利用率,会掩盖超载等问题的存在。例如,假设有甲、乙、丙、丁四个货车车组,它们各自的实际行程利用率和吨位利用率见表3-1。

各车组车辆利用程度数据　　　　　　　　　表3-1

组　　别	行程利用率	吨位利用率	实　载　率
甲	83.3%	96%	80%
乙	66.7%	120%	80%
丙	50.0%	160%	80%
丁	40.0%	200%	80%

单就实载率而言,四个车组都是80%,但从里程利用率和吨位利用率两个指标看,情况就大不相同。例如四个车组的货车额定载质量都是5t,各组车辆平均每次装卸的货物按、甲、乙、丙、丁一次是4.8t、6t、8t、10t。由此可以看出,甲组的运输生产工作基本正常,乙组有违章超载现象但不严重,丙组严重违章超载,丁组则更加严重(超重1倍)。另外,在车辆运行中空驶浪费严重,特别是丁组60%的行程是空驶。如果只考核实载率,这些情况就被掩盖了。

五、车辆动力利用指标

车辆的动力利用指标即拖运率,是指挂车完成的周转量与主、挂车合计完成的总周转量

的百分比。拖运率反映了拖挂运输的开展情况及挂车的载质量利用程度,其计算公式为:

$$\theta = \frac{P_g}{P_z + P_g} \times 100\% \tag{3-21}$$

式中:P_z——主车完成的运输周转量,t·km;

P_g——挂车完成的运输周转量,t·km。

【例3-13】 某运输公司2017年挂车完成货物周转量27600000t·km,车辆本身完成周转量58632000t·km。据此可计算该公司2017年的拖运率为:

$$\theta = \frac{P_g}{P_z + P_g} \times 100\% = \frac{27600000}{58632000 + 27600000} \times 100\% \approx 32\%$$

影响拖运率的主要因素有汽车与挂车性能、驾驶技术水平、道路条件及运输组织工作水平等。

开展拖挂运输的经济效益十分显著。在一定的货源、道路、现场等条件下,拖运率水平的高低,与运输组织水平、汽车与挂车的性能、车辆配备及构成及运输法规等密切相关。开展拖挂运输,是提高运输效率和降低运输成本的一个有效途径。

第四节 道路运输组织效果评价的综合指标

车辆利用各单向指标的内涵及其各自能反映和体现的车辆运用效率的某个方面,但不论哪个单一指标,都不能完全反映车辆利用的整体水平,因此有必要设立一个能综合反映车辆在时间、速度、里程、载重(载客)量和拖挂能力等方面利用情况的指标——运输车辆生产率。

运输车辆生产率是指营运车辆在运输生产活动中的效率,是运输车辆在时间、速度、里程、载重(载客)量和拖挂能力等方面利用程度的综合表现。

提高车辆运输生产率意味着以较小的人力、物力消耗,获得较好的生产效果,它是企业提高经济效益的重要方面,也是企业提高组织管理水平的重要体现。车辆生产率可以用统计期(年、季、月、日)内企业所有在册车辆所完成的运输工作率来衡量,也可以用统计期内(年、季、月、日)一辆车或一个营运吨(客)位所完成的运输工作量来衡量。通常用单车期产量、车吨(客)期产量表示。

1. 单车期产量指标

单车期产量是指统计期内平均每辆车完成的货物(旅客)周转量,它反映汽车单车运用的综合效率。按照计算的时间单位不同,单车期产量指标包括单车年产量、单车季产量、单车月产量、单车日产量等多个指标。其中,用单车日产量指标来比较不同时期的车辆生产率时,可以避免计算期日历天数可能不同而造成的影响。

单车期产量的计算方法有以下两种:

(1)按计算期全部营运车辆完成的换算周转量与平均营运车数计算,计算公式如下:

$$W_p = \frac{\sum P}{A} \tag{3-22}$$

式中：W_p——单车期产量,t·km 或人·km,是指统计期单位时间(年、季、月、日)内单车完成的货物(旅客)周转量;

$\sum P$——统计期单位时间(年、季、月、日)内全部营运车辆实际完成的货物(旅客)周转量之和,t·km 或人·km;

A——平均营运车辆数(辆),是指统计期内平均每天拥有的营运车辆数。

【例3-14】 某货运公司2018年8月1日有营运货车356辆,8月12日租入营运车5辆,8月21日有8辆报废车退出运营,8月26日又新购6辆车投入运营,到8月底再无车辆增减变动。已知8月共完成货物周转量8055620t·km,求该货运公司的单车月产量。

解:该公司8月的总车日数为:

$$U_y = 356 \times 31 + 5 \times 20 - 8 \times 11 + 6 \times 6 = 11084(车日)$$

平均营运车数为:

$$A = \frac{U_y}{D} = \frac{11084}{31} = 357.548(辆)$$

则单车月产量为:

$$W_R = \frac{\sum P}{A} = \frac{8055620}{357.548} \approx 22530.2(t \cdot km)$$

(2)按车辆的各项运用效率指标计算,计算公式如下:

$$W_p = \frac{D \cdot \alpha_g \cdot L_D \cdot \beta \cdot q_0 \cdot \gamma}{1 - \theta} \tag{3-23}$$

式中：W_p——单车期产量,t·km 或人·km,是指统计期单位时间(年、季、月、日)内单车完成的货物(旅客)周转量。

2. 车吨期产量

"车吨"是指一辆营运货车的一个额定吨位,"车座"是指一辆营运客车的一个额定座位。车吨(座)期产量就是指企业在一定时期内全部营运车辆平均每个额定吨(座)位所完成的运输量。其计算方法也有两种:

(1)按计算期换算周转量与同期平均总吨(座)位数计算,其计算公式为:

$$W'_{pt} = \frac{\sum P}{N} \tag{3-24}$$

式中：W'_{pt}——车吨(座)位期产量,t·km 或人·km;

$\sum P$——统计期内全部营运车辆完成的周转量之和,t·km 或人·km;

N——平均总吨(座)位。

(2)按车辆运用效率指标计算,车吨(客)位期产量的计算公式为:

$$W'_{pt} = \frac{D \cdot \alpha_g \cdot \bar{L} \cdot \beta \cdot \gamma}{1 - \theta} \tag{3-25}$$

3. 车公里产量

车公里产量是指车辆平均每行驶1km所完成的运输量,有两种计算方法:

(1)按周转量和总行程计算。

按周转量和总行程计算车公里产量的计算公式为:

$$W_{pk} = \frac{\sum P}{L} \tag{3-26}$$

式中：W_{pk}——车公里产量；

　　　L——计算期总行程，可以根据每辆营运车累计，也可以按式(3-27)计算：

$$L = A \cdot D \cdot \alpha_g \cdot \overline{L} \tag{3-27}$$

（2）按有关车辆运用效率指标计算。

按有关车辆运用效率指标计算车公里产量的计算公式为：

$$W_{pk} = \frac{\beta \cdot \overline{q_0} \cdot \gamma}{1 - \theta} \tag{3-28}$$

显然，完成同样的周转量，采用提高车公里产量的办法增加的运行费用不多，增加总行程则会较多的增加运行费用。但片面的追求较高的车公里产量，可能会引起超载现象的发生。

【例3-15】 某运输公司2019年总车日为36500车日，车辆工作率85%，平均车日行程326km，行程利用率67%，平均吨位5.5t，吨位利用率98%，拖运率30%，共完成货物周转量为52178900t·km。

根据这些数据，可以直接用式(3-28)计算出该公司2019年车公里产量为：

$$\frac{67\% \times 5.5 \times 98\%}{1 - 30\%} \approx 5.16(\text{t·km/车公里})$$

也可以用式(3-27)计算。先求出总行程 = 36500×85%×326 = 10114150（车公里），然后按式(3-26)计算：

$$车公里产量 = \frac{52178900}{10114150} \approx 5.16(\text{t·km/车公里})$$

由式(3-28)可得"周转量 = 总行程×车公里产量"。获得同样的周转量，可以采取增加行程、降低车公里产量的办法，或采取提高车公里产量、减少总行程的办法来完成。如【例3-15】中，若车公里产量降低到4.5t·km，就需要把总行程增加到11595311.11km；若总行程只有9487072km，车公里产量就必须提高到5.50t·km。但是两种办法对运输生产的经济效益的影响是不同的。提高车公里产量增加的运行费用不多，增加总行程则会较多地增加运行费用。显然，完成同样的周转量采用提高车公里产量的办法可以增加盈利。由此可见，车公里产量是一个很重要的、敏感性较强的指标，在编制运输生产计划和组织运输生产过程时应给予充分重视。

归纳本章提到的计算公式，如果已知有关指标的数据，计算一定时期内全部营运车辆所完成的周转量，可以根据下列公式计算：

（1）周转量 = 载运行程载质量×吨(座)位利用率；

（2）周转量 = 总行程载质量×实载率；

（3）周转量 = 单车期产量×平均营运车数；

（4）周转量 = 平均车数×日历日数×车辆工作率×平均车日行程×行程利用率×

　　　　　　平均吨位×吨位利用率×$\dfrac{1}{1 - 拖运率}$；

（5）周转量 = 单车日产量×平均车数×日历日数；

（6）周转量 = 单车日产量×总车日数；

(7)周转量=车吨(座)期产量×平均总吨(座)位数;

(8)周转量=车吨(座)日产量×总车吨(座)日数。

4.运输生产率影响因素分析

要提高运输生产率,就必须了解各因素对生产率的影响特性及影响程度,以便结合企业自身的条件,确定优先改进哪个因素对生产率的提高更有利。在此以载货汽车为例进行分析。

分析公式中各指标对运输效率的影响,大体上可将它们分成3种不同的类型,即固定型(日历天数)、相对变动型(平均吨位和营运车数)和变动型(除以上之外)。因此,在计算期确定的情况下,车辆运用指标是影响车辆生产率的主要方面,为了深入分析它们的影响和作用,为简化分析起见,设拖运率为零,计L(总行程)=营运车数×日历天数×工作率×平均车日行程

由于$P(周转量) = L \cdot \beta \cdot q \cdot \gamma$,且$L = \alpha_c \cdot v_j \cdot T_c$,所以,车辆在出车时间内,单位小时完成的周转量为:

$$P_{小时} = \frac{P}{T_c} = \frac{L \cdot \beta \cdot q \cdot \gamma}{T_c} = \alpha_c \cdot v_j \cdot \beta \cdot q \cdot \gamma$$

设平均每运次载运行程为L_y,则有:

$$L = \frac{L_y \cdot n_{运次}}{\beta}$$

所以

$$T_c = \frac{L_y}{\beta} \times \frac{n_{运次}}{v_j}$$

由于

$$T_{停} = T_{装卸} \times n_{运次}, \alpha_c = \frac{T_c}{T_c + T_{停}}$$

故有

$$\alpha_c = \frac{L_y}{L_y + v_j \cdot \beta \cdot T_{装卸}}$$

即

$$P_{小时} = \frac{L_y}{L_y + v_j \cdot \beta \cdot T_{装卸}} \cdot v_j \cdot \beta \cdot q \cdot \gamma = \frac{q \cdot \gamma}{\frac{1}{\beta \cdot v_j} + \frac{T_{装卸}}{L_y}} \tag{3-29}$$

由式(3-29)可知,影响生产率的指标主要有装卸时间、技术速度、行程利用率、有载行程、额定载质量以及吨位利用率。

下面以载货汽车装卸时间对运输生产率的影响为例,进行详细分析。

由于

$$P_{小时} = \frac{q \cdot \gamma}{\frac{1}{\beta \cdot v_j} + \frac{T_{装卸}}{L_y}}$$

假设其他使用因素均为常数,只有装卸停车时间为变量时,令$a = q\gamma L_y, b = \frac{L_y}{\beta v_j}$,则

式(3-29)可简化为:

$$P_{小时} = \frac{a}{b + T_{装卸}} \quad (3-30)$$

式(3-30)为等轴双曲线方程,如图3-4所示。可见,当装卸时间减少时,生产率就会提高,但生产率提高的极限值为$\frac{a}{b}$。

由图3-4可知,当装卸停歇时间很长时,生产率将降低而趋于零,因为横坐标轴为等轴双曲线的渐近线。而且b值越小(即L_y越小),β和ν_j越大时,装卸时间的变化对生产率的影响程度越大。即当运距较短,车辆行驶速度较快时,装卸时间对生产率的影响更为显著。

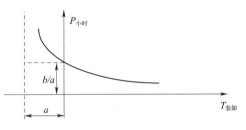

图3-4 运输车辆生产率于装卸作业停歇时间的关系

为了缩短装卸停歇时间,一方面应努力提高装卸作业效率,使装卸作业的停歇时间压缩到最低限度;另一方面应尽量避免或减少非装卸时的停歇时间,使这部分时间接近或等于零。因此,在运输过程中应合理组织装卸工作,实现装卸工作机械化,制定汽车装卸作业时间表,有序、高效地进行装卸作业,并应简化手续,尽可能减少装卸作业次数,以最大可能减少装卸时间。

采用类似方法,可分析其他因素对运输工作生产率的影响程度。经分析发现,各因素对生产率的影响程度不同,影响程度由高到低依次为实际载质量($q_0\gamma$)、重车载质量利用率(γ)、重车行程(L_y)、装卸停歇时间($T_{装卸}$)、里程利用率(β)及车辆技术速度(ν_j)。

运输效率与车辆数、吨位大小以及车辆的运用水平有关,车辆数多、吨位大、车辆运用水平高,运输效率就高;由于计算期一经固定,车辆情况不会有很大的变化,因此,车辆生产率主要与运输效率有关。车辆生产率与车辆运用效率指标成正比关系(除装卸停歇时间);提高他们的任何一个,车辆生产率均可提高,但其影响的幅度不同,其中工作率是最为基本的指标,吨位利用率对运输效率的影响最为显著。相对地讲,速度利用指标影响较小。车辆生产率所受各运用效率指标的影响是一个综合性影响的结果,车辆生产率提高、不变和下降,反映了这些效率指标之间的内在联系和制约关系。

第五节 汽车运输成本的计算与分析

汽车运输的成本、利润和运价是道路运输组织中一个非常重要的经济问题。不断降低运输成本是增加企业利润的基础,而利润是满足社会需要和扩大再生产的重要源泉。运输成本的高低也是直接影响公路运价水平的重要因素,而运价高低又直接影响企业的利润与社会效益。因此,成本、利润和运价是直接关联和相互依存的,研究汽车运输的成本、利润和运价问题,是道路运输组织的重要内容之一。

一、汽车运输成本构成

汽车运输成本是道路运输企业为完成旅客、货物运输任务所消耗的活劳动和物化劳动的总和。成本不仅是补偿运输生产耗费的尺度,也是衡量运输服务工作质量和经济效益的重要指标。运输生产过程中原材料消耗的多少、劳动生产率的高低、运输的质量水平、车辆设备的完好和利用程度、运输生产的组织和管理水平等,都直接影响运输成本水平。

道路运输企业运输成本范围按其用途分为车辆费用和企业管理费两类,共10个项目。

(1)车辆费用:指营运车辆从事运输生产所发生的各项费用,包括工资、职工福利费、燃料费、轮胎费、保修费、大修理基金提存、折旧费、交通规费及其他共9个费用项目。

(2)企业管理费:指企业为管理和组织运输生产所发生的各项管理费用和业务费用。根据费用归口管理的要求,企业管理费用可分为企业管理部门管理费、车辆管理费和车站管理费三类分别核算。

汽车运输成本不仅是评价汽车运输工作效果的综合指标,也是考核运输企业的主要经营指标之一。在汽车运输生产过程中,运输生产率的高低、运输服务质量的好坏、运输组织水平的优劣、车辆维修技术的高低等最终都以货币形式反映到成本指标上来,进而影响汽车运输企业、物流企业的经济效益。因此,在保证运输服务质量的前提下,不断降低运输成本,对于物流企业、运输企业的生存和发展具有重要意义。

二、汽车运输成本的计算

汽车运输成本(S)通常用单位运输成本来衡量。单位运输成本是指完成每单位运输产品产量所支付的费用,以统计期内汽车运输企业所支出的全部费用($\sum C$)与所完成的运输产品产量($\sum P$)的比值来表示,即:

$$s = \frac{\sum C}{\sum P} \tag{3-31}$$

货运企业的全部费用,还可按照车辆行驶及产量的关系分为三部分:变动费用(C_c)、固定费用(C_f)及装卸费用(C_u)。其中装卸费用由各运输企业在确定成本时单独计算,所以货运企业的运输成本费用只包括前两项费用,即:

$$\sum C = C_c + C_f \tag{3-32}$$

其中变动费用(C_c),是指与车辆行驶及产量有关的费用,又称车辆运行费用,按每公里行程计算,包括运行材料费、车辆折旧费、车辆保修费及其他与车辆行驶有关的各项费用。

固定费用(C_f),是指与车辆行驶及产量无直接关系的费用,即不论车辆行驶与否,企业总要支付的费用,又称企业管理费,按车辆的在册车日或车时计算,包括职工月工资、行政办公费房屋维修费牌照费、职工培训费、宣传费及业务手续费等。

1. 载货汽车的运输成本

载货汽车单位运输成本可表示为1t·km的变动费用与1t·km的固定费用之和,即:

$$S_g = S_c + S_f \tag{3-33}$$

式中:S_g——载货汽车的单位运输成本,元/(t·km);

S_c——统计期内单位产量分摊的变动成本,元/(t·km);

S_f——统计期内单位产量分摊的固定成本,元/(t·km)。

其中:

$$S_c = \frac{LC_c}{\sum P} = \frac{(L/H_d)C_c}{(\sum P)/H_d} = \frac{\nu_d C_c}{W_p}$$

$$S_f = \frac{\sum C_f}{\sum P} = \frac{(\sum C_f)/H_d}{(\sum P)/H_d} = \frac{C_f}{W_p}$$

式中：C_c——单位行程的变动费用，元/km；

C_f——车辆单位工作车时的固定费用，元/h；

$\sum C_f$——统计期内企业支付的全部固定费用，元。

则：

$$S_g = S_c + S_f = \frac{\nu_d C_c}{W_p} + \frac{C_f}{W_p} \quad (3-34)$$

其中：

$$\nu_d = \frac{L_y \nu_j}{L_y + \beta \nu_j t_{1u}}$$

式中：t_{1u}——车辆在一个运次中的停歇时间。

由于

$$W_p = \frac{q_0 \gamma L_y}{\frac{L_y}{\beta \nu_j} + t_{1u}}$$

则载货汽车的单位运输成本为：

$$S_g = \frac{1}{q_0 \gamma \beta}\left[C_c + \frac{C_f(L_y + t_{1u}\beta\nu_j)}{\nu_j L_y}\right] \quad (3-35)$$

2. 公共汽车的运输成本

公共汽车的单位运输成本同样可以表示为每人·km 的变动成本与每人·km 的固定成本之和。类比载货汽车运输成本的求解方法，可得到公共汽车的单位运输成本为：

$$S_b = \frac{1}{q_0 \gamma \beta}\left[C_c + \frac{C_f(L_n + t_{ns}\beta\nu_j)}{\nu_j L_n}\right] \quad (3-36)$$

式中：S_b——公共汽车的单位运输成本，元/(人·km)；

L_n——线路长度，km；

t_{ns}——沿线各站停站时间，h。

第六节 道路运输服务质量评价

一、道路运输服务质量概述

随着社会经济的快速发展，顾客在选择货运企业时越来越关注运输质量。因此运输服务质量变成了衡量运输企业实力的首要标准。运输企业要想在激烈的竞争中占据有利地位，必须改善服务质量，以此来赢得市场份额。

道路运输服务质量，是指道路运输服务在满足旅客、货物用户的运输需要方面所达到的程度。满足程度越高,表明运输服务质量越好。

道路运输服务质量特性主要指安全性、及时性、准确性、经济性、方便性、舒适性六个方面。

1. 安全性

运输活动的特点之一就是只改变旅客、货物的空间位移,而不改变其属性和形态。因此,在运输活动的全过程中,首先必须保证旅客、货物的安全,防止旅客人身伤害以及货损、货差。安全性是与运输功能密切相关的特性,是旅客、货主的根本利益所在,没有安全性(包括心理安全),就失去了功能(位移)的意义,更没有运输质量可言。因此,安全性是运输服务质量的首要特性,是所有其他质量特性的前提和条件。

2. 及时性

运输的及时性是指满足客户所需要的最佳运输时速。对货物运输来说,要及时实现货物的空间位移,最大限度地缩短再生产过程中流通的时间。对旅客来说,要尽可能减少旅客在途时间,使旅客尽快到达目的地。及时性是现代运输方式的鲜明特色与发展趋势。这是因为,现代社会的高节奏使人们更注重时间效率,对运输服务及时性的要求越来越高。

3. 准确性

准确性指汽车客货运输准备及运送工作准确,如在货运方面要求办理托运手续、安排车辆及货物交接准确;在城市定线定站式公共客运方面要求车辆准点运行;在城间长途定线式公共客运方面除要求车辆准点进行外,还要求运输准确等。

4. 经济性

在完成同样任务的条件下,应尽量节约运输过程中物化劳动和活劳动的耗费,以减少客户费用支出。合理、便宜的运价是道路运输吸引客户的重要因素。运价的制定既要兼顾运输企业效益,又要考虑社会整体利益,而乘客所能接受的道路旅客运输或货物运输费用的高低与其所在地区的经济收入水平密切相关。

5. 方便性

方便性是指乘客在出行或发送货物过程中的方便程度。道路运输经营者积极主动地急顾客之所急,想顾客之所想,为顾客提供一整套便利周到的服务是十分重要的。对旅客运输来说,包括就近乘车和换乘过程的便捷程度,在购票、候车、进站、上车、下车、行包托运及提取等环节,均要求方便和手续简便;对货物运输来说,要做到招之即来、来之能运和服务良好,充分体现手续简便、送货到门。

6. 舒适性

舒适性是指旅客运输方面服务质量的重要特性,是指旅客乘车舒适程度,主要表现为乘坐舒适性、上下车方便性和行驶平稳性。影响乘客乘坐舒适性的主要因素包括乘客的乘坐率、车辆座椅的舒适性、车内拥挤程度、车内气温和通风状况以及车辆行驶的平稳性等。随着人民物质文化生活水平的提高和交通运输业的发展,人们对乘车过程中的舒适性的要求不断提高,因此,旅客运输工作要最大限度地满足旅客对舒适性的要求。

二、道路运输服务质量的评价指标

道路运输的特殊性决定了运输质量评价的复杂性。目前,道路运输(包括城市运输)服务质量的评价指标见表3-2。

道路运输服务质量评价指标

表 3-2

类别	评价指标	计 算 式
安全	事故频率（次/100万km）	$R_a = \dfrac{\text{责任事故次数}\ Z}{\text{车辆总行程}\ \sum L}$
安全	事故损失率（元/万km）	$R_s = \dfrac{\text{责任事故直接损失}\ C_s}{\text{车辆总行程}\ \sum L}$
及时	运送速度（km/h）	$v_y = \dfrac{\text{运送距离}\ L}{\text{运送时间}\ T_y}$
及时	乘客出行时间（min）	$t_a = $ 步行时间 + 候车时间 + 乘行时间 + 换乘时间
及时	旅客购票时间（min）	$t_b = $ 待购时间 + 售票时间
准确	准点率（%）	$R_0 = \dfrac{\text{车辆准点运行次数}\ Z_0}{\text{全部行车次数}\ \sum Z} \times 100\%$
经济	客运费率（%）	$R_p = \dfrac{\text{平均每100km乘距的乘车费}\ C_p}{\text{服务地区居民平均月收入}\ C_s} \times 100\%$
经济	货运费率（%）	$R_g = \dfrac{\text{平均每10t·km货运费用}\ C_{10}}{\text{服务地区居民平均月收入}\ C_s} \times 100\%$
方便	简便受托率（%）	$R_s = \dfrac{\text{简便受托业务件数}\ I_s}{\text{受理业务总件数}\ \sum I} \times 100\%$
方便	换乘率（%）	$R_e = \dfrac{\text{换乘人数}\ Q_e}{\text{乘客总人数}\ \sum Q} \times 100\%$
舒适	主要线路最高满载率（%）	$\gamma_b = \dfrac{\text{最高路段客流量}\ Q_s}{\text{最高路段车容量}\ Q_0} \times 100\%$
舒适	车辆服务合格率（%）	$R_f = \dfrac{\text{执行合格服务项目数}\ R_k}{\text{检查项目总数}\ \sum R} \times 100\%$

思考与练习

1. 简述车辆时间利用、速度利用、里程利用、载质量利用及动力利用指标体系构成。
2. 分析说明里程利用率、重车行程、技术速度、实际载质量等因素对车辆生产率的影响。
3. 简述提高运输生产率的途径。
4. 分析说明各因素如何影响运输成本。
5. 评价运输服务质量的指标都有哪些？
6. 某货运公司2019年11月统计资料如下：日历天数为30天，营运车辆为10辆，额定平均吨位为8t，车辆完好率为98%，车辆工作率为80%，平均车日行程为200km，载重行程为18000km，完成周转量144000t·km。试计算：
   (1) 该公司11月的单车月产量。
   (2) 该公司11月的车辆实载率。
   (3) 该公司11月的车辆里程利用率。
   (4) 该公司11月的车辆吨位利用率。

第四章 道路旅客运输组织

 学习目标

1. 了解道路旅客的特征与分类;
2. 了解道路客运发展面临的机遇与挑战;
3. 掌握班车客运组织的主要内容;
4. 掌握定制客运的特征与组织要求;
5. 掌握道路旅游客运的特点与组织要求。

道路旅客运输(以下简称"道路客运")是旅客运输体系中运输量最大、通达度最深、服务面最广的一种运输方式。长期以来,道路客运的快速发展有效满足了人民群众出行需求和社会经济发展需要,发挥了基础性、保障性作用。了解道路客运行业发展现状,熟悉道路客运业务,加强旅客运输业务的组织工作,对于提高道路客运组织水平和服务质量具有十分重要的意义。

第一节 旅客与客流

近年来,共享经济的出现,尤其是共享单车、共享汽车、定制客运等"互联网+"交通新业态的不断涌现,对传统道路运输行业带来了巨大的冲击,道路客运企业要想生存和发展,必须对最基本的旅客与客流进行分析和研究,寻求突破口,从而提高企业核心竞争力。

一、旅客的含义与分类

1. 旅客的含义

众所周知,道路客运的运输对象是旅客,服务对象也是旅客。这一点与货运不同,货运的运输对象是货物,服务对象却是货主。

旅客是旅行者或旅行在外的人,是通过各种途径实现自身位移的人。但是,道路客运概念上的旅客,比这种宽泛意义上的旅客范围小得多,既不包括步行的旅客,也不包括自车自运(非营业性客运)的旅客,而特指营业性道路客运领域的运输对象和服务对象,即乘坐营运客车出行的人。被营运客车运送的人员,从购票进站起直至运达目的地出站为止(如班车客运),或者签约(书面或口头约定)上车起直至运达目的地下车为止(如包车客运、出租汽车客运、城市公共汽电车客运),在整个客运过程中被称之为旅客。从企业经营的角度,所关注的旅客应该是在时间上更为广义的概念,即向前和向后延伸,不仅指"现实"的旅客,也包括"过去"和"未来"(潜在的)的旅客。

旅客具有运输对象(劳动对象)和运输服务对象(顾客或消费者)的双重身份,道路客运企业在开展运输服务过程中必须注意以下几点。

1)旅客是客运产品的消费者

作为运输服务对象,旅客与客运经营者之间在法律上是一种合同关系。合同的表现形式就是客票、包车协议或口头约定,旅客按合同规定履行付费义务,而客运经营者则按合同规定将旅客安全送达目的地,满足旅客实现位移的需要。毫无疑问,旅客是客运经营者的顾客,是客运产品(位移,或者说以位移为基本功能的系列服务)的消费者,是客运市场的需求主体。大而言之,旅客的需求与选择决定客运市场的规模和方向,并决定与之相关产业(公路、客车、轮胎、燃料等)的发展前景;小而言之,旅客的需求与选择决定了客运服务的内容和方式,决定了道路客运企业的效益、兴衰和存亡。

因此,旅客是客运企业一切生产活动的中心,客运的基本任务就是要最大限度地满足旅客乘车出行的需要以及与此相关的各项服务要求。

2)旅客是客运生产的要素

旅客是营运客车运送的人员,是作为客运生产要素之一的劳动对象。没有旅客,客运生产者就没有了劳动对象,客运生产也就无法进行。因此,同其他运输方式一样,旅客是客运生产的必要条件,是客运生产得以开始的前提,故组织旅客就成为客运生产过程的首要环节,组织旅客的效果就成为影响客运生产效能的首要因素。

3)旅客是客运过程的参与者

作为运输对象,旅客与客运生产相生相伴,存在于客运服务过程的始终,在旅客到达目的地下车不再被称为"旅客"的同时,一个客运生产过程也便随之结束。这就是说,旅客的存在,不仅是客运生产得以开始的前提,而且是客运生产过程得以维持和延续的条件。因此,对于客运生产而言,旅客是个动态的过程概念。在客运生产的整个过程中,旅客自始至终都是生产的参与者,自始至终都是生产者的服务对象,自始至终都处于生产活动的中心,也自始至终都在影响甚至左右着客运生产的进程。

4)旅客是客运质量的评判者

任何消费者,都有权对商品的质量作出评价,并依据评价优劣自主作出购买与否的抉择;任何消费者,也都有权根据自己消费的经历,对所购买商品的质量"评头论足"表达自己的赞美或批评意见。比如,运输产品的无形性和生产与消费的同步性,决定了客运质量难以进行比较客观和比较精确的界定,难以形成严格的评价标准和权威的第三方评价机构,也不可能以产品的有形展示、试用或者"三包"之类的承诺事先博取旅客的质量信任,过往的经验或"过去"旅客的口碑往往成为"现实"旅客评估和选择消费的主要依据。如前所述,在整个客运生产过程中,作为运输对象的旅客始终参与其间,始终与客运服务人员保持着密切接触和互动,他们目睹和体验着客运生产过程以及客运服务人员的工作状态(态度好不好、效率高不高、工作细不细、服务是否到位等),客运质量正是在旅客与服务人员的互动以及旅客个人的主观感受中形成的。

由于旅客作为运输对象的特别身份,导致旅客在道路客运中非同一般的特殊意义和特殊地位。因此,道路客运企业应全方位关注旅客,确立旅客的中心地位;全心研究旅客,识别旅客的真实需求(包括"现实"旅客的需求意愿,也包括"过去"旅客的需求评价和"未来"旅客的需求变化);全力满足旅客,以旅客满意为最高标准——这是关乎道路客运行业和道路客运企业生存与发展的关键,因而也是道路客运服务与管理的核心和一切活动的主线。

2. 旅客的分类

不同类型的旅客,有不同的运输特点和不同的服务要求。对旅客进行分类,实质上就是在研究旅客的基础上识别旅客的真实需求,即按照旅客需求不同细分客运市场。适当地进行旅客分类,有助于客运企业设计与开发相应的客运产品(车辆档次、营运方式、服务项目、服务内容、服务形式等),以便向不同类型旅客提供针对性服务,也只有这样才能有效地组织旅客运输,提高客运服务质量和旅客满意程度;同时,适当地进行旅客分类,还有助于客运企业合理配置和使用客运车辆、客运站场设施等客运资源,提高客运效率,降低客运成本。

为此,一般可按旅客的出行目的、发送区域、出行距离、同行人数等因素进行分类。

1) 按旅客出行目的划分

按出行目的划分,旅客分为生活性旅客和工作性旅客。

(1) 生活性旅客,是指因探亲、访友、旅游及其他非公务性活动需要出行的旅客。其出行的主要特点是随机性大,流量与流向难以掌握,并且主要是出于个人目的。有调研统计显示,以旅游、探亲、访友等出行为目的的旅客对于出行时间要求较为宽松,即对时间的敏感性较低,因此,对于起讫城市的城内链接交通的选择性更强,一般会选择地铁、公交和出租汽车等公共交通方式。一般情况下,生活性旅客对运输价格较为敏感。

(2) 工作性旅客,是指因生产、经商、学习、出差、参加会议等公务性活动需要而出行的旅客。此类旅客出行的主要特点是运输时间比较集中,运量较大且有规律性,乘客对运送时间要求较高。此类旅客,非计划性活动较少,更加倾向于"门到门"的客运服务方式,对出行便捷性要求较高。另外工作性旅客由于公费性质出差等原因,对费用考虑较少,即对运价的敏感性较低。

2) 按发送旅客的区域划分

按发送区域划分,旅客分为市内旅客、城际旅客和城乡旅客。

(1) 市内旅客,其出行范围主要在城区。此类旅客在时间、空间上分布很不均衡,其客运工作的特点是行车频率高、运输距离短、交替频繁、停车次数多,且在时间上和空间上分布不均匀,多由城市公交系统提供相关服务。

(2) 城际旅客,其出行范围主要在城市之间。此类旅客数量在时间分布上不平衡,但在方向上却是大体平衡的。其客运工作的特点是平均运距长、车辆行驶速度高,多由长途客运系统提供相关服务。

(3) 城乡旅客,其出行范围主要在城市和乡村之间。此类旅客多为早进城、晚回乡,出行距离较短,多由短途客运系统提供相关服务。

3) 按出行距离长短划分

(1) 长途旅客,其出行目的主要为探亲、出差、打工、上学、旅游等,路线一般为城市之间和较远的城乡之间。

(2) 中短途旅客,其出行目的大都是为了购物、休闲、通勤或在居住的附近地区探亲等日常出行需要。与长途旅客相比,中短途旅客的出行频率较高。

4) 按旅客同行人数分类

(1) 团体旅客,是指同行人数较多且出发地与目的地一致的旅客,通常会向客运企业包租车辆集体出行。

(2)零散旅客。指同行人数不多、到达地点各异的旅客,通常搭乘既定线路的客运班车出行。但这类旅客的总量大,是旅客构成的主体,也是道路客运的主要服务对象。

二、客流的含义及要素

客流是进行道路旅客运输组织的基础。旅客在一定时期内,沿路段某一方向有目的的流动称为客流。客流主要包括五个要素:流量、流向、流时、流距和类别。

流量反映了客流规模的大小;流向即旅客流动的方向,由于不同地区人口、经济发展水平不同,旅客流动的方向也会发生一定的变化,因此,通过流向可以反映出不同地区对旅客的吸引能力情况;流时即客流经过一定的空间范围时所占用的时间,它反映了客流效率的大小,当运输设施先进、运行组织合理时,客流的效率较高;流距即客流在空间上一定的范围,地区间交流的范围越大,客流的流距就越大;类别是指旅客的构成,如工作性旅客占比与生活性旅客占比。

客流是合理规划运输网、配置客运站点设施、配备旅客运输工具和编制其运行作业计划的基本依据,它决定于各种运输方式沿线地区的工农业发展水平、城镇规模、文化和游览设施的分布、城乡居民的生活和文化水平,以及运输网的发达程度等因素。

三、客流的分布规律

道路运输客流分布的基本规律主要表现在以下几个方面:

(1)在流量上,客流在地区之间的分布是极不平衡的。一般在经济、政治中心、文化教育、旅游业发达、人口稠密的地区,客流量比较集中;边远山区、人口密度小的地区,客流量较小。

(2)在流向上,从长期而言,具有较大的平衡性。旅客乘车大多数是一往一返、有去有回,只有少数改变居住地点者例外。但从短期来看,流时的不平衡性导致了流向的不平衡。

(3)在流距上,由于地理条件及运输网的配置,在不同地区,各种运输方式承担的客运任务和客运量的分配是不同的。一般情况下,道路客运主要承担中短途运输,或者为其他运输方式集散旅客,基于良好的路网条件,道路客运同时也在承担相当一部分干线长途运输。

(4)在流时上,因受多种因素影响而极不平衡。如法定节假日前后,形成客流高峰;学校放寒暑假时,也会形成有规律的短期高峰。

客流基本规律是组织客运生产活动的依据。道路运输具有较强的地域性,各地区客流情况差异很大。因此,了解客流分布的基本规律,是组织好客运生产的前提条件,也是客运组织的一项基础工作,对于指导客运组织的实践具有重要的意义。

第二节 道路旅客运输及其线路

近年来,随着机动车保有量高速增长、综合运输体系持续健全、移动互联网与运输服务融合发展加快推进,旅客出行需求、客运服务供给随之发生了深刻变化。

一、道路旅客运输形式

道路旅客运输是指借助于一定的运输工具,通过公路实现旅客空间位移的有目的的运输活动,包括班车客运(加班车)、包车客运、旅游客运。

1. 班车客运

班车客运是指营运客车在城乡公路上按照固定的线路、时间、站点、班次运行的一种客运方式。加班车客运是班车客运的一种补充形式,是在客运班车不能满足需要或者无法正常运营时,临时增加或者调配客车按客运班车的线路、站点运行的方式。班车客运本质上是在固定运营线路上向不特定乘客提供乘车服务的一种客运形式。

2. 包车客运

包车客运是指以运送团体旅客为目的,将客车包租给用户安排使用,提供驾驶劳务,按照约定的起始地、目的地和路线行驶,由包车用户统一支付费用的一种客运方式。包车客运按照其经营区域不同,分为省际包车客运和省内包车客运。包车客运是面向特定乘客提供的无固定运输线路的客运服务。

3. 旅游客运

旅游客运是指以运送旅游观光的旅客为目的,在旅游景区内运营或者其线路至少有一端在旅游景区(点)的一种客运方式。旅游客运按照营运方式不同,分为定线旅游客运和非定线旅游客运。定线旅游客运按照班车客运管理,非定线旅游客运按照包车客运管理。

从长远发展看,受高速铁路、公共交通和私家车等出行方式的挤压,包车客运市场可能还可以维持一定市场规模,但班车客运的规模会越来越小,仅在特定市场领域中有一定使用价值。因此,引导班车客运逐渐转型,一部分提供基本公共服务范畴的班车能够逐步实现与城市公共汽电车的合并或政策上的同等对待;另一部分则转型为面向特定群体提供固定线路服务的定制客运。

二、道路旅客运输线路分类及营运车辆要求

1. 道路旅客运输线路分类

(1)一类客运班线:跨省级行政区域之间(毗邻县之间除外)的客运班线。新申请的一类客运班线营运线路长度不超过800km。

(2)二类客运班线:在省级行政区域内,跨设区的市级行政区域之间(毗邻县之间除外)的客运班线。

(3)三类客运班线:在设区的市级行政区域内,跨县级行政区域(毗邻县之间除外)的客运班线。

(4)四类客运班线:县级行政区域内的客运班线或者毗邻县之间的客运班线。

其中,县包括县、旗、县级市和设区的市、州、盟下辖乡镇的区;毗邻县之间的客运班线是指线路全程均在毗邻县行政区域内的客运班线,其中毗邻县不适用于设区的市、州、盟人民政府所在城市市区。县城城区与设区的市、州、盟人民政府所在城市市区相连或者重叠的,按起讫客运站所在地确定班线起讫点所属的行政区域。

2. 道路客运车辆要求

(1)营运客车技术要求应当符合《道路运输车辆技术管理规定》(交通运输部令2019年

第19号)有关规定。

(2)营运客车类型等级要求:

从事一类、二类客运班线和包车客运、旅游客运的营运客车,其车辆类型等级应当达到行业标准《营运客车类型划分及等级评定》(JT/T 325—2018)规定的中级以上。

(3)营运客车数量要求。

①经营一类客运班线的班车客运经营者应当自有营运客车100辆以上,其中高级营运客车在30辆以上;或者自有高级营运客车40辆以上。

②经营二类客运班线的班车客运经营者应当自有营运客车50辆以上,其中高级营运客车在15辆以上;或者自有高级营运客车20辆以上。

③经营三类客运班线的班车客运经营者应当自有营运客车10辆以上。

④经营四类客运班线的班车经营者应当自有营运客车1辆以上。

⑤经营省际包车客运的经营者,应当自有高级营运客车20辆以上。

⑥经营省内包车客运的经营者,应当自有营运客车10辆以上。

第三节 道路旅客运输发展现状与定位

在国家宏观经济进入经济增速换挡期、产业结构调整期和转型升级攻坚期三期叠加阶段的当下,交通运输业已经进入各种运输方式融合交汇、统筹发展的新阶段。民航平民化、高速铁路网络化、城乡公交一体化和私家车普及化的发展态势将逐步压缩道路客运长、中、短途的发展空间,道路客运业高速发展的态势也难再现。自2013年以来,全国大部分地区道路客运企业完成的客运量、客运营收和客运利润三项指标呈持续下降趋势,道路客运行业"新常态"已经呈现。分析道路客运发展现状,认清道路客运行业发展方向,对于道路旅客运输行业转型与发展至关重要。

一、道路客运行业现状分析

道路客运是我国综合交通运输体系的重要组成部分,是保障人民群众便捷出行的基础性服务行业。

1.道路客运市场不断萎缩

根据《交通运输行业发展统计公报》,截至2018年底,全国完成营业性道路客运量136.72亿人次,较2013年的185.35亿人次下降26.24%;2018年道路旅客运输周转量同比2013年下降17.5%。2014—2018年的5年时间,道路客运量、旅客周转量均呈现持续下滑态势,特别是2015年,道路客运量比2014年下降15.2%,道路旅客周转量比上年下降11.1%。2014—2018年道路客运量与道路旅客周转量变化情况分别如图4-1、图4-2所示。道路客运量持续下滑的原因主要在于两个方面。一方面,由于道路客运最具核心竞争力的中短途市场,不断遭受高速铁路的冲击;可以预见,随着国家高速铁路网的不断加密与完善,高速铁路对道路客运市场的冲击会持续加大,同时高速铁路与航空运输也会对中、长途道路客运带来冲击;另一方面,当前经济社会快速发展,人民群众生活水平显著提高,私家车数量的爆发式增长,网络预约出租汽车、分时租赁汽车等交通新业态的出现,加速了道路客运中短途客运量的急剧流失。

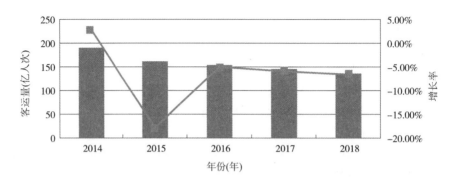

图 4-1 2014—2018 年道路客运量及增长率变化情况

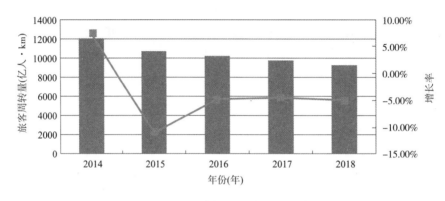

图 4-2 2014—2018 年道路旅客周转量及增长率变化情况

2. 营运客车综合闲置率不断走高

2018 年,营运载客汽车保有量 79.66 万辆、客位数 2048.11 万,其中大型客车 30.27 万辆、客位数 1333.99 万。而在 2012 年,营运载客汽车保有量 86.71 万辆、客位数 2166.55 万,其中大型客车 28.70 万辆、客位数 1222.82 万。对比同期客运量与周转量变化,营运载客汽车拥有量保持相对稳定。2012 年是道路客运从增长到下滑的转折点,假定 2012 年为需求与供给配置的最优状态,相较 2013 年,2018 年道路客运量下降 26.23%,同期载客汽车拥有量下降 6.5%。据粗略估计,道路客运企业的车辆闲置率达 20% 以上。加之道路客运线路本身就有明显的淡旺季,在多种因素的综合影响下,运营客车综合闲置率更是不断走高。

3. 道路客运班线经营受到市场调整发展空间的限制

目前,大部分道路客运企业的运营收入,主要还是依托省会之间、省会与所在省地市之间、地市与地市之间旅客流量相对较大的干线运输,这类干线运输基本上是各道路客运企业的核心线路与生命支柱,而此类线路也恰好是高速铁路所关注与重点发展的路段。高速铁路网络建设的逐步推进必然影响道路客运的传统经济利润源,挤压道路客运企业生存发展的空间。

4. 道路客运站场在市场中的客源主导作用明显削弱

长期以来,大部分道路客运企业秉承"站为依托、站运并举"的经营理念,加大对客运站房的改建、硬件设施的投入、软件管理的升级、客源组织的调整,以点串线、以点及面,有效增强了客运站场对广大旅客的吸引力,牢牢控制了区域内的主要客源,为道路客运产业整体效益的显现提供了有力的支撑。在综合交通运输体系中,高速铁路、城际列车等成为旅客运输的主导力量,私家车、城市公交等出行方式成为不同空间、区域的有力补充,道路客运站场由于干线客源大量流失,短途客运呈现"高密度发班、多站点停靠"的特点,致使车站客源吸引力明显下降。

5. 道路客运现有的服务品质有待提升

随着当前经济社会的快速发展,人民群众生活水平显著提高,消费结构逐步升级,在出行需求上对安全可靠、经济高效、便捷舒适乃至个性化的消费取向不断增强。在综合交通运输体系中,道路客运的速度优势、价格优势逐步衰减,在装备现代化、安全可靠性、服务舒适性等方面均与其他运输方式差距逐渐拉大,另外多小散弱的市场格局、专业人才的匮乏、信息技术的应用滞后,使得整体服务品质缺乏市场竞争力。

二、道路旅客运输与其他客运方式的关系分析

1. 道路客运与铁路运输的关系趋势分析

近年来,道路客运量的下降,其中一个主要因素在于高速铁路的冲击。据沪宁城际高速铁路通车前后沿线城市客运出行的一则调查分析显示,在沪宁城际高速铁路沿线城市间出行量中,公路、铁路客运的比例约为1:3,沪宁城际高速铁路沿线城市间道路客运降幅超过20%,其中发往上海的降幅达34%,呈现出行距离越长、选择高速铁路越普遍的出行偏好。道路客运面临巨大考验,但可以肯定的是,这样的影响还远没有结束。

从铁路覆盖的深度来看,铁路网将"连接20万人口以上城市、资源富集区、货物主要集散地、主要港口及口岸,基本覆盖县级以上行政区";高速铁路网将"连接主要城市群,基本连接省会城市和其他50万人口以上大中城市"。截至2018年底,全国铁路营业里程达到13.1万km,比上年增长3.1%,其中高速铁路营业里程2.9万km。2025年的规划目标是,铁路网规模达到17.5万km左右,其中高速铁路达3.8万km左右。展望2030年,全国可基本实现铁路网的内外互联互通、区际多路畅通、省会高速铁路连通、地市快速通达、县域基本覆盖。这意味着绝大部分城市都将通达铁路,甚至是高速铁路,中长运输距离留给道路客运的发展空间十分有限。但是,适宜中长距离的铁路运输必须依靠机动灵活的道路运输解决旅客的集散。由此可见,随着铁路运输网络尤其是高速铁路网络的不断完善,道路运输与铁路运输势必迎来一个融合发展的阶段,两者紧密衔接、信息共享,共同实现客运换乘"零距离"、运输服务"一体化",全面提升综合交通服务水平和运输效率。

2. 道路客运与私家车的关系趋势分析

根据公安部统计数据显示,2018年底全国小型载客汽车保有量达2.01亿辆,首次突破2亿辆,比2017年底增加2085万辆,增长率11.56%。其中,私家车(私人小微型载客汽车)保有量持续快速增长,2018年底保有量达1.89亿辆,近5年年均增长1952万辆。私家车保有量的爆发式增长,导致中短途自驾出行显著增多,中短途道路客运发展受到较大影响。可以预见,随着私家车的不断增长渐趋饱和,城市内的交通拥堵、环境污染、噪声污染等问题逐步蔓延,可能会反过来会制约其增长速度,届时大运量的道路客运或许会在政策引导下重新获得更大的发展空间。

3. 道路客运与民航运输的关系趋势分析

近年来,面对高速铁路网络不断加密带来的影响,航空运输充分利用价格工具,调整票价水平,不断提高服务质量,以提高其竞争力,在旅客运输市场占据重要地位。截至2018年底,我国已有民用机场235个,全年完成旅客运输量6.12亿人次,比2017年增长10.9%,旅客周转量10711.59亿人·km,增长率12.6%。由于民航机场的建设和运营条件限制,其通常都远离市区,也就意味着即使拥有民用机场的城市,仍然需要与机场衔接的旅客出行方式。道路客运可有针对性地设计运输产品,迎合城市到机场的旅客出行需求,加强与航空运输的组织衔接,这也将是未来道路客运发展的重要方向之一。

三、道路旅客运输客运的发展定位

随着道路客运所处的内外部环境的快速变化,道路客运必须重新定位,以更好地适应经济社会发展要求。道路客运属于第三产业(服务业),其核心价值在于满足社会不断变化的出行需求,不断围绕出行领域需求的新特征和新要求,以客户出行需求为本,提供客户价值最大化的运输服务方案。对于道路客运发展的新方向,当前应以解决道路客运服务的不平衡不充分为出发点,发展"互联网+"道路客运,其核心一方面是让道路客运回归本位属性,切实发挥其"门到门"、短小灵活多样的优势;另一方面通过线上组客,瞄准不同乘客的个性化多样化出行需求。可以预见,未来道路客运的发展定位如下。

1. 着力开展中短途客运

航空运输与高速铁路的快速发展极大节省了干线出行的时间及效率,同时大幅提升了出行安全及服务体验。对于长距离出行,高速铁路的速度优势远高于道路客运。如沪宁高速铁路(全长301km)的开通使得曾经风光无限的某汽车运输公司无任何招架之力。对于短距离出行,航空运输与高速铁路对道路客运的冲击是有限的,这是因为干线出行环节所占旅客的时间在全程出行时间中所占比例不大,与道路客运比较,节省的时间价值差距不够大甚至时间更长。因此,道路客运应找准定位,在空间策略上有所为、有所不为,有选择性避开高速铁路和航空运输的速度优势覆盖的区域,着力于中短途,尤其是100km以内的短途客运服务,充分发挥相较于高速铁路、民航和公交出行的比较优势。

2. 无缝衔接、融为一体

每种运输方式的技术经济特性决定了其在运输市场中的功能和作用。铁路运输与航空运输在长距离运输中具有绝对优势,但无论城际高速铁路网络形成,还是航空运输票价的平民化,这两种运输方式均存在客运辐射能力有余但服务深度不足的弊端,无法满足旅客的"门到门"运输需求。道路客运因其独有的"门到门"、机动灵活等特性,要承担起多种运输方式的桥梁作用,基本形成一张衔接枢纽、连接城乡、高效优质的道路客运服务网络,实现"门到门"定制服务网、短途公交化出行网和高速铁路、民航无缝衔接客运网。道路客运企业要与铁路、航空实现一票制的深度合作格局,形成以高速铁路车站、机场为核心的区域定制客运和标准客运服务产品体系,与高速铁路、航空干线运输服务产品体系融为一体。

3. 积极开拓新兴客运业务

当今旅客出行最大的需求变化是尤其强调自我可控感,即个性化与便捷性,而更加个性化、更加便捷的核心价值要素就是实现"门到门"运输。因此,道路客运企业需要做好定制化道路客运服务。比如,在条件成熟的条件下,在城市和乡镇之间开通舒适便捷、票价合理的城乡定制班线;在县域之间开通"门到门"直达的县际定制班线;在城市之间开行覆盖面广、运营组织优化的市际定制班线;在毗邻省份之间,尤其针对未通高速铁路、动车的地区,开行毗邻省际定制班线;利用渠道收集员工、学生的出行需求,设计合理出行线路,将零散、分散的出行需求整合起来;开通线上约定、订单确定、上门接送或准时接机、直达机场出发区或目的地的定制机场接送服务。另还可以积极主动做好公车改革配套服务,实现公务出行统一网上预约、出行过程全记录、出行费用统一结算等功能。

4. 以品质为主导的旅游客运将成为新型服务产品

现代旅游业已经成为社会投资热点和综合性大产业,自2003年以来始终保持持续增长,近年来增长速度更是持续上升。据统计数字显示,2017年国内旅游人数50.01亿人次,比2016年同期增长12.8%;全年实现旅游总收入5.40万亿元,增长15.1%。2018年,国内旅游人数55.39亿人次,比2017年同期增长10.8%;国内旅游收入5.13万亿元,同比2017年增长12.3%。2019年上半年国内旅游收入同比增长13.5%。随着全民消费进一步升级,旅游业将迎来新一轮的黄金发展期。2017年7月18日,交通运输部、国家旅游局、国家铁路局、中国民用航空局、中国铁路总公司、国家开发银行六个部门联合发布了《关于促进交通运输与旅游融合发展的若干意见》(交规划发〔2017〕24号),指出交通运输是旅游业发展的基础支撑条件,要支持创新形成交通运输和旅游业联合发展的新模式。道路客运应基于其自身的"门到门"、机动灵活的优势,紧紧抓住发展机遇,积极开展注重服务品质的道路旅游客运业务。

第四节 班车客运组织

班车客运是旅客运输的基本运营方式之一,掌握其运输组织模式非常关键。班车客运组织的基本方针是:首先确保旅客的人身和财产安全;其次必须和其他运输工具衔接配合,加强客运工作的计划性;然后通过严密科学的组织,保证运输生产环节和工作之间协调高效地运行。

班车客运组织,主要包括确定班次时刻表、编制客车运行作业计划、客车运行组织等工作。

一、客运班次时刻表

编制客运班次时刻表,是客运运行组织的基础性工作。客运班次时刻表是道路运输企业用以向社会公告客车的运行线路区段、运行的客车数、班次数、发车时间及到达终点站的信息表。运输企业的客运工作是按站班次时刻表来进行的。

1. 班次时刻表的作用

(1)为旅客安排自己的旅行活动提供依据。

(2)为道路运输企业制定客车运行作业计划和组织车辆调度工作提供依据。

(3)为车站组织站务作业提供依据。

(4)科学、合理、适用的班次时刻表,有利于运输企业提高信誉,增强对旅客的吸引能力,从而扩大客源、提高效益。

2. 编制班次时刻表涉及的主要内容

1）确定运营线路和区段

即根据客流的分布情况,确定班次的起讫点和中途停靠站点。

线路确定后,还需按规定报主管部门审批。一类、二类、三类客运班线,由所在地设区的市级道路运输管理机构审批;四类客运班线,由所在地县级道路运输管理机构审批。运营线路审批后,客运企业可按计划编入班次时刻表。在条件具备时,可开行直达班次的线路,以尽量减少旅客换乘次数。

2）确定各条运营线路的班次数和班次号

班次数的确定,取决于线路客流量的大小。因此,安排班次时,如遇到节假日、重大会议等客流量进入高峰期且正常的客运班次不能满足旅客乘车需要时,要增加班次,或提供包车服务等。

需要注意的是,客运班次同样需要经过主管部门批准后才能列入班次时刻表,报批的程序和批准权与营运线路的审批一致。对于确定的班次要加以统一编号。

3）确定各班次的发车时间

安排发车时间,要从满足旅客对旅行的各种需要出发,注意掌握班次始发不宜过早、到达时间不宜过迟,班车通过大站的时间要和需要中途换乘、中转的旅客要求大体一致,同一线路同方向上的班车在到达中途车站的时间要前后错开,夜行长途班次要尽量在始发、到达时间上为旅客提供便利。对通勤出行的旅客,要集中在上班前发车和下班后发车,对早进城、晚返乡的客流要适当安排夜宿农村班车等。

组织双班运输时,夜间班次应尽可能组织直达运输,其到发时间应方便旅客,一般以傍晚始发,清晨到达为好。运距相对较短的区内客流,为了使旅客当天往返,可合理安排对开班车的时刻,通常上行班车安排在上午,下行班车应安排在下午,并保证有适当的间隔时间,争取班车之间到发时间的衔接和配合。

衔接和配合的目的是解决旅客的中转与换乘,缩短旅客的在途时间。衔接和配合的情况有以下三种：

(1) 长途班车与长途班车的衔接和配合。长途班车以组织直达运输为主,其相互衔接配合情况不是很多。一般来说,在运距适宜(半天之内的行程)的情况下,长途班车之间到发时间的衔接配合应以能够保证乘客从一个方向转换乘另一个方向,并当天到达目的地为标准。

(2) 长途班车与短途班车的衔接和配合。长途班车与短途班车的衔接和配合,主要是为了便于旅客往返于城镇和乡村之间,避免过长的等待时间(甚至要住宿过夜),一般有如下三种情况。

①当长途班车与短途班车不运行于同一条线路时,短途班车应提前到达换乘站,并在长途班车到达换乘站之后返回。

②当长途班车与短途班车运行于同一条线路上时,应根据长短途客车班次数的多少来决定衔接配合的时刻。如短途班次较多(多于长途班次),则最好在长途班次经过大站的前后同方向各开一次短途班车。

③短途班次较少,且客流上下行客流很不均衡,则要优先保证顺向(大客流方向)客流的衔接配合,为多数乘客提供方便。当长途班车换乘短途班车的乘客较多时,原则上应考虑在长途班车经过大站后加密短途班车。

(3)客运班车与其他客运方式的衔接和配合。按照汽车运输的技术经济特征,汽车运输为铁路、航空、水路等载客量大的运输工具提供集散任务,充分认识这个问题,对于汽车运输企业经营具有现实意义。

客运站是旅客运输站务作业和商务作业的场所,要保证客运站各项站务作业的时间充足,须要求班次时刻表中应安排充分的停站时间。对于作业量大的车站,车辆到发班次不宜过分集中。

4)广而告之

班次时刻表(表4-1)编制好后,要通过互联网、站点挂牌等形式向社会公告。广而告之,不仅可以使旅客掌握车辆运行信息,更能吸引客源、提高企业竞争能力。班次时刻表要保持相对稳定,不宜频繁变动,出现重大的情况应适当作出调整,在"可调可不调"时,以"不调为宜"的原则进行。

广州市汽车客运站部分班次时刻表   表4-1

发车站	终点	发车时间	车型	票价(元)	备注	线路
广州市汽车客运站	太平开发区	05:30	大型座席高级	17.00	班次-BSA30601	广州—太平开发区
广州市汽车客运站	太平镇政府	05:30	大型座席高级	17.00	班次-BSA30601	广州—太平镇政府
广州市汽车客运站	大良	05:30	大型座席高级	24.00	班次-BSE35001	广州—大良
广州市汽车客运站	从化慢线	05:30	大型座席高级	24.00	班次-BSA30601	广州—从化慢线
广州市汽车客运站	新塘	05:30	大型座席高级	16.00	班次-BSA41201	广州—新塘
广州市汽车客运站	香洲	05:30	大型座席高级	62.00	班次-BSC13001	广州—香洲

二、客车运行作业计划

客车运行作业计划是将运输生产计划在时间上和岗位上具体落实的计划。客车运行作业计划的主体是每一辆车,通过运行作业计划安排每辆客车在计划期内运行的路线、承担的班次,在此基础上确定客车运行效率指标及应完成的旅客运输工作量。

客车运行作业计划分为运用于车队的(表4-2)和运用于车站的(表4-3)两种。

××车队客车运行作业计划   表4-2

车号	日历出车班次											
	1	2	3	4	5	6	7	8	9	10	11	12
421	101	102	101	102	101	102	101	102	W_2	101	102	101
422	102	101	102	101	102	W_2	T	T	101	102	101	102
423	D	D	D	D	D	101	102	101	102	T	T	125
—	—	—	—	—	—	—	—	—	—	—	—	—
429	105	106	105	106	105	106	105	106	D	D	D	D

注:W_2——二级维护;D——大修;T——待班。

××车站客车运行作业计划　　　　　　表4-3

班次	日历当班车号									
	1	2	3	4	5	6	7	8	9	—
101	421	422	421	422	421	423	421	423	422	—
103	424	425	424	425	426	424	425	424	425	—
105	429	428	429	428	429	427	429	428	429	—
107	433	434	433	434	433	434	433	434	433	—
—	—	—	—	—	—	—	—	—	—	—

三、客车运行方式

1. 定线运输方式

定线运输方式是指将客车相对稳定地安排在一条营运线路上运行的方式。采取长途、短途套班办法时，客车可以相对固定地在两条运营线路上运行。

通常车辆定线实际上就是驾乘人员定线。这种运行方式的优点是：有利于驾乘人员了解熟悉道路状况及行车环境，对行车安全有利。缺点是驾乘人员劳动强度有差异，形成劳逸不均。大多数情况下，长途直达班车和城乡公共汽车均属此类。

2. 大循环运行方式

这是将客车安排在企业营运区域内多条线路上循序轮流运行的一种方式。例如，企业营运区域内有八条运营线路，每辆车循序逐日承担一条线路上的班次，八条线路运行完后就形成一个循环。

大循环运行方式具有如下特点：

(1) 所有驾驶员都将参加所有班次的运行，在较长时期内的劳动条件相同，安排任务和车辆调度相对容易；

(2) 不利于驾驶员很快熟悉所有运输线路的情况，不利于行车安全和降低成本；

(3) 车辆差异较大时，道路条件对车辆的使用有很大的限制，难以发挥运输效率；

(4) 由于大循环的整个作业计划首尾相连，一旦局部出现问题，将会影响全局计划。

3. 小循环运行方式

小循环和大循环在做法上大体是相同的，只是循环运行区域内路线较少、循环期较短。

小循环运行具有如下特点：

(1) 驾驶员只参加局部区域班次的运行，劳动条件存在很大差异，会出现劳逸不均的现象，安排任务和车辆调度相对较难；

(2) 驾驶员熟悉运输线路的情况，有利于行车安全和降低成本；

(3) 由于局部运营区域道路条件相当，对车辆的使用没有太大的限制和影响，有利于发挥运输效率；

(4) 小循环只构成大循环的一部分或局部，即使局部出现问题，也不会影响全局计划。

4. 注意事项

在上述三种运行方式，在同一道路运输企业内可以根据路网情况分别采用。但是，无论

采用何种运行方式,都应注意下列要求:

(1)保证班次时刻表内所有班次都能按公告时间开出;

(2)保证客车的运用效率得到合理发挥,并力求使所有车辆的生产率大致平衡;

(3)注意驾乘人员的劳动强度,能合理安排其公休和适当的食宿时间,尽可能使驾乘人员能在其驻地夜宿;

(4)与车辆维修作业计划紧密衔接,避免车辆出现脱保、失修现象;

(5)要消除一切不利于保证安全生产的因素。

四、车辆运行周期表

客车运行周期是企业组织客车行驶路线的一种具体规定,是编制客车运行作业计划的关键。在确定了车辆行驶线路的基础上,将不同的线路有机贯通,便构成了车辆运行周期,用表的形式表现出来,就形成了车辆运行周期表。

【例4-1】 图4-3为某营运线路示意图,根据客流资料分析,如要求每日开行的班次有甲到丙、丙到甲、甲到乙、乙到甲、乙到丙、丙到乙,有关的技术参数为:车辆技术速度为30km/h,客车在站每次上(下)旅客和装(卸)行包需要30min。若要求每日出车时间约8~9h,请确定所需的车辆数和运行线路。

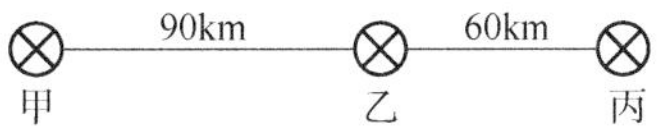

图4-3 【例4-1】示意图

解:

方案一,按四辆车分析试算:

(1)甲→丙。

纯运行时间为150/30=5h,总停歇3次用时为3×0.5=1.5h,$T_{出车}=6.5h$。

(2)丙→甲。

纯运行时间为150/30=5h,总停歇3次用时为3×0.5=1.5h,$T_{出车}=6.5h$。

(3)甲→乙→甲。

纯运行时间为180/30=6h,总停歇4次用时为4×0.5=2h,$T_{出车}=8h$。

(4)乙→丙→乙。

纯运行时间为120/30=4h,总停歇4次用时为4×0.5=2h,$T_{出车}=6h$。

方案二,按四辆车分析试算:

(1)甲→丙。

纯运行时间为150/30=5h,总停歇3次用时为3×0.5=1.5h,$T_{出车}=6.5h$。

(2)丙→甲。

纯运行时间为150/30=5h,总停歇3次用时为3×0.5=1.5h,$T_{出车}=6.5h$。

(3)甲→乙→丙。

纯运行时间为150/30=5h,总停歇4次用时为4×0.5=2h,$T_{出车}=7h$。

(4)丙→乙→甲。

纯运行时间为150/30=5h,总停歇4次用时为4×0.5=2h,$T_{出车}=7h$。

方案三,按三辆车分析试算:

(1)甲→丙→乙。

纯运行时间为 210/30 = 7h,总停歇 4 次用时为 $4 \times 0.5 = 2h$,$T_{出车} = 9h$。

(2)乙→甲→乙。

纯运行时间为 180/30 = 6h,总停歇 4 次用时为 $4 \times 0.5 = 2h$,$T_{出车} = 8h$。

(3)乙→丙→甲。

纯运行时间为 210/30 = 7h,总停歇 4 次用时为 $4 \times 0.5 = 2h$,$T_{出车} = 9h$。

经比较,方案三最优。

如果将方案三的三条线路合并起来,就有大循环线路产生,即:

甲→丙→乙→甲→乙→丙→甲

由此,可编制客车运行周期循环表,见表4-4。

车辆运行周期表　　　　　　　　　　　　　　　　表4-4

车　号	车辆行驶线路	周　期　类　型	
1	甲→丙→乙	小循环	大循环
2	乙→甲→乙	小循环	
3	乙→丙→甲	小循环	

第五节　定制客运组织

"定制客运"不是道路客运的新业态,而是一种服务方式,它是班车客运的有益补充,以提高出行速度、方便社会公众出行为目的,以"互联网"技术为手段,实现"门到门""点到点""随客而行",满足社会公众定制化客运服务需求的一种客运服务方式,是传统班车客运的升级版。

一、定制客运的定义

定制客运是"互联网+"道路客运发展新业态,是依托互联网技术,通过网站、微信等在线服务方式整合供需信息,将道路客运行业中具备相应资质的企业、车辆、驾驶员等信息进行整合,向乘客提供跨区域、"门到门"预约化的运输服务,满足乘客差异化、多元化、个性化的出行需求。

定制客运是推进道路客运供给侧结构性改革的重大实践,是传统客运方式应对新形势、新业态转型升级的重要举措。定制客运在满足广大群众出行新需求的同时也在充分发挥客运企业和互联网企业各自的优势,整合线上线下资源,以旅客出行需求为导向,以企业自主建立的互联网平台和省域客运联网售票平台为基础,开展快速灵活的定制客运服务,不断探索道路客运服务新模式、资源整合新模式。

二、定制客运出现的背景

定制客运是道路客运发展到一定经济社会阶段的必然产物。

(1)从社会经济发展环境看。随着社会经济的快速发展,人民生活水平有了显著提升,对"衣食住行"四件民生大事要求越来越高,需求更加多元化。党的十九大指出:"我国社会主要矛盾已经转化为人民日益增长的美好生活需要和不平衡不充分的发展之间的矛盾",反映在"行"上,人民群众已经不仅仅满足于"走得了""走得好",其已成为大多数人的基本需求。

（2）从互联网发展环境看。"互联网"作为新常态下加快发展的"发动机",能够有效地对传统行业进行改造,提升要素利用效率,对引领带动产业转型升级具有重要作用。同时,由于移动互联网在出行领域的应用,道路客运市场已经由"卖方市场"转变为"买方市场"。在卖方市场下,由于信息不对称,乘客只能在车站乘车,企业提供什么服务乘客就接受什么；互联网的快速发展,为乘客个性化出行需求的实现提供了可能,客运市场份额取决于客运服务与乘客出行需求的匹配程度。

（3）从综合运输体系发展要求看。综合运输体系逐步建立,不同运输方式合理分工机制开始形成,道路运输应立足基础性、衔接性和保障性,充分发挥机动灵活、"门到门"的比较优势,优化道路客运资源配置方式,推进道路客运线网和结构调整,实现道路客运与其他运输方式有机衔接和差异化发展。

（4）从道路客运发展内部看。道路客运服务质量、服务水平不高的问题显著存在,尤其是供给侧结构不合理,传统道路客运服务方式无法实现"门到门""随客而行",不能充分发挥道路客运机动性强、灵活度高、覆盖面广的比较优势,不能满足人民群众"走得好""走得舒适"的多元化、个性化出行需求,需要进行改革。

在以上背景环境与要求下,为促进道路客运行业转型,交通运输部于2016年12月发布了《交通运输部关于深化改革加快推进道路客运转型升级的指导意见》（交运发〔2016〕240号）,首次提出了"道路客运定制服务"的概念,提出充分发挥移动互联网等信息技术作用,鼓励开展灵活、快速、小批量的道路客运定制服务。2019年7月,《道路旅客运输及客运站管理规定》开始向社会征求意见,明确提出"国家鼓励班车客运经营者开展班车客运定制服务"。定制客运以移动互联网技术推动道路客运供给侧改革,以旅客需求为导向,切实发挥其"门到门"、快速灵活等优势,增加有效供给,将更好满足旅客多样化、个性化、定制式出行服务需求。在相关政策的指引下,我国定制客运得到了快速发展。截至2019年底,江苏、浙江、安徽、河北、山东、河南、湖北、广东等20个省份试点开展了道路客运定制服务,更有来自全国各地的130余家客运企业联合组建定制客运共同体,规范网络平台与线下企业的服务标准,在资源共享和优势互补的基础上探索定制客运实践。

三、定制客运的产生与发展

随着经济社会的快速发展,道路运输呈现出城市公共交通和道路运输"二元化"分割结构,即城市公共交通负责城市内的旅客出行需求,道路运输负责城际出行需求。在这种结构下,城际出行实际上被分成了三段：一段是出发点到所在市内客运场站,二段是市内客运场站到目的地城市的客运场站,三段是目的地城市的场站到具体的目的地。在定制客运出现之前,第一段与第三段一般由乘客根据实际情况自行选择的市内交通方式完成,第二段由道路运输企业完成,即一次城际出行,乘客至少需要换乘两次才能完成出行活动,占用了乘客大量的时间成本和资金成本,道路运输的机动性强、灵活度高、覆盖面广的比较优势未能充分发挥。随着人民群众对出行要求越来越高,综合运输体系不同运输方式合理分工逐步形成,道路运输的经营压力越来越大。由于移动互联网的快速发展,城际出行中"出发地到目的地"的一段式出行趋势越来越明显,而这种"一段式"出行需求不再是以运输供给侧提供为主,而变成需求侧定制为主,"定制客运"就是在这样的趋势下应运而生的。

在现行市场条件和规制条件下,定制客运呈现出多样化的运作模式,但万变不离其宗,本质都是将融合"三段式"出行。目前已有部分道路客运企业用7~9座车为旅客提供"门到门"运输服务,彻底融合"三段式"出行方式为"一段式"出行方式,满足旅客方便、快捷出行的需求;也有的道路客运企业按照规定设置站外停靠点为旅客提供"点到点"运输服务,局部融合"三段式"出行方式,让旅客就近乘车,局部满足旅客方便、快捷出行的需求。因此,在现阶段,道路客运传统的"站到站",新型的"门到门""点到点"运输服务服务方式都会呈现,且将在一定时间内并存。

四、定制客运的特点

定制客运不再是"站到站",而是"门到门",这是定制客运产品的基础特性;不再是等客上门,而是随客而行,这是定制客运产品的核心特性;不再是"人工+电话",而是"互联网+大数据",这是制定客运产品的核心条件。与传统道路客运相比,定制客运表现出了极其鲜明的特点。

1. 定制客运是"互联网+"新业态

传统的班线客运组织方式突出强调定点(客运站—客运站)、定线(严格按照审批线路运行)、定车(7座以上车辆)、定时(严格按照发班时间运行),与乘客需求比较,增加了不必要的出行距离与出行时长,导致"运送速度"不高。定制客运借助互联网技术实现用户个性化出行需求与道路客运行业运力资源的高效匹配,是主要依托互联网、手机APP、微信公众号等信息平台,改变传统的"四定",实现"门到门""点到点""随客而行",满足乘客定制化客运服务需求的一种新型服务方式,是"互联网+"与道路客运行业深度融合与发展的典型。

2. 定制客运以旅客需求为导向

传统道路客运业务主要包括班车客运、包车客运和旅游客运,是四种旅客运输方式中分布最广阔、网络最密集的运输方式。但随着经济社会与科学技术的快速发展,以及人民生活水平的日益提高,传统道路客运服务模式已不能满足人民群众日益增长的对出行便利性、个性化的需求。定制客运的出现弥补了传统道路客运服务的不足,以乘客需求为服务导向,强化道路运输"门到门"优势,并根据用户反馈意见不断进行定制服务优化。

3. 定制客运平台具备在线、预约、评价属性

定制客运的主要是通过乘客需求与供给在网络平台对接,即利用互联网、手机APP、微信公众号等线上服务信息平台,通过集汽车票网上预订、定制客运网上预约、运力安排网上调度、出行过程网上记录、对账结算网上实现、服务质量网上评价等,实现线路定制、旅程定制、时间定制、服务定制。

4. 定制客运组织者及承运者须具有相应资质

定制客运是传统道路客运运营模式的有益补充,定制客运平台经营者、车辆都应按照行业管理部门的相关规定取得相应的经营资质,在定制客运平台开展定制业务的驾驶员须按相关规定取得从业资格。如:开展定制客运的营运客车技术等级应当为一级,类型等级应当达到中级及以上且不低于道路客运班线经营许可决定的车辆类型等级要求,核定载客人数应当在7~19人。

五、定制客运的主要表现形式

伴随更多定制客运线路的开通,定制客运的服务方式也呈现出多样化的趋势,其主要表现形式有如下几种。

1. 城际专车

以7座商务车型为主,通过定制客运预约平台,向乘客提供由A城市到B城市的专车运输服务,实现乘客接送"门到门",上下车地点、时间灵活。

2. 定制专线服务

专门从事一端在机场、火车站、高速铁路车站等重要枢纽的定制化旅客运输服务。宜采用7座以上车型,根据客流需求可配置7座商务车、中型客车、大型客车车型。通过定制客运预约平台,开展机场定制快车、机场定制包车、机场定制大巴等服务。

3. 定制(通勤、校园)巴士

定制巴士以大型客车为主,主要从事一端在厂区、园区、商业区的道路客运服务。乘客可通过定制客运预约平台预约通勤运输服务。定制校园巴士主要从事一端在校园,以学生、老师为主要对象的运输服务。定制(通勤、校园)巴士也被称为"定制公交"。

4. 定制包车

定制包车属于包车客运的衍生服务,以整车定制包租的形式提供预约出行服务,车型不限,如定制旅游包车等。

5. 定制公务车

以公务出行群体为服务对象,向政府部门、企事业单位提供定制化公务出行服务,车型不限。

以上五类定制客运新形态,可以归纳总结为两大类。第一类是"专车",主要解决传统客运不便利、不高效、服务质量不高的问题,其主要特点是:主要使用乘用车,定点变成"点到点""门到门",定线变成"随客而行",定时变成"随客时间"或者多个时间供乘客选择。目前市场上的城际专车、城际约租、定制包车、城际约车等基本都属于这种形态。第二类是"专线",主要解决综合运输体系中联程运输不便利、在某些人群密集点无法提供客运服务的问题,其主要特点是:主要使用客车(也有乘用车);定点但一般一端为校园、景区、火车站、机场等人流密集点;定线、定时提供服务。

六、发展定制客运应遵循的原则

虽然对于发展定制客运,社会各方面还未形成统一的结论,但定制客运作为道路客运未来转型发展的重要方向,在"互联网+"战略行动实施背景下势不可挡。定制客运核心在于以乘客需求为中心,依托移动互联网动态获取客运需求,调控运力投入、发班频率、行驶路线和停靠点。发展定制客运,既要精准细分乘客需求,又要贯彻安全至上的人本理念。对于发展定制客运应着力做好以下几个方面的工作。

1. 坚持促进道路客运合理回归

近年来,随着综合运输体系的不断完善特别是高速铁路的快速发展,道路客运呈现出供给总量过剩的局面,集中体现在"两个下降":一方面是道路客运量占比下降;另一方面是长途客运班线运量下降。道路运输的技术经济特点,决定了一般情况下其不适合800km以上的长距离运输。因此,必须从优化道路客运供给结构的角度出发,科学确立道路客运发展定位,促进道路客运合理归位。

2. 坚持发挥定制客运比较优势

要妥善处理好定制客运与传统客运、公共汽电车、网络预约出租汽车、汽车租赁、顺风车等新旧业态的业务交叉。虽然出行的边界变得愈发不清晰,但定制客运发展要尽可能精确细分目标客户市场,把定制客运的优势充分发挥出来,具体表现在:比传统客运更方便、更灵活;比公共汽电车更快捷更准时;比分时租赁、网络预约出租汽车更优惠,这样才能在出行市场中立足。

3. 坚持创新客运服务方式

充分发挥移动互联网等信息技术的作用,精确细分目标客户市场,按需求分层次提供客运服务产品,开展灵活、快速、小批量的道路客运定制服务,不断满足社会公众差异化、多样化的运输服务需求。深化推广道路客运联网售票系统建设,积极推行道路客运电子客票和非现金支付方式,并逐步与铁路、民航、水运等售票系统对接,推进联程运输发展和一票制服务。发展定制客运的生命力、吸引力在于贯彻乘客为本,安全是前提,服务是核心竞争力。对于线下,要重视车辆技术状况和乘车环境的维护;对于线上,传统道路客运企业相比互联网平台企业处于劣势,加强市场资源能整合,有条件的自建平台,没条件的要加强资源市场整合,"抱团取暖",提高抗风险能力。

4. 坚持安全底线和以人民为中心的理念

对于从事定制客运的车辆、人员、运营平台以及相关企业,要符合人、车、户的基本要求,车辆企业应具备道路客运经营资格,驾驶员应取得从业资格,车辆应符合营运客车的基本要求。而对提供出行信息服务的互联网平台,不能组织非营运车辆和未取得从业资格证的驾驶员在平台上从事定制客运服务,这是互联网平台经营最底线的要求。

七、定制客运服务模式与组织

定制客运服务模式主要有如下三种。

1. 多站点对多站点模式

多站点对多站点模式如图4-4所示。

(1)运营模式:网络预约定位、集中调度分配。客户就近上车,提供MILK-RUN(公司派车辆到相关供应商处进行提货、循环取货的模式,有点借鉴牛奶配送的模式)上站或点接客,再通过MILK-RUN接到站或点送客,客户就近下车到家。

(2)模式评估:传统班线客运模式向定制客运模式的转变过程,是定制客运的雏形。这种模式更加接近"门到门",但由于没有真正一端到门或者两端到门,未实现客户价值的最大化。此外,对于选点要求较高,需要进行大规模的市场调研。

2. 多门对一点或一点对多门模式

多门对一点或者一点对多门模式如图4-5所示。

(1)运营模式:网络预约定位、集中调度分配。提供MILK-RUN上站或点接客,再集中送站和点;集中接客,再通过 MILK-RUN 送客到门。适用于机场接送机、景点定点接送、车站(高速铁路车站、汽车站等)定点接送。

(2)模式评估:属于区别于一般需求的高品质、高附加值服务,能够延伸多种增值服务。例如,机场、高速铁路车站等接送延伸的票务代理业务,景点定点接送延伸的门票代理业务等。区别于一般需求实行差别定价,目的地或者出发地一侧为一站或一点,集聚速度较快、集聚成效容易显现,利润总体相对可观。

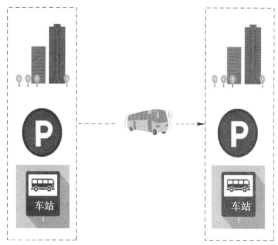

图 4-4　多站点对多站点模式

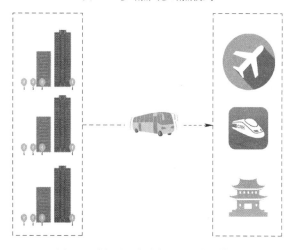

图 4-5　多门对一点或者一点对多门模式

3. 多门对多门模式

多门对多门模式如图 4-6 所示。

(1)运营模式:网络预约定位、集中调度分配。提供 MILK-RUN 上门接客,再通过 MILK-RUN 送客到门。

(2)模式评估:这一模式运营成本最高,需要依托第一阶段模式进行储备和转化基础量,以消化初始成本。如缺乏较大客户基础量,则无法支撑这一模式的持续运转。另外,对于信息技术和组织能力要求最高,要在第一阶段模式和第二阶段模式不断试错的基础上,形成成熟的信息分析技术能力和网络调度能力以及扁平化的运营组织能力。需要注意的是,对于规模比较大的城市中分散在城市不同区域的旅客,一部分较远的旅客上门接与送可借助出租汽车等方式接驳完成,以防止其他乘客在城市内进行长时间、长距离的无效运输。

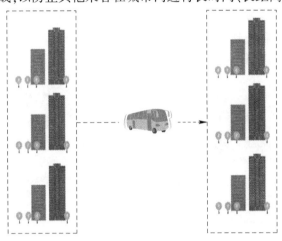

图 4-6　多门对多门模式

"门到门"直达的接送服务,更适合以出差、城际通勤为活动目的的旅客群体。起讫点末端接送服务可实现与城际出行的联程一体化运输,即完成无缝衔接,不需要中途专车或者上下,实现"门到门"直达。这种方式比较适用于 7 座及以下车辆。但在实际运转过程中,由于接送点较多,加之城市交通复杂程度较高,在时效方面的服务往往容易出现问题。

针对上述情况,需要注意以下问题:一是末端接送服务产品的设计不能用点线方式,不能满足初级阶段旅客散点式分布需求,因此,末端接送服务产品需要覆盖整个城市末端区域;二是末端接送服务要充分利用互联网技术和线路优化技术等实现最短路径、最快路径的线路优化,最大限度以最高效率和最低成本实现高服务水平。

总体来说,不管是哪种模式,依托互联网技术发展的定制客运,除了通过技术和系统的更新迭代以创造更好的用户体验外,更重要的是线下服务。线下服务,首先要有车源保障,才能在线上接单后在可控的时间内调度到车辆在约定时间内到达旅客出发地。车源不充足则无法满足定制客运随车而行的需求特征,同时也无法积累良好的用户体验口碑。

第六节　道路旅游客运组织

随着大众旅游时代的到来,公众对道路运输的通达性和服务功能提出了更高要求。面对人民群众高品质、多元化、个性化出行需求,道路旅游客运的机遇与挑战并存。

一、道路旅游客运的定义与分类

1. 道路旅游客运的定义

道路旅游客运(以下简称"旅游客运")是指以运送旅游观光的旅客为目的,在旅游景区内运营或者其线路至少有一端在旅游景区(点)的一种道路客运方式。旅游客运是旅游者利用道路运输方式,实现从一个地点到另一个旅游地点的空间转移过程,这个过程既包括旅游者从出发地到旅游目的地之间的空间转移过程,也包括旅游者在旅游地各景点之间的空间位移。

旅游客运是道路运输的有机组成部分,不可能离开道路运输而单独发展。随着旅游业的快速发展,旅游客运在整个道路旅客运输中的重要性日益凸显。可以预见,随着居民消费水平不断提升和消费结构不断优化,旅游客运在整个道路客运运输中的地位将会不断提升。

2. 道路旅游客运的分类

按照运营方式不同,旅游客运可分为定线旅游客运和非定线旅游客运两类。

1) 定线旅游客运

定线旅游客运指定站点、定时间发车、定线路运营,旅游班车须按公告的线路行驶,途中可以接纳散客的旅游客运方式。定线旅游客运按照班车客运管理。

2) 非定线旅游客运

非定线旅游客运指按照用户要求的线路、景点、时间,运送团体旅客,非定站点、非定时发车、非定线路运营,途中不可以接纳散客的道路旅游客运。非定线旅游客运按照包车客运管理。

二、道路旅游客运的特点

旅游客运能满足旅游者空间位移的需要,作为整个道路旅客运输的一个重要组成部分,除了具有道路旅客运输的共性外,还有其自身的特征。

1. 运送的旅客是旅游者

旅游客运的服务对象是旅游者而不是一般旅客。从一定意义上来讲,旅游客运仅限于旅游出发地与目的地之间、旅游地与旅游地之间,以及旅游区域内。旅游客运是为旅游者提供运输服务的一种运输组织形式,它必须适应旅游者在旅途中多方面的需要,提供不同于一般旅客运输的特殊服务,如在服务上增加导游项目、满足旅游者了解景点的要求等。总之在运输组织过程中,以满足旅游者的旅游需求为重要依据。

2. 开行线路的起讫地一方必须是旅游区

旅游客运要求在旅游景区内运营或者其线路至少有一端在旅游景区(点),因此在选取运输线路时,必须考虑旅游景点因素,满足旅游者对景点的游览需求。旅游线路的设计最好将一些特色景点串联起来,以吸引更多的旅游者。

3. 对车辆舒适性能要求较高

道路旅游客运的服务对象是旅游者,其出行动机是休闲放松,通过景点的游览实现其开拓视野、陶冶情操、增长知识、享受人生的需要。因此,旅客运输组织者必须注重旅客享受性消费的特点,配备具有较高舒适性能的车辆,以满足旅游者在整个运输过程中享受和放松的需求。

4. 旅游客流的季节性较强

由于受气候、节假日等条件的制约,旅游者的旅游活动在一年中分布极不平衡,因而,旅游者对旅游客运商品的需求具有明显的季节性。在我国,春、秋两季气候宜人,形成了春、秋两个旅游旺季,我国的旅游交通需求量也在这两个季节达到最高峰,时常出现供不应求的现象。我国的重要的节假日及寒暑假期间,避暑疗养、旅游观光均相对集中,也会形成另一个旅游客运高峰。旅游客运市场也相应呈现出淡季与旺季。淡季游客量较少,部分运力闲置;旺季游客量攀升,引起运力短缺。

随着国家旅游业的快速发展,有些地区已将旅游业作为支柱产业予以发展,这为旅游客运发展奠定了非常良好的基础,带来了良好的发展机遇。

三、道路旅游客运的发展阶段

随着人民生活水平的不断提高,旅游已成为人民群众日常生活的重要组成部分。旅游客运应契合大众对个性化、特色化旅游产品和服务的需求,不断细分旅游市场,有针对性地开发多样化的旅游客运产品。基于道路客运行业发展规律以及旅游客运市场现状与趋势,道路旅游客运发展可以分为四个阶段。

1. 第一阶段模式:"交通+门票"

客运旅游班线延伸票务代理,这是基本运输服务的简单延伸,是交通和旅游融合的最初级形态。目前,多数道路客运企业广泛开展此类业务形态。但目前,在既有的以价格为主导的旅游消费心理和混乱的市场竞争格局下,此种模式的比较优势还不能很好地凸显出来。

2. 第二阶段模式:"交通+门票+主题"

如"台湾好行"以策划旅游为主题实现旅游景点的串联,极大地满足了旅客旅游需求,实现了客运经营者同沿线观光产业者获利的合作双赢。其木栅平溪线以天灯为主题串联了该线路上的10个景点,使得各个景点的知名度较之前分散的方式而言得到了极大的提升,极大地促进了地区观光旅游业的发展。道路客运企业可借鉴"台湾好行"的运营模式,将若干个景点以主题的形式进行整合开发旅游线路,全力打造一体化商业模式和提升服务水平。

3. 第三阶段模式:"交通+门票+主题+体验"

据2015年国家旅游局的调查显示,71.2%的自由行游客希望获得一站式的解决方案和完整的旅游产品购买、消费体验,缩短旅游决策时间。基于部分自由行游客对于旅游景点的选择困难,消费升级后旅游最大的吸引力在于能够通过旅行深入、融入目的地的各种风俗文化与风土人情,即重在体验。因此,客运企业可提供本地旅游的主题,实现相关景点的串联,增强产品和消费体验,最重要的是通过一站式服务,让旅客体验到当地的典型文化、特色产品、地道美食等。

4. 第四阶段模式:"交通+门票+主题+体验+定制"

第三阶段模式是企业设计好旅游产品,供旅客选择消费,但旅客完全没有自主性,不适合部分有想法的旅客。因此,在提供主题体验旅游服务的同时,可体现定制的理念,加深旅客对于本地和主题的理解,随时根据旅客的想法与意愿,调整旅行目的地和旅行项目,满足旅客的实际旅游需求。

四、互联网对道路旅游客运组织的影响

为顺应时代发展,各行各业的运作模式都因互联网而发生改变,旅游客运组织工作也必

须顺应互联网的发展要求。互联网对旅游客运的影响主要体现在以下三个方面。

1. 服务模式

传统的旅游客运与普通的班线客运相似，乘客在客运站上下车，采用定点、定线、定时的运输形式，但由于车站建设和景区管理限制，旅游出行者很难直接到达最终的旅游目的地，沿途不能停车游览也降低了乘客的旅游体验。互联网推进了旅客运输服务的个性化发展，促进了各种运输方式的衔接、与旅游区深度合作，以及车站和线路运营线上化，最大限度满足了乘客的多元化、个性化旅游需求。

2. 企业经营

在互联网环境下，车站功能弱化，旅客对便利性和舒适性要求更高。因此，互联网下的旅游客运应不仅仅停留在在线购票方式上，还应调整企业经营模式以适应市场需求的变化。企业可利用大数据分析旅游客流的时间和空间分布规律，征集游客旅游意愿与要求，不断调整旅游产品，及时通过互联网公开旅游产品信息，并据此调整车辆的运营计划。互联网促使道路客运企业服务向标准化、组织化发展，也促进了企业的集约化、专业化、个性化发展。

3. 政府监管

在互联网环境下，行业监管方式向实时监管、视频监管、远程监管、平台监管发展，改变了原有的管理理念，打破了产业边界，出现行业管理跨界交叉融合的趋势。大量使用移动互联网、大数据、车联网技术，实现了人、车、物实时联通，提高了行业主管部门的监管效能，使得监管更加有效，促进了行业规范化、健康化发展。

五、道路客运企业开展旅游客运的优势

现代旅游业已经成为社会投资热点和综合性大产业，自2003年以来始终保持持续增长，近年来增长速度更是持续上升。随着全民消费进一步升级，旅游业将迎来新一轮的黄金发展期。在此契机下，对以班线客运为主业的传统道路客运企业来说，开展旅游客运服务是其实现转型经营的一个重要突破口。道路客运开展旅游客运服务，具有如下得天独厚的资源优势。

1. 运力优势

传统的道路客运企业具有成规模的专业运输车队，且大多数企业多年从事旅游客运服务，有着合法旅游资质的旅游车辆和多年的旅游用车从业经验。同时，道路客运企业大多实行公车公营模式，且安全标准完全执行行业内最高标准——班线客运标准。道路客运企业开展旅游客运，可消化班线客运的闲置车辆资源或转移班线客运的过剩运力，进而降本增效。

2. 站场优势

汽车客运站是为公众公共出行提供服务的交通基础设施，具有准公共物品的属性以及旅客集散功能。等级汽车客运站经营多条客运班线，部分线路途经、接近旅游目的地。因此，汽车客运站具有发展旅游直通车的天然优势，将线路延长至旅游目的地，将时间调至游客旅游时间点，将内容延伸至门票代理等，均是非常自然的产品延伸。

3. 管理优势

道路客运企业不仅具备安全管理制度、安全管理机构，还对经营队伍、安管队伍和驾驶

员队伍实行安全管理,通过应用卫星定位技术,对全部运营车辆实现了安全实时监控。此外,相较于许多车辆状况参差不齐、服务简单粗糙的旅行社、旅行车队来说,以安全、服务等多方面"硬指标"构筑的企业品牌效应是客运企业的强项。因此,综合硬实力和软实力对散客群体具有较强的吸引力。

4. 品牌优势

传统班线客运企业在当地乃至全国拥有巨大的旅客资源,在旅客心中树立了诚信、可靠、值得托付的社会形象,对于传统客运向旅游客运转型有着良好的品牌基础。另外,大量的旅客资源能为旅游互联网发展提供强大的数据基础和客观的客户资源分析能力,为精准的市场定位和营销提供依据。

六、传统道路客运企业转型旅游客运发展对策

为了扭转客流下滑的不利局面,道路客运企业只有进行全方位、多元化的结构调整,才能在压力与挑战中寻求出路、谋求生路。当前,从国家到地方都将旅游作为战略性支柱产业来抓。将交通优势与旅游资源相结合,走站游结合、运游联合之路,是道路客运企业转型的必由之路。传统班线客运企业开展旅游客运业务的工作要点如下。

1. 发挥客运场站资源优势,积极构建旅游集散中心网络

依托现有客运站节点网络优势,结合当地自然、人文资源特色,突出各地的旅游特色,打造统一风格、统一形象、统一流程、统一标准的服务窗口。健全游客救助、散客自助游集散、旅游咨询、旅游投诉处理、旅游购物、游客休憩、车辆服务、旅行社组织等集散服务功能,使客运站成为旅游业务咨询和旅游产品销售的主渠道。同时,在高速铁路车站、机场等重要交通节点、游客聚集区,规划建设旅游集散中心或旅游咨询点,着力构建有特色鲜明、布局合理、交通便捷的旅游集散服务体系,实现高速铁路、机场、城市和景区景点的"无缝对接"。以旅游休闲功能为导向,推动资源整合与利用,打造融会议、度假、体验居住、娱乐休闲、运动和购物等多种旅游功能为一体的旅游综合体项目。

2. 以旅游客运为基石,构建核心竞争能力

围绕"化零为整、集中优势"的思路,整合企业内部各种资源,打破企业现有经营体制对旅游业发展的束缚和限制,推动企业旅游资源一体化建设。将旅客运输与旅游发展结合,将旅游客运与长短途专线客运有机结合,积极采取闲置班线客车转线、购置旅游客车以及整合社会旅游车辆等办法,扩大车队规模,不断提升旅游运输市场集约化水平。拓展定线、非定线旅游客运业务,推动旅游班线公交化运营。建立旅游车辆调度中心,提升车辆综合利用效率。合理配置多种类型的旅游运输车辆,推广使用纯电动、天然气等新能源汽车。大力发展旅游包车,加快开通"车票+门票"一票直达、全程服务的景区直通车、旅游班线,积极探索发展景区观光车。发展城乡一体化客运班线,开发与周边重要旅游资源相融合的客运线路,将短途线路终点延伸至旅游景点。与铁路、民航、城市公共交通等客运方式有效对接,做到点到点接驳,使道路运输成为全省(自治区、直辖市)中短程旅游交通的主体。总之,围绕整合各类有效资源,采取捆绑营销、打包服务的方式,推进道路客运旅游化、运游方式多元化、旅游班车多样化、座位资源共享化,带动旅游客运走"品牌化、品质化、精品化"经营发展道路。

3. 与社会各种力量合作，拓展、优化旅游网络布局

以客流体系为依托，开发旅游产业链附加值，打造特色优势旅游产品。一是拓展票务及酒店业务。加强票务预订服务，整合机票及火车票代理资源，向票务代理的上游延伸，开展票务代理、包机、包高速铁路列车车厢业务，提高票务销售等级和返利空间。通过自营、合股等方式开办连锁酒店，为游客提供酒店预订、惠选、团购等多种类型的预订业务，满足游客不同层次需求。二是开展旅游商贸业务。以自营、托管店面等方式介入景区商贸业务，选取品质高、有特色的产品，开设景区超市、土特产店、纪念品店以及线上店铺等。三是发展旅游文化产业。积极寻求代理、托管经营景区文化创意产品，结合当地文化特点，联合政府、景区，策划有特色、有生命力的实景演出等文化产品。与旅游景区、景点合作，通过开发设计旅游纪念品、召开旅游联盟年会、拍摄景区宣传片、开展景区推介活动等，增加收益。通过灵活组合旅游要素，不断满足旅游者的多元化需求。

4. 推进互联网技术的应用，搭建旅游信息平台

将旅游产业与其他产业相结合，积极发展"旅游＋文化""旅游＋金融""旅游＋体育""旅游＋养生""旅游＋互联网"等旅游新业态、新产品，真正激发旅游产业对经济转型发展巨大的推动力和生产力。围绕深化"互联网＋旅游"融合发展趋势，积极参与到智慧旅游城市、智慧旅游景区、智慧旅游企业建设中，积极开展适应互联网旅游新产品、新业态、新模式的政策创新和引领示范，打造"互联网＋旅游"创新示范企业。通过建设智慧旅游平台和利用第三方软件平台，为客户提供及时有效的旅游资讯、订单受理确认、订单查询、客户关系管理等闭环业务处理平台，提升旅游业务管理、服务和营销水平。按照"轻资产、控资源"的原则，引进第三方资金及技术，建立集景区门票、酒店、旅汽、旅行社同业等要素资源于一体的旅游资源平台，通过完善的第三方网络交易平台集成入口，与国内知名网上旅游公司以及淘宝、天猫、美团等网络店铺合作，建立上下游畅通的线上批发渠道。

5. 完善安全保障体系建设，确保旅游运输安全

车辆安全对旅游业发展始终是最关键的。要强化安全生产责任制，建立完善各类旅游安全管理工作规章制度，细化完善安全管理责任制度、安全机构工作制度、安全检查制度、安全事故应急预案、安全事故处理制度以及安全教育培训制度等，使旅游工作安全管理有章可循，尽快纳入制度化、规范化、科学化轨道。加强旅游包车管理，建立和完善旅游包车租借流程和安全管理制度，严把车辆维护、检验关，充分发挥 GPS（全球定位系统）动态监控作用，严禁疲劳驾驶、超速驾驶，采取有效措施消除安全隐患。加强对导游人员、游客的行前安全教育和必要的安全提示，建立导游员、领队与驾驶员的相互监督机制。狠抓基层、基础、基本功建设和源头管理，强化安全教育培训，加强旅游安全专项检查，采取有效措施，标本兼治，务求实效，切实防止各类旅游安全事故的发生。

思考与练习

1. 简述客流的含义与构成要素。
2. 道路旅客运输的形式都有哪些？
3. 简述道路旅客运输发展面临的形势与机遇。

4. 简述道路旅客运输在综合运输体系中的地位与作用。
5. 简述班车客运组织工作的主要内容。
6. 简述定制客运的特点与表现形式。
7. 简述道路旅游客运特点、互联网对道路旅游客运组织工作的影响。
8. 思考传统道路客运企业如何转型与发展定制客运？
9. 思考传统道路客运企业如何转型与发展旅游客运？

第五章　道路货运车辆运行组织

学习目标

1. 熟悉道路货运生产计划的编制方法;
2. 掌握合理化运输的含义及判断依据;
3. 能够合理选择运输线路;
4. 掌握多班运输组织要点;
5. 掌握甩挂运输工作原理与组织流程;
6. 掌握多式联运组织形式。

在既有运能储备情况下,最大化开发运输潜力,完成更多的运输量,是提高运输生产率和组织管理水平的重要途径。提高车辆生产率,属于组织技术性问题,包括科学合理地编制运输生产计划,选择最优的行驶路线、合理的车辆类型以及先进的运输组织形式等。国内外理论与实践表明,多班运输、甩挂运输等都是行之有效的车辆运行组织方式。

第一节　道路货运生产计划

道路货运生产计划是企业运输经营活动的重要内容之一,运输企业通过对运输量计划、车辆计划、车辆运用计划、车辆运行计划作业的编制,对车辆运输进行合理地组织调度,以使企业在运输经营中达到最大的经济效益。货运企业在掌握道路货源及货运量调查预测数据、接受货运任务情况的基础上,在开始货运生产之前,要进行一项重要的工作,即编制货运生产计划,下面主要讨论运输生产计划编制的原则和方法。

一、道路货运产生计划概述

1. 道路货运生产计划的内涵

道路货运生产计划是指货运企业对计划期内应完成的货物运输量、货运车辆构成和车辆利用程度等方面进行必要布置和安排。

道路运输生产计划的主要任务是根据道路运输市场运输需求变化及企业运输能力,确定企业计划年度、季度、月度的货物运输工作量及其构成状况,并根据企业运输工作量计划的需要,确定配备运输车辆的数量、车型及其装载能力。同时,确定计划期内车辆运用效率水平,包括工作率、里程利用率、吨位利用率、实载率、单车期产量、车吨期产量等有关指标。然后,根据计划及企业生产组织系统状况分解运输生产任务,具体分配到车队、车站、运行班组和单车等生产岗位,确定车辆运行作业计划。

因此,道路运输生产计划由运输量计划、车辆计划、车辆运用计划和车辆运行计划作业构成。运输量计划表明运输需求情况;车辆计划表明运输企业可能提供的运输生产能力;车辆运用计划是车辆运用效率指标应达到的具体水平,是车辆计划的补充;车辆运行作业计划是运输生产计划的具体化。

2. 道路货运生产计划的作用

道路运输生产计划是运输企业组织运输生产活动的重要依据,在道路运输生产经营管理工作有着十分重要的作用,主要表现在如下三个方面。

1)掌握运输供给满足运输需求的程度

运输生产计划反映了运输企业在计划期内向社会提供运输服务的能力,而且是以具体的数值来表明适应的程度。当运量大于运力时,有利于企业挖掘内部潜力,提高运输效率,降低运输成本,适应运输市场的需要;当运量小于运力时,促进企业努力开辟新的货源,提高车辆利用率。

2)编制企业经营目标的依据

运输生产计划是决定运输企业经营目标的基本依据之一。企业经营目标主要是通过盈利计划来反映的,编制运输生产计划才能确定运输收入计划和运输成本、费用计划,从而确定运输盈利目标。

3)确定后勤供应的基础

运输生产计划确定以后,围绕计划所需要的资金和物资等就有了依据,因此,企业的运输生产计划是制定劳动工资计划,燃油、轮胎和汽车零配件采购计划,车辆维修计划,质量管理计划以及资金筹集与运用计划的基础。因此,在编制运输生产计划时,必须不断加强市场调查,根据可靠的资料依据,运用科学的方法对运输生产计划进行分类、分解、编制和执行。

3. 道路货运生产计划的类型

道路货运生产计划按其编制期限分为长远计划、年度计划和月度计划。

(1)长远计划是较长时期的运量规划,通常为五年或十年,它根据国民经济发展的远景制订,一般规定运输企业所要达到的运输规模和货物周转量等基本经济指标预期达到的目的,并作为其发展规划和技术装备发展的依据。

(2)年度计划直接反映计划年度运输企业应完成的运输任务,并作为当年度运输生产计划的编制依据。

(3)月度计划则属于生产计划,是根据需求确定的具体工作指标和工作办法,它既是年度计划在计划周期内的具体安排,又是组织日常运输生产活动的依据。

二、道路货运生产计划的编制

1. 货运生产计划的编制方法和编制步骤

编制货运生产计划的目的是要在需要与可能之间建立起一种动态平衡,编制运输生产计划的过程,也就是运量和运力、需求和可能之间反复平衡的过程,综合平衡是编制计划的基本方法。编制货运生产计划要实现两种平衡:一是生产任务同设备能力、物资供应、劳动力之间的平衡,是需要与可能之间的一种平衡;二是各项计划指标之间的平衡。

编制货运生产计划的步骤如下:

(1)首先要列出计划期内的客货运输任务,计划它们的运输量,确定运输量计划。

(2)其次要精确地计算计划期内企业可能拥有的客货车拉(包括挂车)与吨(座)位数,确定车辆计划。

(3)最后借助车辆运用指标,计算车辆运用水平和车辆生产率,确定车辆运用计划和车辆运用作业计划。

2. 货物运输量计划

货物运输量计划以货运量和货物周转量为基本内容,主要包括关于货运量与货物周转量的上年度实际值,本年度、各季度的计划值及年度计划与上年实际值比较等内容。

货物运输量计划一般以市场需求作为编制运输量计划的依据,具体而言,其编制依据主要有以下四个方面。

1)市场调查与预测资料

调查了解、研究分析本区域内的货源,掌握货物种类和结构、流量、流向、流时变化的规律,进行科学的预测,为运输量计划提供依据。

2)指令性计划任务

指令性计划任务由政府主管部门下达,如抢险、救灾物资运输任务等。这种运输任务一般带有即时性和突发性,在编制运输量计划时,可参照历史统计资料及有关部门的预测资料,适当估算这部分运输量。

3)运输合同

签订运输合同来组织运输是大宗货物运输的主要方式。运输合同可以使货源稳定,提高计划的准确性,为顺利组织运输生产过程创造良好的条件。运输合同明确地规定了运输量、汽运与运达地点、运输时间、费率与运费结算方式、违反合同的罚则与损失赔偿办法等,因此,签订运输合同是道路运输企业编制运输量计划量最可靠的依据。

4)货运企业的生产能力

货运企业现有生产能力对运输量计划起着制约作用。根据初步平衡的结果,可能出现两种情况:一是计划运输量大于企业现有生产能力;二是计划运输量小于现有生产能力。当出现第一种情况,即运力不能满足社会需要时,只能通过对运输市场的调查(掌握道路货物运输的流量、流向、运距),在确定实载率和车日行程后,按照"确保重点、照顾一般"的原则,采取以车定产的办法确定公路货物运输量的计划值。货运企业计划期能够完成的货物周转量为:

$$P = \frac{A \cdot D \cdot \alpha_d \cdot \bar{L} \cdot \beta \cdot \bar{q}_0 \cdot \gamma}{1 - \theta} \tag{5-1}$$

式中:P——计划货物周转量,t·km;

A——平均营运车数,辆;

D——计划期天数,天;

α_d——车辆工作率,%;

$\bar{L}$——平均车日行程,km;

β——里程利用率,%;

$\bar{q}_0$——营运车辆平均额定载质量,吨位,也称平均吨位;

γ——吨位利用率,%;

θ——拖运率。

计划期能够完成的货运量为：

$$Q = \frac{P}{\overline{L}_1} \tag{5-2}$$

式中：Q——计划货运量，t；

$\overline{L}_1$——计划期货物平均运距，km。

当出现第二种情况，即运力大于社会需求时，应根据运输需求量，决定汽车货运服务供给投入运力的多少。一般情况下，此种汽车货运服务供给应在保持合理车辆运用效率指标水平的基础上，预测投入的车辆数，并将剩余运力另作安排，同时还应不断积极主动争取新的货源。其预测方法是：

$$A' = \frac{P}{D \cdot \alpha_d \cdot \overline{L} \cdot \beta \cdot \overline{q}_0 \cdot \gamma \cdot (1 - \theta)} \tag{5-3}$$

式中：A'——运输量计划需投入（占用）的车辆数，辆。

此时的剩余运力为：

$$\Delta A = A - A' \tag{5-4}$$

式中：ΔA——剩余运力，辆。

需要注意的是，运距的长短、装卸停歇时间的长短等，都影响车日行程，并连锁反应到周转量上。因此，实载率和平均车日行程，必须根据不同情况分别测算后综合确定。运输量的计划值，还必须通过与车辆运用计划平衡后确定。

3. 车辆计划的编制

车辆计划是企业计划期内运输生产能力计划，主要反映企业在计划期内的平均运力、营运车辆类型及车辆数量增减变化情况，是衡量企业运输生产能力大小的重要指标。车辆计划主要内容包括车辆类型，年初、年末及全年平均车辆数，各季度车辆增减数量，额定吨位等，详见表5-1。

××货运公司××年度车辆计划表　　　　表5-1

车辆类别		额定吨位	年　初		增(+)或减(-)			年　末		全年平均	
			车数	吨位数	季度	车数	吨位数	车数	吨位数	车数	吨位数
货车	大型货车										
	中型货车										
	零担货车										
	集装箱车										
	拖车										
挂车	全挂车										
	半挂车										

编制车辆计划的过程如下。

1) 确定车辆数值

生产作业计划中的车辆数是指平均车数 $\overline{A}$，意为道路货运企业在计划期内所平均拥有

的车辆数,按统计期总车日数与统计期日历天数的比值计算,其计算公式为:

$$\bar{A} = \frac{U_y}{D} \tag{5-5}$$

表 5-1 中的吨位是指平均吨位,可分为平均总吨位数与平均吨位,用来反映货运企业在计划期内可以投入运营的运力规模的大小。这两个值只是体现了企业的生产能力,并不代表实际的产量,区别在于车辆是否投入运营。

其中,总车吨(座)位日是指在计划期内营运车辆的额定吨(座)位累计数。它是营运车日与额定吨位的乘积,表明车辆总的载重能力,其计算公式为:

$$M = \sum(A_i D_i q_i) \tag{5-6}$$

平均总吨位是指道路货运企业在计划期内平均每天营运车辆的总吨(座)位数,其计算公式为:

$$N = \frac{\sum(A_i D_i q_i)}{D} \tag{5-7}$$

平均吨位是指道路货运企业在计划期内平均每辆车的吨(座)位数,其计算公式为:

$$R = \frac{\sum(A_i D_i q_i)}{\sum(A_i D_i)} \tag{5-8}$$

车辆的额定吨位,应以记载于行车执照上的数据(核定吨位)为准,不得随意更换及改动。若车辆进行过改装,则应以改装后的数据为准。年末车辆数及吨位,按计划期车辆增、减变化后的实际数据统计。

编制车辆计划时,年初车辆数及载质量应根据前一统计期末的实有数据列入。对于这些车辆,首先应对其技术状况进行鉴定,对于性能降低、燃油耗费高、维修频率高的车辆,应考虑是否需要淘汰,通过研究原有车辆类型的适应程度、哪些类型的车辆多余、哪些类型的车辆不足,分析增减车辆的依据,从而确定车辆应该增减的数量。车辆的增减还应考虑相关因素,如增加车辆要有足够的资金,此外还要考虑车型、技术人员、运行材料和配套设备等情况。如需要减少车辆,应确定合理可行的处理方法。

2)确定车辆增减时间

编制车辆计划应妥善安排车辆增减时间,过早会积压资金,过晚则不能满足需要。编制计划时很难预定具体的日期,因此,通常在车辆计划中,增减车辆的时间均按"季中"确定,即不论车辆时季初还是季末投入或退出运营,车日增减计算均以每季中间的那天算起。为简化计算工作,车辆增减引起的运营车日、平均运营车数、平均总吨位和平均吨位等可按表 5-2 所列的计算日数近似计算。

增减车辆季中计算日数 表 5-2

项 目	第一季度	第二季度	第三季度	第四季度
增加后计算日数(天)	320	230	140	45
减少钱计算日数(天)	45	140	230	320

【例 5-1】 某运输企业计划三季度增加营运车辆 10 辆,则增加的营运车日数为多少?

解: 增加的车日数 = 10 × 140 = 1400(车日)

【例 5-2】 某运输企业 2018 年初有额定载质量为 5t 的货车 30 辆,4t 的货车 50 辆。二季度增加5t的货车40辆,四季度减少4t的货车30辆,计算该车队年初车数、年末车数、总车日、平均车数、全年总车吨位日数、全年平均总吨位、全年平均吨位。

解：

$$年初车数 = 30 + 50 = 80(辆)$$

$$年末车数 = 30 + 50 + 40 - 30 = 90(辆)$$

$$总车日 = 30 \times 365 + (50 - 30) \times 365 + 40 \times 230 + 30 \times 320 = 37050(车日)$$

$$平均车数 = 37050/365 \approx 101.51(辆)$$

$$全年总车吨日 = 30 \times 365 \times 5 + 20 \times 365 \times 4 + 40 \times 230 \times 5 + 30 \times 320 \times 4 = 168350(车吨位日)$$

$$全年平均总吨位 = 168350/365 \approx 461.23(t)$$

$$全年平均吨位 = 168350/37050 \approx 4.54(t)$$

4. 车辆运用计划及其编制

1) 车辆运用计划值确定原则与要求

车辆运用计划是平衡运输量计划和车辆计划的计划,应以尽可能提高企业全部营运车辆的运输生产效率为出发点和原则,既要满足运输量计划的要求,又不要受运输量计划的约束。

车辆运用计划反映运输企业计划期内营运车辆运用效率指标应达到的具体水平,它是企业在车辆配置既定的情况下,实现企业运输量计划及企业经营目标的重要基础。

车辆运用计划由一系列车辆运用指标构成,通过计算这些效率指标,最后集中计算出运输效率计划值。根据车辆计划和车辆运用指标计划值所确定的运输量,应略大于运输量计划中的计划值,这样才能满足社会对运输的需要。增加车辆或吨位,固然可以提高运输能力,但更为有效的是确定先进合理的车辆运用指标计划值,通过挖掘潜力实现平衡。

2) 车辆运用计划的基本格式

车辆运用计划的基本格式见表5-3。

××年度车辆运用计划　　　　　　　　　　　表5-3

指标		上年度实际	本年度完成					本年计划与上年度实际比较
			全年	一季度	二季度	三季度	四季度	
汽车	营运总车日							
	平均营运车辆							
	平均总吨位							
	平均吨位							
	车辆完好率							
	车辆工作率							
	工作车日数							
	平均车日行程							
	总行程							
	里程利用率							
	重车行程							
	重车行程周转量							
	吨位利用率							
	货物周转量							

续上表

指标		上年度实际	本年度完成					本年计划与上年度实际比较
			全年	一季度	二季度	三季度	四季度	
挂车	拖运率							
	货物周转量							
汽挂车综合	货物周转量							
	平均运距							
	货运量							
	车吨位期产量							
	单车期产量							
	车公里产量							

3）车辆运用计划的编制方法

车辆运用计划编制的关键在于确定各项效率指标，指标的确定应能使车辆在时间、速度、行程、装载能力和拖挂能力五个方面得到充分合理的利用。科学合理的指标为组织汽车货运生产提供了可靠的保证；反之，不切实际的指标必然直接影响运输计划能否顺利贯彻执行。编制车辆运用计划的方法有两种，即顺编法和逆编法。

（1）顺编法。顺编法以"可能"为出发点，根据车辆生产率计算的顺序，从确定各项车辆运用效率的质量指标开始，逐项计算各项数量指标，最后计算出运输工作量；然后与运输量计划相对照，若符合运输量计划的要求，则表明可以完成任务，就可根据报告期的统计资料和计划期的货源落实情况，编制车辆运用计划。如果计算的结果与运输量计划有较大的差异，特别是低于运输量计划时，则应调整各项车辆运用效率指标直到两者基本相等时，才能据此编制车辆运用计划。

【例5-3】 某运输公司第一季度平均营运车数为100辆，其额定载质量为5t。经分析测算，全年平均车辆完好率可达93%，工作率为90%，技术速度为50km/h，工作车时利用率为80%，平均每日出车时间为10h，里程利用率为70%，吨位利用率为100%；运输量计划中列示的平均运输距离为80km，货物周转量为10200000t·km。根据这些资料，确定各项车辆运用效率指标的计划值，并据此编制车辆运用计划底稿。

解：根据本案例的情况，确定各项车辆运用效率指标的计划值见表5-4。

车辆运用计划值　　　　表5-4

序号	指标	计算过程	计划值
1	营运车日数	100×90	9000
2	平均营运车数	—	100
3	平均总吨位	9000×5÷90	500
4	平均吨位	—	5
5	车辆完好率	分析测算	93%
6	车辆工作率	分析测算	90%
7	工作车日数	9000×90%	8100

续上表

序 号	指 标	计算过程	计 划 值
8	工作车时利用率	—	80%
9	平均车日行程	50×80%×10	400
10	总行程	40×8100	3240000
11	里程利用率	—	70%
12	重车行程	3240000×70%	2268000
13	重车行程周转量	2268000×5	11340000
14	吨位利用率	—	100%
15	可完成货物周转量	11340000×100%	11340000
16	平均运距	—	80
17	可完成货运量	11340000÷80	141750
18	车吨季产量	11340000÷500	22680
19	单车季产量	11340000÷100	113400
20	车公里产量	11340000÷3240000	3.5

根据各项车辆运用效率指标计划值的计算结果,该货运企业可完成的货物周转量为11340000t·km,与已定运输量计划指标10200000t·km相比较略有超额,故符合要求,可据此编制车辆运用计划。

(2)逆编法。逆编法是以"需要"为出发点,通过既定的运输工作率来确定各项车辆运用效率指标必须要达到的水平。各指标值的确定必须经过反复测算,保证其有完成运输任务的可能;同时也要注意不应完全受运输量计划的约束,若把各项车辆运用效率指标的计划值压得过低,则会抑制运输生产能力的合理发挥。

【例5-4】 某货运企业某年第一季度运输量计划中确定的计划货物周转量为7290000t·km,货运量为91125t,车辆计划中确定的营运车辆数为100辆,额定载质量为5t,完好率为95%,工作率为85%~95%,平均车日行程为178~200km,里程利用率为65%~75%,吨位利用率为90%~100%,拖运率为30%,使用逆编法编制运用计划。

解： 主车产量 = 7290000×(1−30%) = 5103000(t·km)

总车吨位日 = 100×90×5 = 45000(车吨位日)

$$车吨位日产量 = \frac{计划期主车完成周转量}{周期总车吨位日} = \frac{5103000}{45000} = 113.4(t·km)$$

即第一季度每一个车吨位日必须完成113.4t·km的周转量才能完成运输量计划。

下面确定车辆工作率、平均车日行程、里程利用率和吨位利用率的值。

车吨位日产量还可由下式计算：

$$车吨位日产量 = \alpha_d \cdot \bar{L} \cdot \beta \cdot \gamma$$

现在需要确定主车工作率、平均车日行程、里程利用率和吨位利用率这四项指标分别达到什么水平才能使车吨位日产量达到113.4t·km。

拟定的四个组合方案见表5-5。

四个组合方案　　　　　　　　　　　　　　　　　　　　　表 5-5

组合方案	α_d	$\bar{L}$	β	γ	车吨位日产量 (t·km)
1	90%	185	70%	97.4%	113.5
2	87%	190	75%	98%	121.5
3	85%	190	70%	107%	113.7
4	88%	185	68%	102.4%	113.4

这四个方案是综合考虑前期统计资料、本期预测资料及其他相关因素后确定的。经详细分析比较,第一个方案是一个可行性、可靠性最好的方案,按此方案确定这四项指标的值,则可完成的运输工作率为:

$$总周转量 = 90 \times 100 \times 5 \times 0.9 \times 185 \times 0.7 \times 0.974 \times \frac{1}{1-30\%} = 7297695(t \cdot km)$$

测算出的总周转量 7297695t·km 大于运输量计划确定的周转量 7290000t·km,可以确保完成第一季度的运输任务。据此编制的该季度的车辆运用计划见表 5-6。

××货运公司一季度车辆运用计划　　　　　　　　　　　　　　表 5-6

	指标(单位)	计算过程	计 划 值
主车	营运总车日(车日)	100×90	9000
	平均营运车辆(辆)	—	100
	平均总吨位(t)	100×5	500
	平均吨位(t)		5
	车辆完好率(%)	—	95%
	车辆工作率(%)	—	90%
	工作车日数(车日)	9000×0.9	8100
	平均车日行程(km)		185
	总行程(km)	8100×185	1498500
	里程利用率(%)		70%
	重车行程(km)	1498500×0.7	1048950
	重车行程周转量(t·km)	1048950×5	5244750
	吨位利用率(%)	—	97.4%
	货物周转量(t·km)	5244750×0.974	5108387
挂车	拖运率	—	30%
	货物周转量(t·km)	5108387÷(1-0.3)×0.3	2189309
主挂车综合	货物周转量(t·km)	5108387+2189309	7297696
	平均运距(km)	7290000÷91125	80
	货运量(t)	7297696÷80	91221.2
	车吨位季产量(t·km)	7297696÷100÷5	14595.4
	单车季产量(t·km)	7297696÷100	72977
	车公里产量(t·km)	7297696÷1498500	4.87

5. 车辆运行作业计划

1) 概念和分类

车辆运行作业计划是运输生产计划的具体化。车辆运行作业计划的主要作用是按照车辆运行计划的要求,把运输量计划所规定的运输生产任务,按月、旬、日直至运次,具体分配到车队、车站、运行班组和单车等生产岗位,保证运输生产计划高质量、高效率地如期完成。车辆运行作业计划的内容是每辆汽车在一定时间内应该完成的运输工作量,以及必须达到的运输效率指标,它是车辆运行的直接依据。

车辆运行作业按其执行时间的长短分为四种:

(1) 长期运行作业计划。适用于运输路线、起讫和停靠地点、运输量、货物类型等都比较固定的运输业务,计划期有2周、4周等,如零担货运班车的运行作业计划就属于这一种。

(2) 短期运行作业计划。指周期为3~5日的车辆运行作业计划。适用于货运起讫点较多、流向复杂、货种繁杂、当天不能折返的运输任务及在几天内完成一个循环运行线路和多点运输任务。

(3) 日运行作业计划。适用于货源多变、临时性任务较多的地区,如城市地区货运作业计划可以考虑这种形式。即使采用短期运行作业计划的地区,适量车辆仍可采用日作业计划形式作为补充。

(4) 趟次运行作业计划。通常适用于临时性或季节性的、起讫点固定的短途往复式线路上,安排时可根据任务大小、距离长短、道路情况、装卸条件等,确定车辆每日(班)往返运次和完成的运输工作量,计划周期的长短可根据货源多少加以确定,作业计划编制较容易,车辆调度也较为方便,尤其在承担港站短途集散运输时较为适用。

2) 编制依据

(1) 已经受理的托运货物和运输合同确定的货物。车辆运行作业计划是对如何执行运输任务作出的具体安排,因此已确定的任务是编制车辆运行作业计划最基本的依据。

(2) 运输市场及货物流量、流向、流时的调查预测资料和长期运输合同。这是编制长期车辆运行作业计划的依据。

(3) 车辆技术状况以及维修作业计划。车辆技术状况是指车辆的技术状况是否允许安排长期连续运行任务或长途运行任务;车辆维修作业计划安排有车辆进行维护和修理的作业时间,编制车辆运行作业计划应预留其进行维修作业的时间,不要影响维修作业计划的执行。

(4) 装卸货物站点的环境与能力。如有些货物装卸地点能同时容纳两辆及两辆以上的车辆作业,有些则只能接受一辆车进行作业;有些地点可以接受带挂车的车辆作业,有些则不能;有些站点配备有适用的装卸机械,有些站点没有;有些站点是24h作业,有些站点只能日间作业等。

(5) 车辆运行作业计划的各项技术参数。①站距,指一个运次的装卸地点之间的距离或沿途办理货物运输业务相邻车站之间的距离;②车辆的平均行驶速度,指在道路上运行允许的技术速度和可能达到的运行速度;③技术作业时间,指按技术管理规定的要求,在运行途中停车进行车况检查、加油加水、休息时间;④商务作业时间,指规定的货物装卸作业、办理各种业务手续的时间等。

(6)车辆运用计划中车辆运行效率指标的要求。编制车辆运行作业计划必须保证车辆运用计划的完成。各项指标如车辆工作率、平均车日行程、里程利用率、吨位利用率、拖运率等应达到期望的水平。特别要重点保证车吨日产量和车公里产量达到计划的要求。

(7)运输服务区域计划期内的道路交通情况和气象情况。

3)车辆运行作业计划的编制程序

编制运行作业计划是一项复杂细致的工作。在货源比较充足时,要编制车辆运行作业计划,以保持良好的运输生产秩序,不失时机地完成尽可能多的运输任务;在货源比较紧张时,也要通过合理编制车辆运行作业计划,尽可能提高车辆运用效率。编制程序如下:

(1)根据货运任务资料确定货运汇总和分日运送计划,见表5-7。

货源汇总和分日运送计划表表 表5-7

线别	托运单号	发货单位	起运点	收货单位	品名	包装	运距	托运质量	分日运送计划											剩余物资	
									日		日		日		日		日		运量	处理意见
									运量	车号	运量	车号	运量	车号	运量	车号	运量	车号		
合计																				

(2)认真核实全部营运车辆的出车能力及出车顺序,逐车妥善安排车辆保修计划,见表5-8。

出车能力计划表　　年　月　日至　日 表5-8

车队	车号	载质量(t)	保修日期		上次保修至　日已行驶里程数(km)	完好车日	备注
			保修类别	起止日期			

(3)根据有关信息,分析研究前期运行作业计划存在的问题。

(4)逐车编制运行作业计划,根据有关资料,合理选择车辆行驶路线,妥善确定运行周期。根据货物类型和性质选配适宜车辆,见表5-9。

(5)核准车辆运行作业计划,交付运行调度组织执行。

货车五日运行计划 表5-9

日期	作业计划内容	运量	周转量	执行情况检查
1				
2				
3				
4				
5				
计划 实际	工作率	车日行车	里程利用率	实载率	拖运率	运量	周转量	说明

第二节 运输合理化

所谓运输合理化,是指在保证货物运量、运距、流向和中转环节合理的前提下,在整个运输过程中确保运输质量,能以适宜的运输工具、最少的运输环节、最佳的运输线路、最低的运输成本,将货物从始发地送往目的地。

运输合理化的作用体现在以下两个方面:提高效率——合理分工;增加效益——降低成本。

一、不合理运输及其表现形式

所谓不合理运输,是指在组织货物运输过程中,违反货物流动规律,不按经济区域和货物自然流向组织货物运输,忽视运输工具的充分利用和合理分工,装载少、流转环节多、运输时间长,从而浪费运力、增加运输成本的运输现象。

不合理运输是在现有条件下可以达到的运输水平而未达到,从而造成了运力浪费、运输时间增加、运费超支等问题的运输方式。

1. 与运输方向有关的不合理运输

1) 对流运输

对流运输,也称为相向运输、交错运输,是指同一种货物或彼此间可以互相代用而又不影响管理、技术及效益的货物,在同一线路上或平行线路上做相对方向的运送,而与对方运程的全部或一部分发生重叠交错的运输。

对流运输是不合理运输中最突出、最普遍的一种,它有两种表现形式。

明显对流是指同类的(或可以互相代替的)货物沿着同一线路相向运输,如图 5-1 所示。

从图 5-1 可以看出,某货物从甲地经过乙地运到丙地;同时又从丁地经过丙地运到乙地。这样,在乙地与丙地之间产生了对流运输。

另一种是隐蔽的对流运输,即同一种货物在违反近产近销的情况下,沿着两条平行的路线朝相对的方向运输。由于不易被发现,故称为隐蔽的对流运输,如图 5-2 所示。

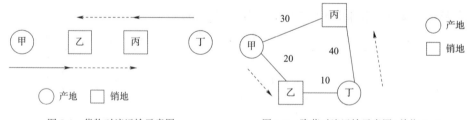

图 5-1 货物对流运输示意图　　图 5-2 隐蔽对流运输示意图(单位:km)

从图 5-2 看出,甲、丁为两个发货地,乙、丙为两个收货地,各地之间的距离分别为 40km、30km、20km、10km。若从丁地发运货物 2t 给丙地,同时从甲地发运同种货物 2t 给乙地,则这种运输路线是不合理的,浪费了 40t·km 的运力。正确的运输路线应该是从丁地发给乙地,从甲地发给丙地。

对流运输产生的原因主要是计划不周、组织不善、调运差错,其主要危害是浪费运力、增加成本。

2) 倒流运输

倒流运输是指货物从销地或中转地向产地或起运地回运(流)的一种运输现象。其不合理程度要甚于对流运输，因为倒流运输的往返两程的运输都是不必要的，形成了双程浪费。

在实际工作中，倒流有两种情况：一种是同一种货物从产地甲运达销地乙后，又从销地乙运回原产地甲或相对方向的中途另一个销地丁；另一种是从产地丙运往自己本身能够生产同一种货物的产地甲。这两种均属于倒流运输，如图5-3所示。

倒流运输会造成浪费运力，进而增加运费开支。倒流运输产生的主要原因往往是因为计划不周、组织不善或者调运差错。

2. 与运输距离有关的不合理运输

1) 迂回运输

迂回运输是指货物绕道而行的运输现象，即本可以选取短距离进行运输，却选择路程较长路线进行运输，如图5-4所示。迂回运输有一定的复杂性，不能简单处之，只有当计划不周、地理不熟、组织不当而发生的迂回，才属于不合理运输。但当最短距离中有交通堵塞、路况不好或对噪声、排气等特殊限制时，所发生的迂回运输不能称为不合理运输。

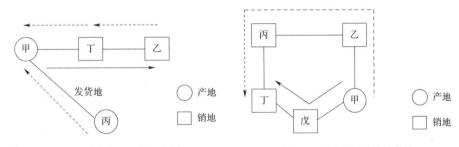

图5-3　货物倒流运输示意图　　　　图5-4　货物迂回运输示意图

迂回运输的危害在于直接拉长运距、延长货物在途时间，不但浪费运力、增加成本，也增加了货物损坏的可能性。迂回运输产生的原因与地理情况、线路不熟悉以及组织不当有关。

2) 过远运输

过远运输是指调运物资舍近求远的货物运输现象，即销地完全有可能由距离较近的供应地调进所需要的质量相同的货物，却超出货物合理流向的范围，从远处调运进来(图5-5)。由此造成可采取近程运输而未采取，却拉长了货物运距的浪费。例如，甲、丙是两个产地，乙、丁是两个销地，它们的货物供应量和需求量都是各5t。如果由甲地供应丁地，丙地供应乙地，是不合理的；与甲地供应乙地，丙地供应丁地相比较，要多耗费里程400km，浪费2000t·km的运力和运费。所以，合理的运输路线应该是由甲地供应乙地，丙地供应丁地。

过远运输的危害是占用时间长、运输工具周转慢、物资占压资金时间长，又易出现货损，增加费用开支。

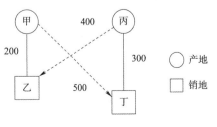

图5-5　货物过远运输示意图

3. 与货物运量有关的不合理运输

1)返程或起程空驶

空车或无货载行驶,可以说是不合理运输最严重的形式。在货物运输组织中,有时候必须调运空车,从管理上不能将其看成不合理运输,但是因调运不当、货源计划不周、不采用运输社会化而形成的空驶,则是不合理运输的表现。造成空驶的主要原因有以下几种:

(1)不利用社会化的运输体系,却依靠自备车送货,这往往导致单程实车、单程空驶的不合理运输;

(2)由于工作失误或计划不周,造成货源不实、车辆空去空回,形成双程空驶;

(3)由于车辆过分专用,无法搭运回程货,只能单程实车、单程空驶周转。

空驶直接浪费运力、增加成本,危害极大。

2)重复运输

重复运输是指一种货物本可以直达目的地,但由于某种原因如仓库设置不当或计划不周、调运差错、组织不善等而在中途停车卸下后重新装运至目的地,或者同品种货物在同一地点一面运进,同时又一面向外运出的不合理运输现象,如图5-6所示。重复运输的最大问题是增加了非必要的中间环节,延长了货物在途时间,增加了装卸搬运费用,增大了货损,而且降低了车、船的使用效率,影响其他货物运输。

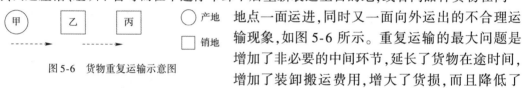

图5-6 货物重复运输示意图

3)无效运输

无效运输是指被运输的货物杂质(如煤炭运输中的矿石、圆木材使用时出现的边角余料等)过多,使运输能力浪费于不必要物资运输的现象。无效运输既浪费运力,又使成本增加。无效运输多数是由于货物检查不细致、不到位,或是条件所限与组织不善等原因造成的。

4. 与运力有关的不合理运输

1)运力选择不当

运力选择不当是指未考虑各种运输方式的特点和优势而未能正确地利用运输工具造成的不合理现象,常见有以下几种形式:

(1)弃水走路。在同时可以利用水运和陆运时,不利用成本较低的水运或水陆联运,而选择成本较高的铁路运输或道路运输,无法发挥水运优势,直接导致运费增加和运力浪费。这种情况出现的可能原因是信息不灵或错误,或计划不周、组织不善、调运差错等。

(2)铁路、大型船舶的过近运输。这是指不属于铁路及大型船舶的经济运行里程却利用这些运力进行运输的不合理做法。过近运输主要的不合理之处在于火车及大型船舶起运及到达目的地的准备、装卸时间长,且机动灵活性不足,在过近距离中利用,发挥不了其运速快的优势。相反,由于装卸时间长,反而会延长运输时间,增加了装卸搬运费用及货损,降低了车、船的使用效率。另外,与小型运输设备比较,火车及大型船舶的装卸难度大,装卸、搬运费用也较高。

(3)运输工具承载能力选择不当。这是指不根据承运货物数量及质量选择,而盲目选择使用不相匹配的运输工具所进行的运输。此种运输不合理之处在于"小马拉大车"或"大马拉小车",前者可能会因为超载、超时运输而造成运输工具的损坏或交通事故的发生;后者则会因为载运量不足而浪费运力,同时使单位运输成本增加。

2)托运方式选择不当

这种情况是指有些货主在可以选择较好的托运方式而未选择,从而造成运力浪费及费用支出加大的一种不合理运输。例如,本应选择整车运输而未选择,反而采取零担托运;应当直达运输而选择了中转运输;应当中转运输而选择了直达运输等都属于这一类型的不合理运输。

二、运输合理化的影响因素

运输合理化的影响因素很多,从运输企业内部因素看,运输工具和运输路线的选择、运输活动的组织及收费等,都可以影响运输的合理性。但是,归纳起来,起决定性作用的主要有五方面的因素,这些因素称为合理运输"五要素"。

1. 运输距离

运输距离长短是运输合理与否的一个最基本因素。在运输时,运输时间、运输货损、运费、车辆或船舶周转等因素都与运输距离有一定的比例关系。在产销地点确定的情况下,选择最短或最佳路线运行,就是基于运输距离的考虑。

2. 运输环节

运输都离不开装卸、搬运和包装等相关工作,每增加一次运输或增加一个环节,不但会增加起运的运费和总费用,而且必须要增加装卸、包装等运输的附属活动,必然导致多花时间和费用,还会增加货损货差的可能。所以,尽可能组织直达运输,减少运输环节,这对合理运输有促进作用。

3. 运输工具

各种运输工具都有其使用的优势领域,根据货物的性质、外形特征和客户时间要求等,对运输工具进行优化选择,分别利用或综合运用火车、轮船、汽车和飞机等不同的运输工具,合理使用运力,按运输工具特点进行装卸运输作业,最大限度发挥所用运输工具的作用,是运输合理化的重要一环。

4. 运输时间

运输是物流过程中需要花费较多时间的环节,尤其是远程运输,在全部物流时间中,运输时间占绝大部分,所以,运输时间的缩短对整个流通时间的缩短有决定性的作用。此外,运输时间短,有利于运输工具加速周转,充分发挥运力的作用,有利于货主资金的周转,有利于运输线路通过能力的提高,对运输合理化有很大贡献。

5. 运输费用

运输费用在全部物流费中占很大比例,运输费用高低不仅直接关系到运输企业的经济效益,决定整个物流系统的竞争能力,而且还影响到货主企业的生产或销售成本。所以,降低运输费用,无论对货主企业,还是对物流经营企业,都是运输合理化追求的一个重要目标,也是判断各种合理化措施是否行之有效的最终依据。

上述因素既相互联系又相互影响,有的还相互矛盾。有时候运输时间缩短,但运输费用却不一定有所节约,这就要求进行综合分析,寻找最佳方案。在一般情况下,运输用时短、费用低,是考虑运输合理性的关键,因为这两项因素集中体现了运输过程中的经济效益。

三、运输合理化的措施

1. 分区产销平衡合理运输

分区产销平衡合理运输是指在组织物流活动中,对某种货物,使其在一定的生产区固定于一定的消费区。根据产销分布情况和交通运输条件,在产销平衡的基础上,按照近产近销原则,使货物运输线路最短,实现合理运输。

分区产销平衡合理运输适用的范围主要对品种单一、规格简单、生产集中、消费分散,或消费集中、生产分散,以及调运量大的物质产品,如煤炭、木材、水泥、粮食等。

2. 发展社会化的运输体系,推广共同运输

实行运输社会化,可以统一安排运输工具,避免对流、倒流、空驶、运力不当等多种不合理形式。它不但可以追求组织效益,而且可以追求规模效益。因此,发展社会化的运输体系是运输合理化非常重要的措施。

共同配送,也称集中协作配送,是几个企业联合集小量为大量,共同利用同一配送设施的配送方式。其标准运作形式是:在中心机构的统一指挥和调度下,各配送主体以经营活动(或以资产为纽带)联合行动,在较大的地域内协调运作,共同对某一个或某几个客户提供系列化的配送服务。

3. 尽量发展直达运输

直达运输是追求运输合理化的重要形式,其对合理化的追求要点是通过减少中转过载换载,从而提高运输效率,节省装卸费用,降低中转货损。直达的优势,尤其是在一次运作批量和用户一次需求量达到了一整车时表现最为突出。此外,在生产资料、生活资料运输中,通过直达,建立稳定的产销关系和运输系统,也有利于提高运输的计划水平,用最有效的技术来实现这种稳定运输,大大提高运输效率。

4. 采取减少动力投入,增加运输能力

这种合理化的要点是少投入、多产出。运输的投入主要是能耗和基础设施的建设,在设施建设已定型和完成的情况下,尽量减少能源投入,是减少投入的核心。做到了这一点就能大幅节约运费,降低单位货物的运输成本,达到运输合理化的目的。

5. 发展特殊运输技术和运输工具

依靠科技进步是运输合理化的重要途径。例如专用散罐车,解决了粉状、液状物运输损坏大、安全性差等问题;袋鼠式车皮、大型半挂车解决了大型设备整体运输问题;滚装船解决了车载货的运输问题;集装箱船比一般船能容纳更多的箱体;集装箱高速直达车船加快了运输速度等,都是通过使用先进的科学技术实现运输合理化。

6. 开展配载式运输,提高运输工具实载率

这是指充分利用运输工具载质量和容积,合理安排装载的货物及载运方法以求得合理化的一种运输方式。配载运输也是提高运输工具实载率的一种有效形式。具体做法有以下几种:

(1)采取轻重商品混合装载。例如,在以重质货物运输为主的情况下,同时搭载一些轻质货物,这样就能在基本不增加运力投入和基本不减少重质货物运输的情况下,解决轻质货物的搭运问题。

(2)实行解体运输。它是针对一些体积大且笨重、不易装卸又容易碰撞致损的货物所采取的一种装载技术。

(3)运用堆码技术。应根据货运车辆的货位情况及不同货物的包装、形状,采取有效的堆码技术,如多层装载、骑缝装载、紧密装载等方法,以达到提高运输效率的目的。

(4)合装整车运输。合装整车运输也称"零担拼整车中转运输",主要用于杂货运输。把同一方向不同到站的零担货物集中组配在一辆车内,运到一个适当的车站,然后再进行中转分运。

7. 通过流通加工,使运输合理化

有不少产品,由于产品本身形态及特性问题,很难实现运输的合理化,如果进行适当加工,就能够有效解决合理运输问题。例如,将造纸材在产地预先加工成干纸浆,然后压缩体积运输,就能解决造纸材运输不满载的问题;轻泡产品预先捆紧包装成规定尺寸,装车就容易提高装载量;水产品及肉类预先冷冻,就可提高车辆装载率并降低运输损耗。

第三节 货运车辆行驶线路及其选择

运送同一批货物,可以选择的运输线路有很多。不同的运行线路,运输生产效率和单位运输成本往往不同,尤其在道路网发达、货点众多的情况下更是如此。

一、货运车辆行驶线路的类型

车辆在运输生产活动中,按预定计划在道路上的运行路线,即为车辆行驶线路。车辆行驶线路大致有三种形式:往复式、环形式和汇集式。

1. 往复式行驶线路

往复式行驶线路是指车辆在两个装卸作业点之间的线路上,做一次或多次重复运行的行驶线路。根据汽车往复运输时载运情况的不同,可分为单程有载往复式、回程部分有载往复式和双程有载往复式三种基本形式。

1)单程有载往复式行驶线路

单程有载往复式运输行驶线路(图 5-7)在运输生产中属于常见方式,但车辆行程利用率较低。

图 5-7 单程有载往复式行驶线路示意图

2)回程部分有载往复式行驶线路

车辆在回程部分有载往复式行驶线路在运输生产中也常见到,尤其是已经具有网络化运输经营能力的大型运输企业。在回程途中,有一段路程有载,或全程有载的运输方式,如图 5-8 所示,目前许多企业通过回程"配载"的方式,尽量减少回程空驶路段或空载现象。

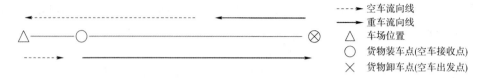

图 5-8 回程部分有载往复式行驶线路示意图

3) 双程有载往复式行驶线路

车辆回程全程有载往复式行驶线路在三种往复式行驶线路中运输效率最高,而且回程时满载属于最理想的状态。如图 5-9 所示。

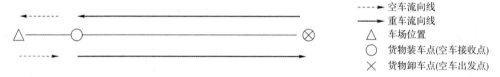

图 5-9 双程有载往复式行驶线路示意图

由此可见,回程载货式的运行方式行程利用率最高,即使是回程载货不全;回程不载货的运行方式运输效率最低。

2. 环形行驶线路(循环运输)

环形行驶线路是指车辆在由若干个装卸作业点组成的封闭回路上,做连续单向运行的行驶线路。这种线路主要有三种形式:复合环行式、交叉或三角形式和简单环形式三种,如图 5-10 所示。

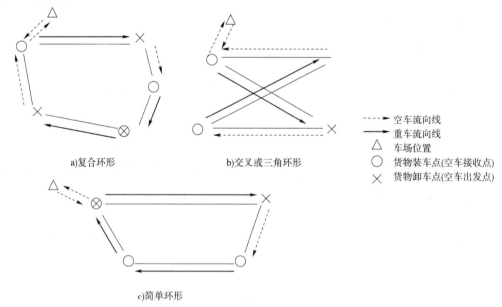

图 5-10 环形行驶线路示意图

环形线路的选择,以完成同样货运任务时行程利用率最高,即空车行程最短为原则。原则上不宜采用行程利用率低于 50% 的环式线路。

3. 汇集式行驶线路

如果车辆沿着运行线路上各货运点依次进行装(卸)货,并且每运次运量都小于一整车时,这样的路线称为汇集式行驶线路。汇集式行驶线路包括下述三种形式:分送式、汇集式和分送-汇集式。

1)分送式

分送式是指沿运行线路上各货运点依次进行卸货的车辆运行组织方式,如图 5-11 所示。

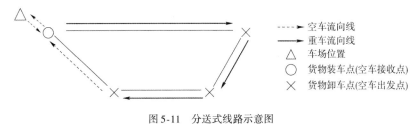

图 5-11　分送式线路示意图

2)汇集式

汇集式是指沿运行线路上各货运点依次进行装货的车辆运行组织方式,如图 5-12 所示。

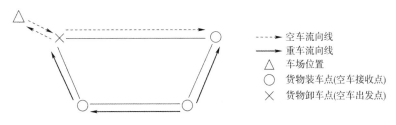

图 5-12　汇集式线路示意图

3)分送-汇集式

分送-汇集式是指沿运行线路上各货运点分别或同时进行分送及收集货物的运行组织方式,如图 5-13 所示。

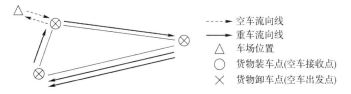

图 5-13　分送-汇集式线路示意图

以上三种运送方式中,按总行程最短组织车辆开展运输最为经济,因此,选择汇集式线路以总行程最短为最佳运输方案。

二、货运车辆行驶最优线路选择

选择最优的运输路线是运输所要考虑的主要因素,也是影响运输成本的主要因素。在运输过程中往往会面临许多具体的问题,例如:有时从单一的出发地到单一的目的地,有时却需要从多个起点出发到达多个终点;有时每一地点既有货物要送,又有货物要取;有时有多辆运输工具可以使用,每一运输工具都有自己的容量和承载量的限制;因车辆容量的限制或者其他因素,要求先送货再取货;考虑到驾驶员的就餐和休息,有时追求的目标还是互相矛盾的。所以,运输问题就不可能有一个普遍适用的最佳解决方案。这里仅给出几种在一定的简单假设约束路线选择的数学方法,旨在提供一种考虑问题的思路。

1. 图上作业法

1) 基本概念

图上作业法是我国物资部门从实际工作中摸索总结出来的一种行之有效的物资调运方法。图上作业法,是使用图解的形式进行车辆调度或货源分配,直观易懂、计算简单,可以帮助企业避免物资调运工作中的对流和迂回运输现象,提高运输过程中的行程利用率。

2) 基本步骤

(1) 列出货物运输计划平衡表或各点发、到空车差额表。

(2) 绘制运输路线图。

运输线路由若干个点和连接各个点的线段组成,为了使运输线路图简单、明确,各点用如下符号表示:

① "○"——货物装车点,即空车接收点;

② "×"——货物卸车点,即空车发出点;

③ "→"——重车流向线;

④ "⋯→"——空车流向线;

⑤ "△"——车场位置;

⑥ "⊷"某段流向线的公里数。

(3) 绘制流向图。

在运输线路图中的各发、收点上注明货物发、收量或空车收、发量,用"＋"表示收货量或空车发车量;用"－"表示发货量。

(4) 检查是否为最优方案。

任何一张交通网络图,其线路分布形状都可以分为成圈和不成圈两种类型。

① 不成圈的交通网络图。

根据线性规划原理,物资调拨或空车调运线路的确定可以依"就近调空"原则进行,此时只要方案中不出现对流运输,就是最优方案。

② 成圈的交通网络图。

先假设某两点间路线"不通",将成圈问题化为不成圈问题来考虑,这样就可得到一个初始的调运方案。这个方案还要进行进一步的优化处理。其方法是:先检查可行方案里、外圈的流向线(注意是指里程之和)之和,是否超过全圈周长的1/2,如均小于周长的1/2,则初始方案为最优方案;如外圈的流向线(注意是指里程之和)总长超过全圈周长的1/2,则应缩短外圈流向;反之,就应缩短里圈流向。

具体方法是:选择该圈流向线中流量(指运输量)最小的进行调整,在超过全圈总长1/2的里(或外)圈各段流向线上减去最小的运量,然后再在相反方向的外(或里)圈流向线和原来没有流向线的各段加上同样数目的运量,这样就可得到一个新的调拨方案。然后再用上述方法处理,直到里外圈空车流向线之和均小于周长的1/2,此时得到的调运方案就是最优方案。

(5) 调整到最优流向图后,根据最优流向图将最优方案填入货运计划平衡表或空车调运表。

①线路不成圈的图上作业法。

【例 5-5】 某货运任务如图 5-14 所示。

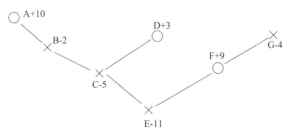

图 5-14　某货运任务情况

按照"就近调空"思路,可形成图 5-15 物资调运方案。

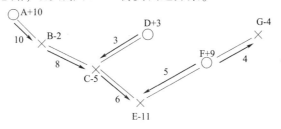

图 5-15　物资调运方案

检查该方案,由于没有对流,故为最优方案。

②线路成圈的图上作业法。

【例 5-6】 某地区物资供销如图 5-16 所示,求物资调运的最优方案。

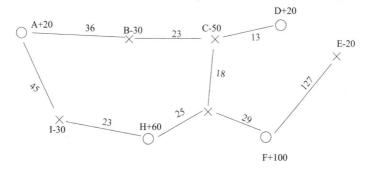

图 5-16　物资供销情况示意图

第一步:先做出初始方案。

本例先考虑甩掉 A-B 段,然后根据"最近调拨"的方法,得出初始调运方案,如图 5-17 所示。

第二步:检查。

本例中物资对流情况实际上是不会存在的,关键问题是要检查里、外圈流向线(里程)之总长,看其是否超过全圈(即封闭环线路)长度的 1/2。本例中全圈长为:45 + 23 + 25 + 18 + 23 + 36 = 170(km);则半圈长为 170/2 = 85(km);因为外圈流向线总长 = 45 + 25 + 18 + 23 = 111(km);故里圈流向线总长 = 23(km)。

所以,虽然里圈流向线总长不超过全圈流向线周长的 1/2;但外圈流向线总长却超过全圈流向线周长的 1/2(即 111 大于 85);可以断定初始方案存在迂回调拨运输问题存在,需要进行优化处理。

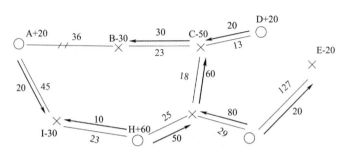

图 5-17　物资调拨初始方案

第三步:调整流向。

本例外圈流向线总长却超过全圈流向线周长的 1/2,应着手缩短外圈;外圈流向线中最小流量(运量)为 A-I 的 20t,所以应在外圈的各段流向线上均减去 20,同时在里圈的各段流向线及原来没有流向线的 A-B 段分别加上 20,这样就得到了一个新的调运方案,如图 5-18 所示。

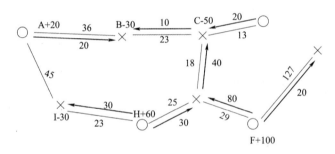

图 5-18　物资调拨调整方案

新的调整后的方案肯定比初始方案有所改进,但仍需要进行检查,直到满足所要求的检查结果,才能得到物资调拨方案。因为外圈流向线总长 = 25 + 18 + 23 = 66(km);里圈流向线总长 = 23 + 36 = 59(km);所以里、外圈流向线总长均没有超过全圈流向线周长的 1/2。即得到最优方案,见表 5-10。

调整后方案平衡表　　　　　　　　　　　表 5-10

位　置	B	C	E	G	I	发量(t)
A	20					20
D		20				20
F	10		20	70		100
H		30			30	60
收量(t)	30	50	20	70	30	200

第四步:方案比较。

前后两方案的运力消耗情况如下。

初始方案:45×20 + 23×30 + 60×18 + 29×80 + 127×20 + 20×13 + 50×25 + 23×10 =

9270(t·km);调整后方案:20×36+20×13+10×23+20×127+80×29+40×18+30×23+30×25=8230(t·km);所以,调整后方案比初始方案节约9270-8230=1040(t·km)。

需要说明的是,上述例子只说明了一个圈的情况,如有几个圈的情况时,则应逐圈检查并调整,直到每一个圈子都能符合要求,此时才能得到物资调拨的最优方案。

3)理论延伸——空车调运方案的确定

上述例子的物资调拨是平衡的,但在实际运输生产活动中,各流向线的物资往往是不平衡的。有的地区进多出少,有的地区却进少出多,这就在客观上存在着空车流动的实际情况。如何使空车调运时的空驶里程最少,其实质就是一个与物资调拨相类似的问题。二者主要区别是:这里的调拨的是空车,而不是物资。所以,现在要解决的问题是在完成既定运输任务的前提下,如何组织循环运输以求得最低限度的空驶里程。

【例5-7】 在给定的交通网络图上,要求完成表5-11中所给定的货运任务。根据所学理论,求解空车调运最优方案。

货运任务表 表5-11

货 名	发货点	收货点	运 距	运量(t)
XX	G	B	166	900
XX	G	H	57	100
XX	I	H	132	1000
XX	J	H	75	900
XX	A	D	167	1000
XX	A	B	78	50
XX	K	B	74	900
XX	F	D	41	600
XX	E	B	144	900
XX	C	D	57	1300

根据表5-11的货运任务,可画出交通网络图,如图5-19所示。

根据破圈法,假设先甩掉图中BH、JK两条线段,将成圈问题化解为不成圈问题,再按照"就近调拨"的方法,可以得到图5-20所示的空车调运方案。

图5-20所示的空车调运方案,破圈后的里、外圈的周长都小于总周长的1/2,满足技术要求。因此该空车调运方案为最优方案。

2. 表上作业法

1)基本概念

用列表的方法求解线性规划问题中运输模型的计算方法,是常用的一种求解方法。当某些线性规划问题采用图上作业法难以进行直观求解时,就可以将各元素列成相表,作为初始方案,然后采用各种方法进行调整,直至得到满意的结果。这种列表求解方法就是表上作业法。运输问题是一类常见而且极其典型的线性规划问题。从理论上讲,运输问题可以用单纯形法来求解,但由于运输问题数学模型具有特殊的结构,存在一种比单纯形法更简便的计算方法——表上作业法。用表上作业法来求解运输问题比单纯形法可节约计算时间与计算费用,但表上作业法实质上仍是单纯形法。

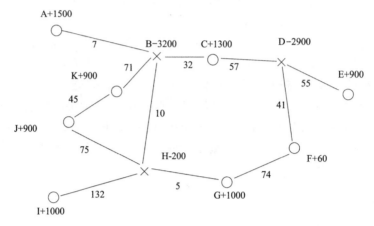

图 5-19 按照货运任务得到的交通网络图

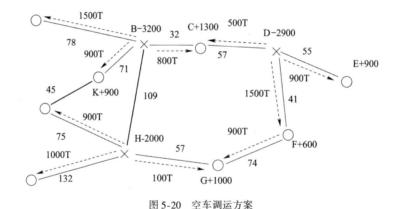

图 5-20 空车调运方案

2) 基本步骤

(1) 列出调运物资的供需(产销)平衡表及运价表。

(2) 按最小元素法建立初始调运方案。

(3) 采用位势法计算初始方案每个空格的闭回路的检验数 ΔX_{ij}。

(4) 检查检验数,如所有 $\Delta X_{ij} \geq 0$,则说明方案是最优的,已经得到想要的方案,结束求解。

(5) 如果有某个或某几个 $\Delta X_{ij} < 0$,则选择负检验数中绝对值最大的闭回路进行调整,建立新的方案。

(6) 重复第(3)~(5)步,直至获得最优调运方案。

3) 在运输问题中的应用

利用表上作业法寻求运费最少的调运方案,要经过三个基本步骤:首先依据问题列出调运物资的供需平衡表及运价表;其次确定一个初始的调运方案(当然不一定就是最优的方案);然后根据一个判定法则,判定初始方案是否为最优方案。当判定初始方案不是最优方案时,再对这个方案进行调整。一般来说,每调整一次得到一个新的方案,而这个新方案的运费比前一个方案要少些,如此经过几次调整,就会得到最优方案。

【例 5-8】 某公司下属三个储存某种物资的料库,供应四个工地的需要。三个料库的供应量及由各料库到诸工地调运单位物资的运价见表 5-12。试求运输费用最少的合理调运方案。

某企业物资供应表   表5-12

运价(元/t)	B_1	B_2	B_3	B_4	供应量(t)
A_1	300	1100	300	1000	7
A_2	100	900	200	800	4
A_3	700	400	1000	500	9
需求量(t)	3	6	5	6	20

(1) 列出调运物资平衡表和运价表,分别见表 5-13 和表 5-14。

调运物资平衡表   表5-13

运价(元/t)	B_1	B_2	B_3	B_4	供应量(t)
A_1					7
A_2					4
A_3					9
需求量(t)	3	6	5	6	20

运 价 表   表5-14

运价(元/t)	B_1	B_2	B_3	B_4
A_1	300	1100	300	1000
A_2	100	900	200	800
A_3	700	400	1000	500

调运物资平衡表和运价表是表上作业法的基本资料运算依据,表上作业法的实质就是利用运价进在平衡表上进行求解。

为了叙述和专虑问题的方便,通常把上面的平衡表看作矩阵,并把表中的方格记为(i, j)的形式。例如(2,3)表示第二行第三列的方格;(1,3)代表第一行第三列的方格等。此外,在求解的过程中,如果平衡表的(2,1)方格中为 6,即表示 A_2 仓库调运 6t 物资供给 B_1 工地,此时简记为(2,1)=6,而空格表示供销双方不发生调运关系。

(2) 编制初始调运方案。

物资调运规划总的目的是寻求一个运费最少的最优调运方案。一般情况下最优方案都是由初始方案经过反复调整得到的。因此,编制出较好的初始调运方案显得非常重要。因为最好的调运方案也就是使运费最低的方案。因此结合本例介绍一种考虑运价因素来制定初始调运方法——最小元素法。

所谓最小元素法，就是按运价表依次挑选运费小的供、需点尽量优先安排供应的方法。具体做法是在运价表(表5-14)内找出最小的数值(当数值不止一个时,可任意选择一个),如方格(2,1)的数值是100,它最小,让A_2尽可能地满足B_1工地的需要,于是一在平衡表中表中记为(2,1)=3,即在空格(2,1)中填入数字3。此时,由于工地B_1已经全部得到满足,不再需要A_1,A_3仓库进行供应,故运价表中的第一列数字已不起作用,因此将原运价表5-14的第一列划去,并标注上①,见表5-15。

第一次调整后的运价表　　　　　　　　　　　　　　　表5-15

运价(元/t)	B_1	B_2	B_3	B_4
A_1	300	1100	300	1000
A_2	100	900	200	800
A_3	700	400	1000	500

①

然后在运价表未被划去的各行、列汇总,再选取一个最小的数值,即(2,3)=2,让A_2料库尽量供应满足B_3工地的需要。由于A_2库存量4t已供给B_1工地3t,因此最多只能供给B_3工地1t。于是在平衡表(2,3)空格中填入1;相应地由于仓库A_2所库存物资已全部供应完毕,因此在运价表中与A_2同行的运价也不再起作用,所以也将它们划去,并标注上②见表5-16。

第二次调整后的运价表　　　　　　　　　　　　　　　表5-16

运价(元/t)	B_1	B_2	B_3	B_4
A_1	300	1100	300	1000
A_2	100	900	200	800
A_3	700	400	1000	500

①　　④　　③　　　　　②

此时,运价表中只有方格(1,4)处的运价没有划去,而B_4尚有300t的需求没有满足。为了满足供需平衡,所以最后在平衡表上应有(1,4)=300,这样就得到供需平衡表(表5-17),即初始调运方案。

供 需 平 衡 表　　　　　　　　　　　　　　　　　　表5-17

运价(元/t)	B_1	B_2	B_3	B_4	供应量(t)
A_1			4	3	7
A_2	3		1		4
A_3		6		3	9
需求量(t)	3	6	5	6	20

此时,初始方案的总运费为:

$S = 3 \times 100 + 6 \times 400 + 4 \times 300 + 1 \times 200 + 3 \times 1000 + 3 \times 500 = 8600$(元)

(3)最优解的判别——位势法。

①做出初始方案运价表,见表5-18。

初始方案运价表 表5-18

项 目	B_1	B_2	B_3	B_4
A_1			300	1000
A_2	100		200	
A_3		400		500

②利用位势法进行计算。

将表5-18增加一行、一列,得到位势计算表(表5-19)。

位 势 计 算 表 表5-19

运价(元/t)	B_1	B_2	B_3	B_4	行 位 势
A_1			300	1000	
A_2	100		200		
A_3	700	400		500	
列位势					

假设 $C_{ij}(i=1,2,3;j=1,2,3,4)$ 表示变量 x_{ij} 相应的运价,将初始调运方案中填有数值方格的 c_{ij} 分解成两部分: $c_{ij}=u_i+v_j$。

其中 u_i 和 v_j 分别称为该方格对应于 i 行和 j 列的位势量。u_i 和 v_j 可以有很多解,所以,可以先任意给定一个未知数的位势量。

假设 $v_1=0$,由 $c_{21}=u_2+v_1$,可以得到 $u_2=100$;再由 $c_{23}=200$,又得到 $v_3=100$;由 $c_{13}=300$,可得到 $u_1=200$。依次可得到 $v_4=800$,$u_3=-300$,$v_2=700$ 等。

由上面所求出的行位势和列位势对应相加填入表5-19的空白处,得出准检验表(表5-20)。

准 检 验 表 表5-20

运价(元/t)	B_1	B_2	B_3	B_4	行 位 势
A_1	(200)	(900)	300	1000	$u_1=200$
A_2	100	(800)	200	(900)	$u_2=100$
A_3	(-300)	400	(-200)	500	$u_3=-300$
列位势	$v_1=0$	$v_2=700$	$v_3=100$	$v_4=800$	

③计算得出检验数表(表5-21)。

检验数 = 单位运价 - 表5-20中相对应表格中的数字。如果检验数≥0,则为最优方案;如检验数<0,则方案需改进。

检 验 数 表 表5-21

项 目	B_1	B_2	B_3	B_4
A_1	100	200	0	0
A_2	0	100	0	-100
A_3	1000	0	1200	0

由表5-21可知,(2,4) = -100,所以该方案非最优方案,需进行调整。

(4) 初始方案优化——闭回路法。

①从负数格出发,做一闭回路,要求沿边线垂直线和水平线且定点是有数字格,见表5-22。

调运方案调整表　　　　　　　　　　　　　　　　　　表5-22

运价(元/t)	B_1	B_2	B_3	B_4	供应量(t)
A_1			4	3	7
A_2	3		1		4
A_3		6		3	9
需求量(t)	3	6	5	6	20

②以起始点为0,顺序给各角点编号0、1、2、3。从奇数角点选一最小"运输量"作为"调整量"(第3角点的"100"),所有奇数角点均减去该"调整量",所有偶数角点均加上该"调整量"。

③调整后的新调运方案见表5-23。

新调运方案　　　　　　　　　　　　　　　　　　　　表5-23

运价(元/t)	B_1	B_2	B_3	B_4	供应量(t)
A_1			4+1=5	3−1=2	7
A_2	3		1−1=0	0+1=1	4
A_3		6		3	9
需求量(t)	3	6	5	6	20

④对表5-23再绘制位势表和检验数表,分别见表5-24和表5-25。

新调运方案位势表　　　　　　　　　　　　　　　　　表5-24

运价(元/t)	B_1	B_2	B_3	B_4	行位势
A_1	(300)	(900)	300	1000	$u_1=0$
A_2	100	(700)	100	800	$u_2=-200$
A_3	(−200)	400	(−200)	500	$u_3=-500$
列位势	$v_1=300$	$v_2=900$	$v_3=300$	$v_4=1000$	

新调运方案检验数表　　　　　　　　　　　　　　　　表5-25

运价(元/t)	B_1	B_2	B_3	B_4
A_1	0	200	0	0
A_2	0	200	100	0
A_3	900	0	1200	0

表5-25中各数均为非负数,说明调整后的运量表为最优解。

新方案的运输总费用为:

$S' = 3 \times 100 + 6 \times 400 + 5 \times 300 + 2 \times 1000 + 1 \times 800 + 3 \times 500 = 8500$(元),比初始方案节省运费100元。

3. 启发式算法

汇集式行驶线路最佳线路的选择就是选择车辆在各货运点间绕行顺序,以每单程行程最短为最佳标准。实际上,可以归纳为运筹学中的货郎担问题,可以采用启发式算法确定汇集式行驶线路方案。下面以分送式线路为例,采用启发式算法进行计算,其计算方法如下:

(1) 确定里程矩阵,求出货运点里程系数 L_j;

(2) 确定初选循环回路(仅选择3个点组成最小环形回路,起始装货点一定列于第一个循环回路,不论其与其他点间的距离长还是短);

(3) 确定插入点(选运距较大者);

(4) 计算因插入该点而带来的里程增量 Δ_{ij};

(5) 直到将所有点都插入到循环线路中,最后所得到的线路,就是最优运输线路,即最短线路。

下面以城市末端配送为例,计算最优运输线路。

【例 5-9】 某超市日用品仓库备有一辆中型配货车(载质量为 4t),将各种日用品分送给遍及该市的 5 个超市网点,仓库即超市分布如图 5-21 所示。试确定分送式最佳行驶线路。

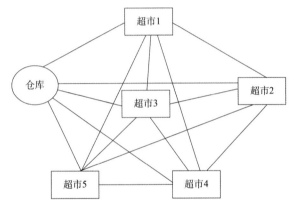

图 5-21　分送式线路货运点分布图

有关数据如下:$L_{01}=7km$,$L_{02}=13km$,$L_{03}=9km$,$L_{04}=14km$,$L_{05}=8km$;$L_{12}=8km$,$L_{13}=7km$,$L_{14}=14km$,$L_{15}=14km$;$L_{23}=9km$,$L_{24}=9km$,$L_{25}=16km$;$L_{34}=6km$,$L_{35}=9km$,$L_{45}=11km$。

上述数据中:L_{ij} 表示超市 i 到超市 j 的距离,$i=0$ 时表示仓库到超市 j 的距离。

解:(1) 确定里程矩阵,求货运点里程系数。建立矩阵里程表见表 5-26。

里程矩阵　　　　　　　　　　　　　表 5-26

里程(km)	0	1	2	3	4	5
0	0	7	13	9	14	8
1	7	0	8	7	14	14
2	13	8	0	9	9	16
3	9	7	9	0	6	9
4	14	14	9	6	0	11
5	8	14	16	9	11	0
L_j	51	50	55	40	54	58

由表 5-26 可得各货运点的里程系数：$L_0 = 51, L_1 = 50, L_2 = 55, L_3 = 40, L_4 = 55, L_5 = 58$。

（2）由于是末端配送，始发地一定是仓库，因此确定初选循环回路为：

仓库 0→超市 5→超市 2→仓库 0。

（3）因为 $L_4 = 54$，所以取超市 4 为新的插入点：

插入超市 4：$\Delta_{05} = L_{54} + L_{04} - L_{05} = 11 + 14 - 8 = 17 (\text{km})$

$\Delta_{52} = L_{54} + L_{24} - L_{52} = 11 + 9 - 6 = 4 (\text{km})$

$\Delta_{20} = L_{04} + L_{42} - L_{20} = 14 + 9 - 13 = 10 (\text{km})$

所以，在超市 5 和超市 2 间插入超市 4，新回路为：

仓库 0→超市 5→超市 4→超市 2→仓库 0。

（4）因为 $L_1 = 50$，所以取超市 1 为新的插入点：

插入超市 1：$\Delta_{05} = L_{51} + L_{01} - L_{05} = 14 + 7 - 8 = 13 (\text{km})$

$\Delta_{54} = L_{51} + L_{14} - L_{54} = 14 + 14 - 11 = 17 (\text{km})$

$\Delta_{42} = L_{41} + L_{21} - L_{42} = 14 + 8 - 9 = 13 (\text{km})$

$\Delta_{20} = L_{21} + L_{01} - L_{20} = 8 + 7 - 13 = 2 (\text{km})$

所以，在超市 2 和仓库 0 间插入超市 1 点，新回路为：

仓库 0→超市 5→超市 4→超市 2→超市 1→仓库 0。

（5）因为 $L_3 = 40$，所以取超市 3 为新的插入点：

插入超市 3：$\Delta_{05} = L_{53} + L_{03} - L_{05} = 9 + 9 - 8 = 10 (\text{km})$

$\Delta_{54} = L_{53} + L_{34} - L_{54} = 9 + 6 - 11 = 4 (\text{km})$

$\Delta_{42} = L_{43} + L_{23} - L_{42} = 6 + 9 - 9 = 6 (\text{km})$

$\Delta_{21} = L_{23} + L_{31} - L_{21} = 9 + 7 - 8 = 8 (\text{km})$

所以，在超市 5—超市 4 插入超市 3 点，新回路为：

仓库 0→超市 5→超市 3→超市 4→超市 2→超市 1→仓库 0。

（6）可知最佳运输线路是：

仓库 0→超市 5→超市 3→超市 4→超市 2→超市 1→仓库 0。

最短运输线路的里程为：

$L_{总} = L_{05} + L_{53} + L_{34} + L_{42} + L_{21} + L_{10} = 8 + 9 + 6 + 9 + 8 + 7 = 47 (\text{km})$

4. 节约里程的线路设计法

节约里程的线路设计是一种计算节省路程的数学方法。节约里程的线路设计原理可以用图 5-22 简要说明。图 5-22a)的运输方法运距为 $2a + 2b$，图 5-22b)的运输方法运距为 $a + b + c$，因此节省里程 $2a + 2b - a - c - b = a + b - c > 0$（两边之和大于第三边）。

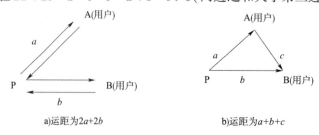

图 5-22 节约里程的线路设计法

节约里程的线路设计法步骤如下:
(1)计算网络节点之间的最短距离。
(2)计算各托运(收货)人之间可节约的运行距离 $a+b-c$。其中,$a+b$ 为 P 点至各点距离(来回),c 为两点间最短距离。
(3)对节约里程按大小顺序进行排列。
(4)组成配送路线图。

下面用一个例子说明节约里程的线路设计法。为简化过程,仅给出每一步的计算结果。

【例 5-10】 如图 5-23 所示,使用额定载质量分别为 2t 及 4t 的货车,要从 P 点出发,把货物运到 A~J 共 10 个目的地,每车每运次运行距离不超过 30km。括号内的数字为需要运送的货物吨数,线路上的数字为路线长度,单位为 km。

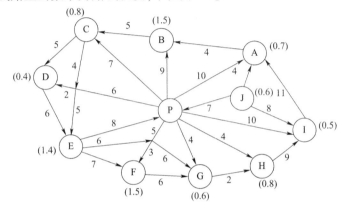

图 5-23 节约里程的线路设计法

解:节约里程的线路设计步骤如下:
(1)初始方案:行驶 $(10+9+7+8+8+8+3+4+10+7)\times 2=148(km)$,需要 2t 货车 10 辆。
(2)二次解决:连接 AB、AJ、BC,同时连接 PC、PJ,则里程为 $7+4+4+5+7=27(km)$;货物吨数为 $0.6+0.7+1.5+0.8=3.6(t)$,需要 4t 车一辆。
(3)三次解决:连接 DE、EF、FG,同时连接 PD、PG,则里程为 $8+6+7+6+3=30(km)$;货物吨数为 $0.4+1.4+1.5+0.6=3.9(t)$,需要 4t 车一辆。
(4)四次解决:连接 HI,同时连接 PI、PH,则里程为 $4+9+10=23(km)$;货物吨数为 $0.8+0.5=1.3(t)$,需要 2t 车一辆。

因此,共行驶 $27+30+23=80(km)$,共需 4t 货车两辆、2t 货车一辆,比初始方案节约 $148-80=68(km)$。

第四节 多班运输

合理、科学地组织车辆运行,可以取得十分显著的效果,无论是理论研究,还是国内外运输实践,都证明了组织多班运输是行之有效的车辆运行方式。因此,从实际出发,合理选用,并加强对车辆的运行组织,就能取得较好的运输组织效果。

一、多班运输工作组织

1. 多班运输的含义与作用

满足社会对交通运输的需要,不断提高劳动生产率,一般通过两个途径来实现:一是增加设备投资,即运输部门有计划地增加车辆配备与之相适应;二是增加劳动时间,加强运输管理组织工作。比较理想的选择方式,就是在不增加或很少增加设备的前提下,充分挖掘运输(时间上或组织管理上的)潜力,以既有设备完成更多的运输生产任务。

车辆出车时间的长短,取决于车辆运行组织和驾驶员劳动组织的方式。正常单班运输出车时间主要受企业规定驾驶员作息制度的限制,因此,采用双班(甚至多班制)运输,是延长车辆出车时间、增产挖潜的措施之一。

一天24h内,如果一辆车出车工作两个班次或两个以上班次,就称为双班运输或多班运输。其基本出发点就是"停人少停车",充分发挥设备(主要是车辆)的利用率,为社会提供更大的运输能力。

2. 组织多班运输的基本方法及要求

组织多班运输的基本方法是每辆汽车配备两名以上的驾驶员,分日夜、多班轮流行驶。这种组织方法比较简单易行,在货源、驾驶员、保修装卸等条件都具备,且不增添车辆设备就可以完成工作量的条件下,可以采用多班运输。

组织多班运输,主要应解决好劳动组织和车辆的行车调度问题。劳动组织的首要任务是安排好驾驶员的工作、休息和学习时间,同时也应考虑到定车、定人和车辆保修的安排。另外,在组织多班运输时,由于夜班比日班条件差,难运的货物尽量安排在日班。例如,零星的货运任务及循环运输等由于装卸地点较多,应安排在日班,便于装卸的货物安排;大宗货运任务以及组成往复式的货运任务,由于任务比较稳定,涉及的装卸点较少,适合夜班运输。

二、双班运输工作组织

1. 双班运输组织应考虑的因素

双班运输组织应考虑的因素主要包括企业驾驶员的配备情况、企业的保修能力、物资单位的装卸能力、货源及客源状况、运输距离、站点及基础设施的分布状况。

2. 短距离的双班运输组织形式

1) 一车两人、日夜双班(基本形式)

一车两人、日夜双班是最基本的一种短距离双班运输组织形式,其特点是:每车固定配备两名驾驶员,按日夜双班每隔一定时间互换(图5-24)。该种组织形式的优点是,能做到定车、定人,运输组织简单;驾驶员工作休息时间能得到正常保证;车辆有时间进行维护,行车时间规律;有利于与物资部门协作与配合。其缺点是:车辆时间利用不够充分;驾驶员很难做到当面交接。

2) 一车三人、两工一休(人员多影响劳动生产率)

每车配备三名驾驶员,每位驾驶员工作两天、休息一天,轮流担任日夜班并按规定地点、定时进行交接班。这种组织形式适宜于一个车班内能完成一个或几个车次的短途运输线路上。在城市出租汽车运输中采用较多。

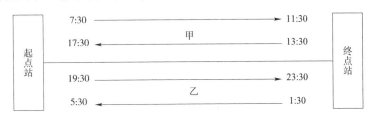

图 5-24　一车两人、日夜双班运输组织形式示意图

该种组织形式的优点是：能做到定车、定人，出车时间利用较好，运输效率较高。其缺点是：每车班驾驶员一次工作时间较长，驾驶员劳动强度较大，车辆进行维护的时间比较紧张，需配备较多的驾驶员。这种双班运输组织形式见表 5-27。

"一车三人、两工一休"运输组织形式　　　　表 5-27

驾驶员	排班						
	一	二	三	四	五	六	七
甲	日班	日班	休息	夜班	夜班	休息	日班
乙	夜班	休息	日班	日班	休息	夜班	夜班
丙	休息	夜班	夜班	休息	日班	日班	休息

3. 中距离的双班运输组织形式

1) 一车两人、日夜双班、分段交班（工作时间长）

每车配备两名驾驶员，分段驾驶，定点（中间站）交接，每隔一定时期驾驶员对换行驶路段，以确保劳逸均匀。这种组织形式一般适宜于运距比较长、车辆在一昼夜内可以到达或往返的线路上。

该种组织形式的优点基本上与第一种形式相同，同时还可以确保驾驶员当面交接；其缺点是驾驶员一次性工作时间较长、劳动强度较大。其组织形式与交接班方法如图 5-25 所示。

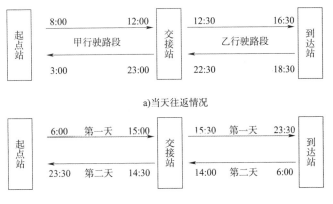

a) 当天往返情况

b) 当天到达情况

图 5-25　一车两人、日夜双班、分段交接运输组织形式示意图

2) 一车三人、日夜双班、分段交班

每车配备三名驾驶员，分日夜两班行驶，驾驶员在中途定点、定时进行交接，中途交接站应设在离终点站较近并在一个车班时间内能往返一次（约为全程的 1/3 左右处或始发站到

中途交接站距离足够一个工作日车辆行程)的地点;在起点站配备的两名驾驶员采用日班制,每隔一定时期可使三名驾驶员轮流调换行驶路线或时间。这种组织形式一般适宜企业保修力量较强、驾驶员充足或为完成短期突击性任务时采用。

该种组织形式的优点是:车辆时间利用充分,运输效率高,定人运行,驾驶员工作时间均衡。其缺点是:车辆几乎全日行驶,车辆无维护时间,特殊情况下需要有顶替车辆。其组织形式与交接班方法如图 5-26 所示。

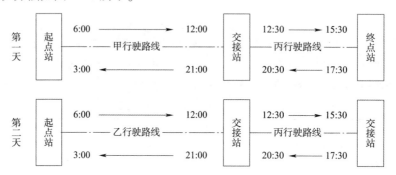

图 5-26　一车三人、日夜双班、分段交接运输组织形式示意图

3) 两车三人、日夜双班、分段交班

每两辆车配备三名驾驶员,分段驾驶。其中两人各负责一辆车,固定在起点站与交接站之间行驶,另一人每天交换两辆车,驾驶员在固定站定时交接。交接站同样设在离起点站或到达站较近的地方。这种组织形式一般适宜于两天可以往返的一次的行驶线路上。

这种运输组织形式的优点是:能做到定车、定人运行,可减少驾驶员配备,车辆时间利用率较高;其缺点是:驾驶员工作时间较长,不利于正常休息,运行组织工作要求严格,行车时间要求正点。车辆几乎全日行驶,车辆无维护时间,特殊情况下需要有顶替车辆。这种组织形式仅宜在运输能力比较紧张时采用。其组织形式与交接班方法如图 5-27 所示。

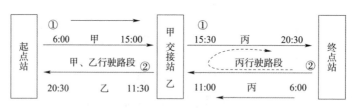

图 5-27　两车三人、日夜双班、分段交班运输组织形式示意图

4. 长距离的双班运输组织形式

长距离的双班运输一般采用一车两人、轮流驾驶、日夜双班的组织形式。

一辆车上配备两名驾驶员,在车辆全部周转时间内,由两人轮流驾驶,交替休息。这种组织方式适用于运距很长、货流不固定的运输线路。其组织形式见表 5-28。

该种组织形式的优点是:能定人定车,最大限度地提高车辆时间利用;缺点是驾驶员在车上得不到很好的休息。随着高速公路的发展以及运输距离的增加,这种形式的运输组织将会被更多的企业所采用。

一车两人、轮流驾驶、日夜双班运输组织形式　　　　表5-28

时间段	14:30—17:00	17:00—21:00	21:00—1:00	1:00—6:00	6:00—12:00	12:00—19:00	19:00—21:30
作业项目	准备与装车	运行	运行	睡眠	运行	运行	卸车与加油
驾驶员A							
驾驶员B							

第五节　甩　挂　运　输

一、甩挂运输概述

1. 甩挂运输的概念

甩挂运输作为先进的运输组织形式，已在国际上得到广泛应用。改革开放以来，甩挂运输的理念在我国逐渐被接受并被试点应用，国家有关部门采取了一系列措施推进甩挂运输的发展。然而受各种制约因素的影响，我国甩挂运输发展滞后，牵引车和挂车数批少，拖挂比低，道路货物运输仍然以普通单体货车为主，与实现节能减排和发展现代物流的要求不相适应。

甩挂运输也称为甩挂装卸，是指汽车列车按照预定的计划，在各装卸点甩下并挂上指定的挂车后，继续运行的一种组织方式。在相同的运输组织条件下，增加汽车的实际装载量和降低装卸停歇时间均可以提高汽车运输生产率。

2. 甩挂运输的基本原理

甩挂运输是从出车利用时间角度出发，运用了平行作业的原理，使汽车运行和甩下挂车装卸作业平行进行，也即利用汽车列车返回的运行时间完成甩下挂车的装卸作业或换装作业，其结果使原来整个汽车列车的停歇时间缩短为主车的装卸时间和甩挂时间，加速了车辆周转，从而提高了运输效率。

3. 甩挂运输的特点

(1)挂车、半挂车本身没有动力，需要由具有动力的牵引车进行拖带行驶。

(2)一车多挂。一台牵引车可以配置两台以上的半挂车，并且两者之间不固定搭配。

(3)对运输组织化程度要求较高。甩挂运输要能够"甩"起来，通常要求较高的组织化、网络化、标准化作业水平，是先进的运输生产力的集中体现。

二、甩挂运输主要装备

1. 汽车列车

根据国际标准化组织和我国的有关标准，汽车列车被定义为"一辆汽车（载货汽车或牵引车）与一辆或一辆以上挂车的组合"。牵引汽车是汽车列车的动力来源，而挂车是被拖挂车辆，本身不带动力源。汽车列车能适应多种运输需要，专用汽车中的厢式汽车、罐式汽车、自卸汽车起重举升式汽车、仓棚式汽车及其他特种结构汽车等均可以采用汽车列车的形式。根据结构形式，汽车列车可分为以下五种：

1) 全挂汽车列车

全挂汽车列车是由汽车或牵引车和全挂车组成的汽车列车。全挂车用挂环和拖架或牵引杆同汽车的牵引钩或铰链机构连接。全挂车多用普通载货汽车牵引,牵引用汽车可摘挂单独行动,灵活性较强。全挂汽车列车行驶稳定性较差,易发生侧向偏摆。同时转向偏移距(牵引汽车前轴中心轨迹与挂车后轴中心轨迹偏差的距离)较大,挂车的追随性差,不能通过路幅狭窄的急弯道。因此,全挂车的长度不宜过长,在列车中该车数一般不宜超过2辆。

2) 半挂汽车列车

半挂汽车列车是由牵引车和半挂车组成的汽车列车。半挂车的前段有支承连接装置,可与牵引车的后鞍座相连接,使一部分挂车总质量由牵引车承载,并将牵引力传递给半挂车。

为适应装载不同的物资,半挂车也有栏板货厢和平板货台两种形式(图5-28)。半挂车的前部有平时悬起的支撑装置,摘挂时可放落着地,使挂车稳定停住。半挂汽车列车的载运量大,行驶时稳定性较好,在汽车运输发达的国家使用日益增多,并向重型和专用化方向发展。

图 5-28　半挂车栏板货厢和平板货台

3) 双挂汽车列车

双挂汽车列车是由牵引车和两辆挂车组成的汽车列车,一般是在一个由牵引车和一辆半挂车组成的列车后拖挂一个支承转向台车,再在该台车上连接一辆半挂车。这种汽车列车可单挂或双挂使用,适用于甩挂运输。

4) 长货汽车列车

长货汽车列车是专门用于运输长件货物如型钢、电缆柱、木材等的汽车列车。长货汽车列车由一辆专用牵引汽车和一辆长货挂车用拖杆连接组成。这种汽车列车的牵引车和挂车上分别设有可转动的承载架以及货件锁束装置,并通过承载的长货把二者连接起来。在列车转向时,承载架随着长货转移方位的变化相应地偏转。这种汽车列车装卸长货方便、可靠,但转弯半径较大,行驶时的侧向偏摆大,机动性和稳定性都较差。与此同时,因为不宜装载其他货物,以致经常回程空载。

5) 特种汽车列车

特种汽车列车是由牵引车同特种挂车组合形成的汽车列车。

2. 牵引车

牵引车是汽车列车的动力源,用以牵引挂车来实现汽车列车的运输作业。根据结构与功能不同,牵引车可分为以下三类。

1)半挂牵引车

半挂牵引车用来牵引半挂车,与普通载货汽车相比,其车架上无货箱,只用作牵引,而在车架上装有鞍式牵引座,通过鞍式牵引座承受半挂车的前部荷载,并且锁住牵引销,拖带半挂车行驶。实践中可在载货汽车底盘的基础上,选取合适的后桥主传动比,缩短轴距,并在车架上配置鞍式牵引座进行改装。

2)全挂牵引车

全挂牵引车用于全挂列车和特种挂车列车的牵引,一般可由通用的载货汽车改装。全挂牵引车车架上装有货箱,车架后端的支承架处安装有牵引钩,通过牵引钩和挂环使牵引车与全挂车连接。拖带特种挂车的牵引车车架上装有回转式枕座,采用可伸缩的牵引杆同特种挂车连接,在运送超长尺寸货物时,也可通过货物本身将牵引车与特种挂车连接起来。

3)场站用牵引车

场站用牵引车用于机场、铁路车站、港口码头等特殊作业区域内,可牵引半挂车或全挂车,完成货物运送和船舶的滚装运输作业。场站用牵引车一般选用电动机或内燃机作动力,机动性好,能满足不同货物高度和不同行驶速度的要求。

全挂牵引车前后大多装有牵引钩,可迅速连接或拖挂一辆或一辆以上的全挂车;半挂牵引车多装有低举升型牵引座,使连接或脱挂半挂车方便可靠;场站用轻型和中型牵引车多用载货汽车改装,场站用重型牵引车大多是装载机变型产品。

3. 挂车

挂车是汽车列车组合中的载货部分,在牵引车的带动下实现货物的转移。挂车车身可按货物的不同要求制成各种专用或特殊结构,如罐式挂车、厢式挂车、集装箱挂车、自卸挂车、商品汽车运输专用挂车等。根据牵引连接方式,挂车可分为以下三类。

1)半挂车

半挂车是用于连接半挂牵引车的被拖挂车辆,其部分质量通过鞍式牵引座由半挂牵引车承担。

2)全挂车

全挂车是完全靠拖挂的车辆,通过牵引钩和挂环与牵引车相连,其本身的质量和装载质量均不在牵引车上。为减少轮胎的侧滑、磨损和汽车列车的转向阻力,一般将全挂车前轴设计成转向轴。按最大装载质量的不同,全挂车可分为轻型、中型和重型三种,其中重型全挂车又有重型平板挂车、重型长货挂车和重型桥式挂车三种。

3)特种挂车

特种挂车有两种连接方式,一种为全挂连接的牵引钩和挂环式,其牵引杆是可伸缩的,以适应不同长度货物的装载需要;另一种为非直接连接式,挂车车台通过所承载货物与牵引车上的回转式枕座连接。

4. 公路铁路两用车辆

公路铁路两用车辆(以下简称"公铁两用车")是在驮背运输(把公路车辆放到铁路车辆上实现的运输)的基础上演变而来的,实际上是一种大型公路挂车。它利用螺旋弹簧或液压装置将轮胎升起后直接装在铁路车辆转向架上,由转向架承载而在铁路轨道上运行(或者由公路挂车装上导向架构成铁路车辆,在公路上行驶时只需将导向架升起)。公铁两用车能有效解决传统甩挂运输车辆无效荷载与有效荷载比值较大、经济性不够理想等问题,既发挥了铁路远距离运输的规模效益,又具备公路"门到门"运输的灵活性。公铁两用车符合现代多式联运组织的需要,代表了货物运输的一种发展趋向。公铁两用车的优势主要表现在以下几个方面:

(1)采用公铁两用车,减轻了铁路车辆自身质量、有效载质量与运输工具自身质量之比可明显提高,也就是说运输同样质量的货物可以节省牵引力,这是公铁两用车技术得以迅速发展的原因之一。

(2)不论挂车的长度如何,当它们编成铁路列车时,挂车之间的距离很小,这使得列车运行时空气阻力较小。

(3)总高度低,可增大装载货物高度,从而增大车辆的装载容积。

(4)不需要大型起重机等换装设备,只需将铁轨嵌入地面,便于挂车上、下铁轨即可,可减少铁路车辆的投资和场站的装卸作业设备投入。

(5)既具有公路运输车辆的装卸灵活性,又具有铁路运输车辆长距离快速货运的高效率,可以实现真正的"门到门"运输。公铁两用车可以在公路和铁路运输之间自由而迅速地转换、换装,可避免由此可能造成的货损货差。

美国于20世纪70年代末开始发展公铁两用车。目前,美国的公铁两用车技术主要有以下三种形式:

(1)Road Trailer。采用该技术的公铁两用车由公路向铁路换装的作业过程是:挂车驾驶员把转向架叉取到铁轨上,挂车向后退至转向架,利用挂车的压缩空气系统使车身升高,然后车身移动到转向架上;移动完成后自动锁销便把挂车车体与连接座锁住;放掉挂车上的压缩空气,依靠强力螺旋弹簧把轮胎提升并使其离开铁轨;该挂车依托转向架再向后倒退,与另一辆已装好的挂车前端连接舌衔接;驾驶员从车上下来,将挂车连接后插入连接销,就可完成一辆挂车的编组。有的车站甚至不需任何辅助设备,由挂车驾驶员便可完成全部换装作业。

(2)Roil Trailer。此技术是将一辆公路挂车配上可装卸的铁路转向架,该系统适合6~15m甚至17m长的挂车。Roil Trailer车辆有两个特点:首先,挂车构架底角与铁路转向架的连接采用了国际标准的旋锁连接,这可以加快公路和铁路之间的转换速度,而且通过转向架向挂车构架传递纵向牵引力更加有效;其次,在货场进行公路与铁路之间的转换时,提升挂车不需要压缩空气。

(3)Rail Trailer。该系统是用公路挂车或集装箱连接特制的铁路平车(低短平台车)组成铁路列车。一辆挂车的后端与另一辆挂车的前端放在同一辆铁路平车上,形成"挂车-平车-挂车-平车……"的编组顺序。挂车的轮胎固定在前一辆平车上,挂车的中心立轴支柱固定在中间一辆平车上。挂车向平车上装卸时只需使用低廉的活动渡板,不需昂贵的装卸设备和过多的操作人员。平车装有标准的车钩和制动系统,可用铁路机车直接牵引或加挂在一般货运列车编组中。

三、甩挂运输的主要优势

与传统运输方式相比,甩挂运输具有明显的优势,这些优势主要体现在两大方面:依托具备良好兼容性和可扩展性的车辆,甩挂运输可获得装备优势;依托先进、科学的组织管理方式,甩挂运输可获得技术经济优势。

1. 车辆装备优势

(1) 挂车具有很好的兼容性。挂车的类型多样,包括厢式挂车、罐式拼三平板挂车、集装箱挂车、商品汽车运输专用挂车等若干类,如在厢式半挂车的这一大类里还可以分出保温半挂车、冷藏半挂车等,在其他大类中也能区分出大量的细分车型。所以挂车对于其他道路运输车型的替代作用非常明显。

(2) 车辆的投入产出率高。挂车具有价格比较低廉、运输效率高、载质量大、单位运费较低等优点。对于挂车,国际一流水平的标准是降低牵引车燃料消耗率、装备质量最小化、有效荷载和有效容积最大化。挂车的运转机构如车轴、悬架、轮胎等经严格筛选,其总行驶里程至少可以达到牵引车总行驶里程的2倍以上,且故障率极低,正常运行条件下设计使用寿命也超过20年。

(3) 运载能力大,特别是容积的扩展空间大。根据我国相关标准,2008年1月1日以后在高等级公路上使用的整体封闭式厢式半挂布最大长度可放宽到14.6m,与其组成的铰接列车车长最大限值放宽到18.1m。因此,在国家政策的推动和市场需求的拉动下,大型封闭式挂车运输将成为公路干线运输的重要力量,且普通挂车市场面会逐渐向厢式车转移。可见,采用带挂车的汽车列车运输货物,是提高运输效率、降低运输成本的有效办法。

(4) 有助于实现道路长途运输。汽车列车具有运输效率高、吨公里油耗低、经济效益好、能够实现"门到门"运输等优势,已成为道路货运的主要运输工具之一。实践表明,吨位大、效率高可实现一车多挂的半挂车会随着道路运输业的发展而成为最合适的道路长途运输工具。

(5) 可以实现运输网络节点上的暂时储存。发达国家的一些工商企业内部基本不设固定的仓库,也不自备货运车辆,几乎所有的周转、库存物资均存放在运输物流企业的厢式挂车或集装箱内,而这些厢式挂车或集装箱始终处于流通周转之中。在货运站的库房、货场比较紧张的情况下,采用甩挂运输使挂车车厢成为仓储的一部分,可以做到货不进库、收货后直接装车,减少仓储基础设施投资。

2. 技术经济优势

(1) 甩挂运输能够增加牵引车的有效工作时间,降低牵引车相关的费用。

对于某些道路货运企业,车辆实际工作时间内的行驶时间低于或者基本等于货物的装卸时间和待装卸时间,这时,应用甩挂运输可使2台或2台以上的挂车由同一台牵引车根据需要在不同时段牵引,这样可大大节约牵引车的购置数量和费用。在北美洲和欧洲的部分国家和地区,1台可拖挂12.2m(40in)集装箱车或相应厢式车的牵引车售价大约为1台挂车售价的1.5倍。按1部牵引车拖挂2部挂车测算,运输企业可节约50%左右的牵引车购置费用。当然,牵引车的价格不一定绝对高于挂车的价格,牵引车与挂车的配置比不一定特别高才有实行甩挂运输的必要,只要牵引车的费用相对于运输成本而言是不可忽视的,在运营中就有开展甩挂运输的必要。此外牵引车数量的减少能够降低对企业自身停车场面积的需求,降低企业自有车辆的维修费用。

(2) 甩挂运输能够减少雇用驾驶员的数量并降低相关人工费用。

由于运输企业对大型牵引车驾驶员的要求很高,世界各国大型牵引车驾驶员的雇用工资都比较高。统计资料表明,非甩挂运输货车的驾驶员工资在运输企业成本中所占比例为40%左右,而大型牵引车仅占25%,因此,许多企业宁愿更多地购置生产或服务设备,以压缩对技术工人(包括大型牵引车驾驶员)的雇用。甩挂运输的应用不仅节约了运输工具的购置,而且减少了驾驶员的雇用数量,从而降低人员工资费用和与人员有关的其他支出(如社会福利、医疗保险、养老保险等)。

(3) 甩挂运输有助于压缩运输场站成本,实现规模效益。

甩挂运输需要在较高组织化程度的条件下进行,开展甩挂运输可以促进交通运输场站等基础设施的建设与发展,促进道路运输实现网络化经营,从而推动道路运输企业向集约化、规模化方向发展。在甩挂运输场站内,车辆进站,甩下原挂车,挂上新挂车,随即可走,这样压缩了等待装卸的时间,有利于加速车辆周转,增加车日行程;收货后直接装车,可减少搬运装卸次数,且整车交接、手续简单,保证了货运服务的品质。

(4) 甩挂运输在提高运输工具容积利用率的基础上,能够促进多式联运的发展,并获得速度、成本等方面的更大收益。

开展甩挂运输可以促进道路运输与铁路运输、水路运输的多式联运,实现以道路甩挂运输为基础的驮背运输、滚装运输,充分发挥各种运输方式的技术经济优势,并减少针对货物的装卸作业等待时间,提高装卸效率和载运工具的容积利用率。在驮背运输、滚装运输的多式联运过程中,由干线运输牵引车将装好货物的挂车拖至铁路货场或港口,再由场内牵引车(或干线牵引车)将挂车移送至铁路平车、船舶甲板或舱位后与挂车分离,到达目的站或目的港后,再由另一端的牵引车将挂车运至目的地。这种多式联运显著地减少了对汽车动力部分的占用,提高了铁路车辆和船舶的容积利用率。此外,以甩挂运输为基础的驮背运输、滚装运输可以提高长途干线运输过程的运行速度。

四、甩挂运输工作组织

1. 甩挂运输的适用范围

(1) 在往复式线路上进行甩挂运输;

(2) 在长途干线上结合区段牵引制进行甩挂运输;

(3) 在零担运输时,可开展沿途甩挂运输;

(4) 在多式联运中开展甩挂运输。

2. 甩挂运输的组织形式

甩挂运输分为单式甩挂和复式甩挂两种。其中,一辆主车配备若干辆挂车在一个独立的系统中进行的甩挂作业,称为单式甩挂;两辆或两辆以上的主车配备若干辆挂车在一个复杂的系统中进行的甩挂作业,称为复式甩挂。

一般来讲,甩挂运输(或作业)有以下三种形式。

1) 一线两点甩挂运输

这是在短途往复式运输线路上通常采用的一种甩挂形式。汽车列车往复于两装卸作业点之间。在整个系统中配备一定数量的挂车,汽车列车在线路两端根据具体条件进行甩挂作业(装卸)。根据货流情况或装载能力不同,可组织"一线两点,一端甩挂"(即装甩卸不甩或卸甩装不甩)和"一线两点,两端甩挂"。

一线两点甩挂运输的特点如下:

(1)这种形式是短途往复式运输线路常常采用的甩挂方式,对于装卸点固定、运量较大的地区,效果比较显著。例如,在散货码头、矿山、煤矿等生产基地,集装箱堆场与码头,机场车站间的短途运输中。

(2)在运量大或运输任务比较紧急的情况下,还可以增加主车的数量开展复式甩挂,但组织工作的难度增加。

2)循环甩挂运输

循环甩挂是在环行行驶线路上所使用的车辆运行组织方式。它要求在闭合循环回路的各装卸点上,配备一定数量的周转集装箱或挂车,汽车列车每到达一个装卸点后甩下所带集装箱或挂车,装卸工人集中力量迅速完成主车的装(或卸)作业,然后装(或挂)上预先准备好的集装箱(或挂车)继续向下一个目的地行驶,随后装卸人员开始装(卸)甩下的挂车或集装箱。循环甩挂作业流程如图 5-29 所示。

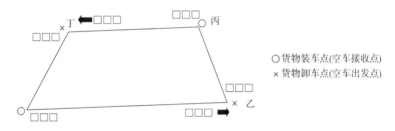

图 5-29　循环甩挂汽车列车作业示意图

这种组织方式的实质是用循环调度的方法来组织封闭回路上的甩挂作业,它不仅提高了载运能力,压缩了装卸作业停歇时间,而且提高了行程利用率,所以是甩挂运输中较为经济且运输效率较高的组织形式。由于它涉及面广,组织工作较为复杂,因此在组织循环甩挂作业时,一方面要满足循环调度的基本要求,另一方面应选择运量较大、稳定且适宜于组织甩挂作业的现场条件。

3)驮背运输(载驳运输)

为了适应多式联运发展需要,更好地解决伴随联运产生的大量装卸和换载作业,甩挂运输的基本原理与组织方法已被运用于集装箱或挂车的换载作业中。其基本方法是:在多式联运各运输工具的连接点上,由牵引车将载有集装箱的底盘车或拖车直接开上铁路平板车或船舶上,停妥摘挂后离去,集装箱底盘或挂车由铁路车辆或船舶载运至前方换装点,再由到达点的牵引车,开上车船挂上集装箱底盘车或挂车,直接运往目的地。这种形式被形象地称为驮背运输或载驳运输。这一组织方式节约了装卸及换载作业时间,提高了作业效率。

4)整批货物甩挂运输

通常情况下,对于运距较短但运量大且货源稳定、装卸货地点固定的"两点一线"间整批货物运输,适合在装卸货地点两端同时开展甩挂作业,即同时在装货点和卸货点配备一定数量的周转挂车,采取"两点一线、两端甩挂"的运输组织方式。若是挂车通过半挂牵引车动力的拖带在两点间往复运行,则可选择"一牵一挂"这一列车组合方式。

五、开展甩挂运输的基本条件

开展甩挂运输需要以下几个方面的条件。

1. 货源条件

(1)组织甩挂运输,必须保证货源充足、货运量大。一方面,只有在货源充足且运量大的前提下,投入充足的运力才有必要,而通过增加用于甩挂运输的周转挂车数量,能够使牵引车实现周转速度的大幅提高,其效果等同于投入了更多的运力;另一方面,也只有拥有充足的货源及货运量,才能保证车辆工作效率得以充分发挥。

(2)客户稳定,货物起运点和接收点比较固定。一方面,服务客户资源的稳定能够保证货物运输企业货源的稳定性,从而便于货运企业有计划地、有针对地进行周转挂车的合理配置,最终实现甩挂运输的顺利开展;另一方面,为了实现周转挂车的高效循环利用,其购置投放与运营管理需要相对固定的装卸货点。

(3)货物类别比较相近。货物性质存在差异,对车辆类型、装卸设备的要求也不一样。在货物类别相似的情况下,可以使用同一牵引车、同种类型的周转挂车以及同一装卸设备,在车辆和设备的配置方面既能避免过多的资金投入,也有利于甩挂运输工作的开展。所以说,为了保证甩挂运输作业的顺利开展,应确保货物类别具有相似性。

2. 道路条件

保证甩挂运输车辆安全行驶的重要基础条件是车辆的行驶线路条件良好。由于牵引车拖带挂车后,其动力性能、通过性能、行驶的稳定性能、转向的可操纵性能、机动灵活性能等都无法与单体汽车相提并论,因此,需要选择与甩挂运输列车相适宜的道路。从道路的技术条件方面考虑,甩挂运输的运行线路必须选择路面平坦、坡度不大、弯道平缓的良好道路。从道路通行条件考虑,应当选择交通量较小、交通状况良好的线路,特别是在市区内行驶要避开交通拥挤的路段,保证汽车列车安全行驶、顺畅通过。

《中华人民共和国道路交通安全法》规定,全挂列车和双挂列车不允许进入高速公路行驶。开展甩挂运输的车辆应当选择其他较高等级的道路行驶,在保证行驶安全的前提下,应保证汽车拖挂以后,其平均技术速度不会有很大幅度的降低,从而保证车辆的生产效率。

3. 运输距离与装卸作业组织条件

对于"两点一线"的甩挂运输组织形式,装货点与卸货点两点之间的运输距离及装卸作业条件是决定甩挂运输经济效果的重要因素。

(1)只有当主车的装卸作业时间加甩挂作业时间小于汽车列车装卸停歇时间时,即主车装卸作业时间与甩挂作业时间之和低于汽车列车装卸停歇时间时,采用甩挂运输才是合理的。

(2)汽车列车(或挂车)的运行间隔[指同一装卸地点,两个相邻汽车列车(或挂车)到达或者出发的间隔时间]要大于甩下挂车的装卸作业时间,即汽车列车运行间隔大于甩下挂车的装卸作业时间时,采取甩挂运输才是合理的。

(3)挂车在完成装卸作业后的待挂时间不宜过长。过长的待挂时间,预示着运输距离过长,但甩挂运输只适合短途运输。

综上所述,甩挂运输适用于运距较短、装卸能力不足且装卸停歇时间占汽车列车运行时间比例较大的情况。若运距太长时采用甩挂运输,装卸停歇时间占汽车列车运行时间的比例很小,非但甩挂的效果不明显,而且还增加了组织的复杂性。当运距大到一定程度时,由于汽车列车的技术速度低于同等载质量的汽车,反而会导致出现汽车列车的生产率不一定高于同等载货汽车生产率的情况。

六、甩挂运输在不同应用领域的发展条件

1. 整批货物的甩挂运输

一般情况下,对于货源稳定、货运量较大、装卸货地点比较固定、运输距离较短的"两点一线"之间的整批货物运输,适宜在装货点和卸货点两端都进行甩挂作业。整批货物的长途运输和短途零散客户的货物运输一般不适宜采用甩挂运输。

2. 零担和快件货物的甩挂运输

零担和快件货物运输属于网络化运输组织形式,其组织化程度较高,运输站场等节点设施较齐全,适宜采用甩挂运输。零担和快件运输一般是按地理位置和物流吞吐量不同,将运输点分成不同级别。大城市和重要枢纽位置的一级站点,一般物流吞吐量较大,站点与站点之间多由高等级干线公路连接,适宜采用甩挂运输。零担和快件运输的支线运输,由于运输量较小,道路条件较差,一般不适宜采用甩挂运输。

3. 集装箱甩挂运输

集装箱甩挂运输是指一辆集装箱卡车到达目的地后,牵引车与挂车分离,将挂车和集装箱都留在当地,然后牵引车再去拉另外的挂车,它是最适宜采用甩挂运输的一种运输形式。一方面,道路集装箱大多是承接和转运海运集装箱,为港口和铁路车站进行集装箱货物集散运输,运输距离一般较短,而集装箱在货主一端的装货和卸货点,大多需要进行就车装货或拆箱卸货,装卸作业时间较长,采用甩挂运输可以大大提高牵引车周转速度;另一方面,集装箱大多利用专用集装箱半挂车运输开展甩挂运输,不需占用牵引车装卸作业时间,而且集装箱半挂车结构简单,购置费用、使用费用均较低,因此,开展集装箱甩挂运输具有显著的经济优势。

4. 特种货物甩挂运输

随着社会经济的发展,我国特种货物的运输需求不断提高,各种易燃、易爆、有毒、有害等危险货物运输以及各种超大、超长、超重、超高、超宽货物不断增多,有些重点工程所需的超大规模部件的整体运输也时常出现,其市场前景十分广阔。但由于特种运输和各类专业运输一般运输量较小、运距较远,故不适宜采用甩挂运输。

第六节 多 式 联 运

我国的国内物资运输是以道路运输的方式为主。尽管我国货运车辆不断升级发展,货运从业人员也都保持着高强度的工作状态,但是我国道路货运费用高、货车排污严重的问题仍未得到解决。以上充分证明,试图依靠提升单一运输方式(道路运输)效率来提升社会整

体物流效率的道路已走到尽头,发展多式联运势成必然。

一、多式联运概述

1. 多式联运的概念

2001年,联合国欧洲经济委员会会同欧洲运输部长会议、欧盟委员会共同发布《组合运输术语》,将多式联运定义为:"货物全程由一种且不变的运载单元或道路车辆装载,通过两种及以上运输方式无缝接续、并且在更换运输方式过程中不发生对货物本身操作的一种货物运送。"欧盟为实现节能减排目标,要求全程运输中的主体部分尽可能多依靠铁路、水运承担,始末端则尽可能少地由道路运输完成,从而把更多的公路货运转向铁路、水运,以推动实现节能低碳目标。具体来说必须满足以下条件:①必须使用铁路或水路运输超过100km;②多式联运货物必须由距货物 OD(起讫)点最近的铁路车站装卸;③使用水路运输时,道路运输两端接驳必须低于150km 等。

2007年5月1日实施的国家标准《物流术语》(GB/T 18354—2006)中将多式联运定义为:"联运经营者为委托人实现两种或两种以上运输方式的全程运输,以及提供相关运输物流辅助服务的活动。"该定义强调一个承运人承担全程运输责任,突出了全程化责任和管理。

随着多式联运的不断发展,交通运输部于2017年2月正式发布了《货物多式联运术语》(JT/T 1092—2016),该标准将多式联运的概念调整为:"货物由一种且不变的运载单元装载,相继以两种及以上运输方式运输,并且在转换运输方式的过程中不对货物本身进行操作的运输形式。"可以看出,现阶段我国对多式联运的认识已完全与欧美国家和地区接轨。

2. 多式联运的内涵

一般而言,小批量、短距离的运输采用单一道路运输的方式完成;大批量、长距离的运输选择"公路+铁路"或者"公路+水路"的方式,综合成本低;而某些时效性、时间成本高的货物采取"公路+空运"的方式,以实现综合物流成本最低。因此,自然地理上的外部条件和成本节约的内在激励共同决定了货物运输不可能由单一的运输方式完成,多种运输方式的组合可以充分发挥不同运输方式各自的优势、回避劣势,从而达到使货物运输总成本最低的目的。此外,要提高整个货物运输系统的效率,提高内部各环节间衔接点的运作流畅性是一个重要方面。货物运输过程同时也包括运输企业与前后各个环节之间的衔接、工厂仓库与运输企业的衔接、运输企业仓库的衔接、运输企业与终端商场或仓库的衔接,这些衔接点的运转效率都会直接影响货物运输的综合成本。

从以上内容可以看出,多式联运不是一种新的运输方式,而是一种新的运输组织形式,是在货物多次中转连续运输的全程运输过程中,在不同运输区段、不同运输方式的接合部(中转、换装地点)发挥纽带、贯通和衔接作用。联合运输的运输组织工作,除上述衔接性工作外,还包括把原来由货主自己(或委托代理人)订立的运输合同,办理货物交接和办理所需要的手续及各种运输服务事宜,改变为由联运企业或联运管理机构统一组织办理。在多式联运组织业务中,联程是核心,衔接与协作是关键。联合运输的产生是运输组织业务的一场革命性变化,它打破了传统的不同运输方式与不同运输企业独立经营、独立组织运输的局面,把不同运输方式的运输线路、运输枢纽及各种运输企业、运输服务企业连成了一个不可分割的整体。

3. 多式联运的分类

(1) 从组织方式和体制的角度划分，可分为协作式联运和衔接式联运。

(2) 从运输货物的批量大小及运输距离的角度划分，可分为大宗货物的干线联运、散装货物的干支线联运、支线间联运。

(3) 从地理范围的角度划分，可分为国内多式联运和国际多式联运。

(4) 从运输工具的角度划分，可分为铁路-公路联运（公铁联运）、公路-水路联运（公水联运）、公路-航空联运（公航联运）以及其他更为复杂的组合形式。其中公铁联运、公水联运为现阶段我国多式联运方式的主力。

二、多式联运的优点

多式联运作为一种科学的运输组织形式，其优点主要体现在以下几个方面。

1. 减少中间环节，缩短运输时间，提高运输质量

多式联运是依托两种及以上运输方式的有效衔接，使各个运输环节和各个运输工具之间密切配合、衔接紧凑，每个运输环节的标准化，大大节约了货物的停留时间，从而缩短了运输时间，从根本上保证了货物能够安全、准确、及时地运抵目的地。由于中途无须对货物本身进行操作，故大大降低了货物在途的货损货差，切实提高了货物运输质量。

2. 简化手续，方便用户

托运人将货物一次性交付给多式联运负责人，并签订一份多式联运合同。在合同的约束下，货物在运输的过程中承运人要负责全部责任，并对货物运输进行一次性收费，在货物出现损失情况时进行统一赔偿。在运输过程中影响运输效率的关键因素是单位运输费率是否有统一的标准，倘若对每种运输方式分别进行计算，就会大大增加了运输的复杂性，进一步降低多式联运运输效率以及增加中间手续。故在运输过程中要采取一致性收费原则，以简化中间环节。

3. 提高运输效率，实现节能减排

欧美国家和地区的经验表明，多式联运能够提高运输效率30%左右，减少货损货差10%左右，降低运输成本20%左右，减少公路交通拥堵50%以上。据综合测算，目前我国多式联运运量占全社会货运量比例每提高1%，社会物流总费用约下降0.9%，节约成本支出1000亿元左右。通过发展多式联运，如果公路中长距离运输向铁路转移10%，交通运输行业能源消耗将下降约1000万t标准煤，节能减排效益十分显著。

根据对我国重点企业多式联运线路的调研发现，大多数的多式联运线路运输费用低于道路直达运输费用，成本平均降低约30%。以辽宁某物流公司经营的广州—哈尔滨的物流线路为例，单一道路运输线路长度为3390km，每标准集装箱运价为7800元。而水-铁-公多式联运线路长度为3160km，每标准集装箱运价为4900元，可降低企业运输费用达37.2%。从青岛运至西安的国际集装箱，采用铁水联运比公路长途运输方式节约物流成本20%～40%。2015年，连云港到阿拉山口过境集装箱达5.3万标准箱，全部采用铁水联运比公路货运可节约燃油2.9万t，减少碳排放8.6万t，相当于2.7万辆私家车一年的燃油消耗。

4. 提高运输组织管理水平，实现运输合理化

对于区段运输而言，由于各种运输方式的经营人各自为政、自成体系，因而其经营业务

范围受到限制,货运也受到相应限制。而一旦由不同的运输经营人共同参与多式联运,经营的范围可以大大扩展,同时可以最大限度地发挥其现有设施、设备的作用,加快车、船的周转,提高运输设备的利用率,从而选择最佳运输线路,组织合理化运输。

5. 降低包装成本

目前,货物在不同运输方式中的包装不同,造成巨大的重复浪费。通过多式联运可以大大节省货物包装,实现包装的回收利用。将来,不论是电商业还是制造业,通过集约化的多式联运,可以用最低的包装成本、最短的时间实现最好的运输服务。

三、多式联运的系统要素

多式联运发展的重点任务在于建立和完善多式联运系统要素。多式联运的系统要素包含以下几个方面。

1. 多式联运枢纽

多式联运枢纽具备中心性和中介性两大特征。中心性是指各种运输方式的资源聚集中心和物流活动强度中心;中介性是指两种以上运输方式的运力交易和信息传导作用。目前,我国缺乏内陆多式联运枢纽尤其是公铁联运枢纽,而且联运功能区规模小,专业化、流程化、公路接驳设计考虑不足等是阻碍多式联运发展的重要原因。枢纽是多式联运主通道的支点,枢纽与通道的建设必须同步规划、整体推进,这需要各种运输方式在顶层规划阶段就要协同一致,一切围绕无缝衔接和快速转运进行功能布局和流程设计。

2. 多式联运经营人

多式联运经营人是指本人或通过其代表与发货人订立多式联运合同的任何人,不是发货人的代理人或代表,也不是参加多式联运的承运人的代理人或代表,负有履行合同的责任。多式联运经营人负责履行或者组织履行多式联运合同,对全程运输享有承运人的权利,承担承运人的义务。多式联运经营人基本条件包括5个方面:①多式联运经营人本人或其代表就多式联运的货物必须与发货人本人或其代表订立多式联运合同,而且合同约定至少使用两种运输方式完成全程货物运输,合同中规定的货物系国际间的货物;②从发货人或其代表那里接管货物时起即签发多式联运单证,并对接管的货物开始负有责任;③承担多式联运合同规定的与运输和其他服务有关的责任,并保证将货物交给多式联运单证的持有人或单证中指定的收货人;④对运输全过程所发生的货物灭失或损害,多式联运经营人首先对货物受损人负责,并应具有足够的赔偿能力;⑤多式联运经营人应具有与多式联运所需要的相适应的技术能力,对自己签发的多式联运单证确保其流通性,并作为有价证券在经济上有令人信服的担保程度。此外,多式联运经营人具备需要整合运输资源的能力,需要提供一站式服务的能力,需要建立规范的服务标准。

3. 多式联运信息共享平台

多式联运核心在"运",关键在"联",各方资源的互联互通是发展多式联运的重要前提。目前制约多式联运发展的突出问题是信息共享渠道不通畅,突出表现有:①行业缺乏信息交换共享平台,信息互联共享不通畅。目前缺乏多式联运公共信息平台的支撑,无法为行业提供标准统一、安全可靠的信息服务。②公共信息服务质量不高,多式联运相关参与主体信息获取成本较高。目前政府掌握的行业基础信息,但未建立权威、可靠、易用的公共信息获取渠道。③政府决策与监管必须的数据支持不够。

借助"互联网+"、大数据、人工智能等战略,应用信息技术促进信息资源的互联共享,是实现多式联运业务协同、提升物流效率的重要保障。因此,要建设多式联运公共信息服务平台,发挥政府在行业信息整合能力,打通物流信息链,实现物流信息全程可追踪,利用信息大数据实现价值挖掘,以数据驱动供应链,推进多式联运跨越发展。以公共信息服务体系为基础,推进不同部门、不同运输方式、不同企业间多式联运信息开放共享和互联互通,从而有效协调运输方式、合理分配运输资源,显著提高运输组织效率,切实降低信息获取成本,这对多式联运的发展及运输结构调整具有重要意义。

4. 装备技术

多式联运的装备技术包括运载技术、转运设备、装载单元(集装箱、半挂车、交换箱体)等,装备技术的标准化是促成多式联运的基础。目前我国多式联运的装备技术的标准化程度不高,比如货运车型标准大概有2万种,且专业化水平相差甚远;国际标准集装箱在内陆运输中使用不多,铁路集装箱海运集装箱循环共享不足,尚未建立专门内陆集装箱标准体系。因此,应加快推进装备技术的标准化,以切实推动我国多式联运的进一步发展。

5. 单证标准化

多式联运的"一单制",其本质是承运人签发的"一单到底",这是系统建设的难点,无法靠单个企业实现。"一单到底"主要解决以下两个问题:首先是国际多式联运提单能够在内陆使用,为内陆市场建立国际贸易中心提供便利,通过单证物权化的手段,减低贸易风险;其次要重点解决我国内贸运输中单证不统一,导致全程运输中多段结算、理赔标准不统一影响客户信誉、品名编号不统一导致信息互联难以实现等影响效率的问题。

6. 法规制度

上述各要素只有在法制环境下,以统一规则、统一标准为基准,才能实现高效的多式联运服务。

四、多式联运的组织形式

多式联运就其工作性质的不同,可分为实际运输过程和全程运输组织业务过程两部分。实际运输过程由参加多式联运的各种运输方式的实际承运人完成,其运输组织工作属于各运输方式内部的技术、业务组织。全程运输组织业务过程是由多式联运全程运输的组织者——多式联运企业或机构完成的,主要包括全程运输中所有商务性事务和衔接服务性工作的组织实施。其运输组织形式可以有很多种,但就其组织体制来说,基本上可分为协作式多式联运和衔接式多式联运两大类。

1)协作式多式联运

协作式多式联运的经营者是在各级政府监管部门的密切配合下,由参与多式联运业务的各企业以及途中所经过的中转节点共同构成的联运体系,其下并设有综合协调联运管理办公室。货物运输全程均由该联运办公室负责指导,具体的联运组织业务流程如图5-30所示。

在此种管理体制下,托运人根据发货人对货物运输提出一些要求,同时对该批货物进行合理预算,并向联运办公室申报车、船方案,再由联运办公室对各路段以及各企业的现实情况进行审核,进而确定联合运输方案,并将此方案下达给托运人以及各指定的部门。发货人遵照运输方案安排并向第一程运输企业提交申请,然后和托运人签署托运合同,该企业并完成自身负责区域的运输,并经过中转枢纽进行运输方式转换后,由后一程运输企业运达至下一程运输企业,直至最后一程企业完成货物的交接工作。

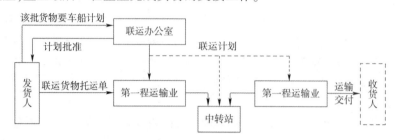

图 5-30 协作式联运流程图

在这种组织体制下,全程运输组织是建立在统一计划、统一技术作业标准、统一运行图和统一考核标准基础上的,而且在接受货物运输、中转换装、货物交付等业务中使用的技术装备、衔接条件等也需要在统一协调下同步建设或协商解决,并配套运行,以保证全程运输的协同性。

对这种多式联运的组织体制,在部分资料中称为"货主直接托运制"。协作式多式联运一般是为保证指令性计划调拨物资、重点物资和国防、抢险、救灾等急需物资的运输而在国家计划指导下的联运合同运输。联合运输概念中提到的产、供、运、销的运输协作,也属于这一类。协作式运输是计划体制下的联合运输的主要形式,我国国内过去和当前的联合运输大多属于这一类,如目前晋北、内蒙古中部地区出产的计划内煤炭经由大同—大秦铁路—秦皇岛港海运—南方各港的运输,就属于这一类联运。

2)衔接式多式联运

衔接式多式联运是指联运负责人直接与货主签订运输合同,运用不少于两种运输方式进行合理衔接运输的经营性的活动。衔接式多式联运的全程运输主要由多式联运经营人(Multi-mode Transportation Operator, MTO)或多式联运企业全权负责,具体的货物运输过程如图 5-31 所示。

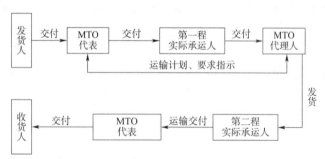

图 5-31 衔接式多式联运流程图

由于联运企业(联运经营人)不具备指令性计划的权威性,在全程运输不同运输区段衔接组织工作中,不能采用计划指令由前一区段的运输企业直接交给下一区段运输企业的形式,而只能由本人或其委托人的代理人从前一区段承运人手中接收货物,再与下一区段的承运人订立该区段运输合同,并把货物交给承运人的方式完成运输衔接工作,使运输连续进行。在这类联运中,组织完成联运各区段间的运输衔接的是联运经营人,而不是指令性计划的安排。

这一类联合运输是国际货物联运的基本形式,是市场体制下的联运。随着我国经济体制改革的不断深入,我国国内货物联运也越来越多地采用这一形式,这一形式也将成为国内联运的主要发展方向。

在这种组织体制下,需要使用多式联运形式运输成批或零星货物的发货人首先向MTO提出托运申请,MTO根据自己的条件考虑是否接受。如接受,双方订立货物全程运输的多式联运合同,并在合同指定的地点(可以是发货人的工厂或仓库,也可以是指定的货运站中转站、堆场或仓库)办理货物的交接,由MTO签发多式联运单据。

接受托运后,MTO首先要选择货物的运输路线,划分运输区段(确定中转、换装地点)选择各区段的实际承运人,确定零星货物集运方案,制订货物全程运输计划并把计划转发给各中转衔接地点的分支机构或委托的代理人。然后根据计划与第一程、第二程等的实际承运人分别订立各区段的货物运输合同。通过这些实际承运人来完成货物全程位移。全程各区段之间的衔接,由MTO(或其代表或其代理人)从前程实际承运人手中接收货物再向后程承运人交接货物,在最终目的地从最后一程实际承运人手中接收货物后,再向收货人交付货物。

在与发货人订立运输合同后,MTO根据双方协议(协议内容除货物全程运输及衔接外,还包括其他与货物运输有关的服务业务),按全程单一费率收取全程运费和各类服务费、保险费(如需经营人代办的)等费用。MTO在与各区段实际承运人订立各分运合同时,需向各实际承运人支付运费及其他必要的费用。在各衔接地点委托代理人完成衔接服务业务时,也需向代理人支付委托代理费用。

在这种多式联运组织体制下,承担各区段货物运输的运输企业的业务与传统分段运输形式下完全相同,这与协作式体制下还要承担运输衔接工作是有很大区别的。

这种多式联运组织体制,在部分资料中称为"运输承包发运制"。目前,国际货物多式联运中主要采用这种组织体制,在国内多式联运中采用这种体制的情况也越来越多。随着我国改革开放的不断深入和经济由计划体制向社会主义市场体制的转变,由国家和各级政府指令性计划指导下的协作式联运将会逐渐减少,但在一些大宗的、稳定的重要战略物资(如煤炭、粮食等)运输中可能会长期存在并发挥重要作用。而对于一般货物的运输,则会逐步采用衔接式多式联运,并向国际上一般采用的组织方式靠拢。

 思考与练习

1. 货物运输生产计划的作用是什么?
2. 如何编制车辆运用计划?
3. 货运车辆运行作业计划有哪些类型?
4. 某货运企业2019年第一季度运输量计划中的确定的计划货物周转量为7290000t·km,货运量为91125t,车辆计划中确定的营运车辆数为100辆,额定载质量为5t,完好率为95%,工作率为85%~95%,平均车日行程为178~200km,里程利用率为65%~75%,重车载质量利用率为90%～100%,拖运率为30%。试用逆编法编制车辆运用计划。

5. 结合实际说明不合理运输形式都有哪些？如何避免不合理运输？
6. 多班运输的组织形式有哪些？
7. 甩挂运输的原理是什么？
8. 开展甩挂运输的条件是什么？甩挂运输主要有哪些组织形式？
9. 什么是多式联运？其组织形式主要有哪些？

第六章　道路货物运输组织

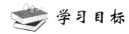学习目标

1. 了解货物的分类;
2. 掌握整车运输组织管理的主要内容;
3. 掌握零担运输组织管理的主要内容;
4. 掌握特种货物运输组织管理的主要内容;
5. 掌握集装箱运输组织管理的主要内容。

开展道路货物运输必须加大对货物、货流及其影响因素的研究调查。科学划分货物运输作业类型、货运组织类型、货运组织方式等,是提高道路货物运输组织化水平的前提。

第一节　道路货物运输概述

一、货物及其分类

1. 货物的概念

所有被运送的物资、商品等,从它们被接受承运起,一直到交付收货人为止,统称为货物。货物的种类繁多、性质各异,在其被运送的过程中,操作工艺、作业要求不完全一样。有些货物可以携带,有些货物则必须有特殊包装并需要单独装载,甚至还需要提供专用车辆、专用仓库以及特殊的装卸搬运手段和工艺。因此,充分认识各类货物的特性,对确保货运服务质量,提高运输的安全性、时效性和降低运输成本等具有很大的实际意义;同时,与道路运输的固定设施,移动设备的规划、配置、运用等也有密切的关系。

2. 货物的种类

道路运输的货物一般可按其物理属性、装卸方法、运输条件、货物密度、托运批量等因素进行分类。

1)按货物的物理属性分类

按货物的物理属性不同,可以将货物分为固体、液体、气体三种。我国现阶段的货物物理属性构成中,以固体货物的运输量最大,其中又以块状货物(如煤、炭、矿石等)和粉末状货物(如水泥、化肥)居多。

2)按货物的装卸方法分类

按货物装卸方法不同,可以将货物分为件装货物和散装货物。

(1)件装货物是可以按件计数的货物,每一件货物都有一定的质量、形状和体积。带运

输包装的件装货物,按其包装的形状不同可分为桶装、箱装和袋装货物。按其包装的性质不同,又可以分为硬质包装、软质包装、玻璃包装和专门包装等多个种类。

(2)散装货物是指可以用堆积或灌注等方法进行装卸搬运的货物。它又可以分为堆积货物和灌注货物。

①堆积货物,是指无包装的散放堆积的货物,如沙石、黄土、煤炭、矿石、原盐等。这类货物无法按件数计量,只能用称重过磅来计量,或经过丈量体积后折算质量。装卸时可以使用输送机、挖掘机、漏斗、翻斗车等机械,或者用锹、铲等手工器具装卸。适用的车辆为自卸车和敞车。

②灌注货物,指无包装的流体和粉状、细粒状货物,如石油、水、水泥、粮食,以及某些化工产品。这类货物需用专用罐车装运,一般要借助管道注入罐内和流放卸出。为避免货物在运输过程中变质、污染,装运各种灌注货物的罐车不能通用,须经过清洗后保证货物不会污染时才能通用。

3)按货物的运输条件分类

所谓的运输条件是指货物在运输、配送、保管及装卸作业过程中,是否必须采取不同的安全技术措施。按货物的运输条件不同,可以将货物分为普通货物与特种货物。特种货物又可分为危险货物、大件(长大笨重)货物、鲜活货物和贵重货物。

(1)普通货物,指在运输、装卸与保管方面没有特殊要求的各种货物。通过道路运输的货物大部分是普通货物。

(2)特种货物,指对运输、保管及装卸具有特殊要求的货物。特种货物在托运时,要求承运方必须提供保证货物运输安全的特殊设施、工具和方式方法。

①大件货物,也称为超限货物或大型物件。大件货物是指符合下列条件之一的货物:

a. 长大货物是指长度在14m以上或宽度在3.5m以上或高度在3m以上的货物;

b. 笨重货物是指质量在20t以上的单体货物或不可解体的成组(捆)货物。

根据《道路大型物件运输管理办法》(交公路发〔1995〕1154号)的规定,超限货物按其外形尺寸和质量(含包装和支承架)分成四级,见表6-1。

道路运输超限货物的等级 表6-1

大件级别	长度(m)	宽度(m)	高度(m)	质量(t)
一级	14~(20)	3.5~(4.5)	3.0~(3.8)	20~(100)
二级	20~(30)	4.5~(5.5)	3.8~(4.4)	100~(200)
三级	30~(40)	5.5~(6.0)	4.4~(5.0)	200~(300)
四级	40以上	6.0以上	5.0以上	300以上

注:1. 括号中的数字表示该项参数不包括括号内的数字;
2. 货物的外廓尺寸和质量,有一项达到表中所列数值,即为该级别的超限货物;如同时达到两种等级以上,按高限级别确定超限等级。

②危险货物,是指具有爆炸、易燃、毒害、感染、腐蚀等危险特性,在生产、经营、运输、储存、使用和处置中,容易造成人身伤亡、财产损毁或者环境污染而需要特别防护的物质和物品。危险货物以列入国家标准《危险货物品名表》(GB 12268—2012)的为准,未列入《危险货物品名表》(GB 12268—2012)的,以有关法律、行政法规的规定或者国务院有关

部门公布的结果为准。

根据国家标准《危险货物分类和品名编号》(GB 6944—2012)、《危险货物品名表》(GB 12268—2012),将化学品按其危险性分为9大类:a. 爆炸品;b. 气体;c. 易燃液体;d. 易燃固体、易于自燃的物质、遇水易放出易燃气体的物质;e. 氧化性物质和有机过氧化物;f. 毒性物质和感染性物质;g. 放射性物质;h. 腐蚀性物质;i. 杂项危险物质和物品。

③贵重货物,指价值昂贵,在运输过程中承运人须承担较大经济责任的货物,如贵重金属、精密仪器、高档电器、珍贵艺术品等。

④鲜活货物,指在运输过程中,需采取保鲜活措施,并需在限定运输期限内运抵的货物,如水产品、海产品、蔬菜、水果、花卉、肉类以及其他易腐的食品等。鲜活货物一般要求在运输和保管中采取特别措施,例如冷藏、冷冻、保湿、保温、阴凉等,以便确保货物鲜活、不变质。鲜活货物运输时间性强,运输效率较低,运输责任重,因此列为特种货物,以较高的运价承运。

4) 按货物密度分类

按货物密度不同,可分为普通货物和轻泡货物。轻泡货物又称"轻货""泡货""轻浮货物"。不同运输方式下,对于轻泡货物的界定不同。道路运输中,指平均每立方米不满333kg的货物。超过这一限度的都属于普通货物。轻泡货物体积大而质量小,装载在车辆上,车辆容积虽充分利用但载重能力却虚耗,因此,对轻泡货物收取运费不能按其实际质量计算,要按一定的标准将体积折算成计费质量计算。规定的折算比为$1000g/4m^3$。货物体积按其最高、最宽、最长部位的尺寸计算,折算质量只用于核算运费。

5) 按托运批量分类

按托运批量不同,可分为整车货物和零担货物。凡一次托运批量货物的质量在3t(含3t)以上或虽不足3t,但其性质、体积、形状需要一辆3t以上汽车运输的,称为整车运输。反之,称为零担货物。特殊单件货物不作为零担货物受理。各类危险货物、易破损、易污染和鲜活等货物一般也不作为零担货物。

二、货流及其分布特点

1. 货流的概念

国家间、区域间、城市间、城乡间的货物在空间中移动,其移动轨迹便形成货流。所以说,货流是在一定时期、一定范围、一定种类和数量的货物,沿一定方向有目的位移。货流是一个经济范畴的概念,本身包含着货物的类别、数量、方向、距离和时间五个方面的要素。

货流可以在一定程度上反映一个国家工农业之间、城乡之间、地区之间和企业之间的经济联系,以及国家的经济状况和运输业水平。掌握货流变化规律,是合理组织货物运输的基础,也可进一步促进社会物流合理化。

2. 货流的构成

货流由流量、流向、流时、运距和种类五个要素构成。

(1) 流量,指单位时间内沿道路某方向通过的货物数量。

(2) 流向,指一定时间内货物被运输的方向。流向有顺向和逆向之分,一般以货物流量较大的方向为顺向,反之为逆向。

(3) 流时,指货流发生的时间。

(4)运距,指不同种类的货物实际流动的距离。

(5)种类,指货物因物理、化学等属性不同而形成的不同品类的货流,一般按某线路终点物资和大批量货物进行分类。

3. 货流的分类

货流具体反映地区间货物运输联系,按照不同的需要,有不同的分类方法:

(1)按照调运的方向不同,可以把每条交通线上的货流分作"往""返"两个方向,在我国铁路上称作上行和下行方向。凡由各地到北京的货流称为上行货流;由北京到各地的货流称作下行货流。内河水运常把顺水方向的货流称作下行货流,逆水方向货流称作上行货流。在道路运输中往往以实际方位来标示货流方向,两个方向中,货运密度较大的称为主要货流方向。交通线路上一定地点的货流量,称为货运密度。

(2)按照货物的种类不同,可以把货流分作若干类。例如,我国铁路和水运干线上,过去把货流分作12类。目前,铁路的货运已扩大为26类:煤、石油、焦炭、金属矿石、钢铁及有色金属、非金属矿石、磷矿石、矿物性建筑材料、水泥、木材、粮食、棉花、化肥及农药、盐、化工品、金属制品、工业机械、电子(电气)机械、农业机具、鲜活货物、农副产品、饮食品及烟草制品、纺织品(皮革、毛皮)及其制品、纸及文教用品、医药品及其他货物。货流的货种分类,可以根据调查的目的,因地区、因交通线而有所不同。各个货种货流的总和称为集中(总和)货流。

(3)按照运输枢纽工作性质不同,可以把货流分为始发货流(由当地发出的货流)、到达货流(由当地收入的货流)、中转货流(在当地改换交通工具的货流)、通过货流(单纯在当地枢纽经过的货流)。

(4)按照经由区域不同,可以把货流分为区内货流,区间(区际)货流和过境货流。区内货流的发点和收点均在同一区域;区间货流只有发点或收点在该区;过境货流则收、发点均不在本区,而只是由通过本区的交通线经过,因而使不同区域经济发生直接联系。

4. 货流的分布特点

1)货流分布在方向上的不均衡性

货流分布在方向上的不均衡性是指一定时期内在同一条线路上,顺(逆)向通过货物的数量不等的现象,通常用回运系数即逆向通过的运量与顺向通过的运量之比来表示。

$$K_V = \frac{G_{轻}}{G_{重}}(K_V \leq 1) \tag{6-1}$$

【例6-1】 道路AB、BC间距分别为100km及50km,道路AC、CB、BA的货运密度分别为1000t、1000t和500t,则得出各运段回运系数如下:

$$K_V(AB) = 500/1000 = 1/2$$

$$K_V(BC) = 1000/1000 = 1$$

$$K_V(AC) = \frac{100 \times 50 + 500 \times 100}{1000 \times 150} = \frac{2}{3}$$

故回运系数必须分区段计算。

(1)货流方向不均衡的生产力布局因素。

生产力布局是造成货流方向上不均衡的主要原因。这首先表现在采掘工业和加工工业分布的地域差异上。一般说来,采掘工业生产的产品在质量上远远超过其消费掉的材料,例如煤炭运入的坑木,在质量上只是产煤量的 1/10~1/8,于是采掘工业所在地成为"出超"区,加工工业情况较复杂,其中有一些部门,原料和燃料失重性很大,如 2t 铁矿石(含铁50%)和 1.2~1.6t 煤才能炼 1t 铁。在制糖和榨油工业中,成品和原料的比例为 1:6 左右。由此,有些加工工业集中地便成为"入超"区。另外在大中型城市,因居民生活需要,造成对粮食、副食品、民用煤的大量消费,亦会引起运入、运出的不均衡。同时,由于许多大中型城市本身就是大的加工工业中心,使得这一现象更为严重。

(2)货流方向不均衡的经济后果。

从运营上看,方向不均衡造成了空车的调拨。空车运行没有完成货运吨公里数,但仍要消耗一定的费用,这便使交通线的总运营费提高。空车流和重车流产生空车公里 $\sum ns_{空}$ 和重车公里 $\sum ns_{重}$ 的比值称为空率(α),即:

$$\alpha = \frac{\sum ns_{空}}{\sum ns_{重}} \tag{6-2}$$

如果【例 6-1】中货流通过铁路上载重 50t 的棚车运输,则

$$\alpha(AC) = \frac{10 \times 100}{20 \times 150 + 10 \times 50 + 10 \times 150} = \frac{1}{6}$$

实际情况下,由于车辆的专门化和不同物料对运输工具的特殊要求,如石油要求有关车承运、鲜肉要求冷藏车承运,又会使空率大为增加。若【例 6-1】中由 C 至 B 的一半为石油货流,需要载重 50t 的油罐车运送,此时:

$$\alpha(AC) = \frac{10 \times 150 + 10 \times 50}{20 \times 150 + 10 \times 150 + 10 \times 50} = \frac{2}{5}$$

可见,即使货流在方向上较均衡,也不能排除空车调拨的可能性。例如,大庆油田的原油南运,其设备、建材、日用品运入,并不能在车辆上利用回空,这也是铺设油管的一个原因。货流方向上的不均衡性,造成新修或者改建交通线投资的增加。因为线路及枢纽均需以重车方向的货流为设计依据,从而大大降低了线路的经济效果。

(3)货流方向不均衡的改善措施。

想绝对消除方向上的不均衡性是不现实的。但是,通过一些技术经营措施和生产布局措施,可以使这种不平衡得到缓和。例如,线路采用有利于重车方向的运营制度;车辆不过分狭隘专门化;设计陆路交通线时,将空车方向设计为较陡的上坡;空车方向运价给以折扣等。

生产力布局措施是改革货流方向上不均衡的治本办法,但运用时必须注意以下几点:尽量使采掘工业和原料、燃料失重性很大的加工工业在地域上结合,组织联合企业,如将采矿、焦化、钢铁冶炼工业结合在一起;在大城市、工业区父亲建立粮食、副食品、燃料基地;布局工业时,考虑到货流方向上的均衡,如在交通线两端的煤炭和铁矿石基地各建钢铁企业并进行原料互换;适当选择部分广泛的原材料如砂石、黏土、石灰石等的产地和加工厂,使其能利用回空方向运输。

2)货流分布时间上的不均衡性

所谓货流时间上的不均衡性是指货流在不同时间的货流量不相等,包括年度和季度的不均衡。这种不平衡程度可用波动系数进行度量。波动系数指全年运量大季度(或月份)的货流量与全年平均季度(或月份)货流量之比。波动系数越小,表明货流的时间不平衡程度

越小;反之,则表明不平衡程度越大。

(1)货流季节不均衡性。

货流季节不均衡性以季节波动系数 K_s 表示。以 $G_{平均}$ 表示交通线网或枢纽全年平均货流量,以 $G_{最大}$ 表示其某一时期最大货流量,则有:

$$K_s = \frac{G_{最大}}{G_{平均}} (K \geqslant 1) \tag{6-3}$$

式(6-1)~式(6-3)均反映了最大货流量与平均货流量的关系,对于组织运输和准备后备运力有巨大意义。但要表示货流变动的一般情况,则需通过均方差 σ 实现。如以 G_i 表示每一时期的货流量,N 表示时期的总和数,则:

$$\sigma = \sqrt{\frac{\sum(G_i - G_{平均})}{N-1}} \tag{6-4}$$

根据均方差可求变差系数 C,即:

$$C = \frac{\sigma}{G_{平均}} \tag{6-5}$$

例如,两个码头的货物吞吐量季度分配分别为 2 万 t、3 万 t、4 万 t、3 万 t 和 1 万 t、3 万 t、4 万 t、4 万 t,两个码头的 $G_{平均}$ 均为 3 万 t,季度波动系数 K_s 均为 1.33,则两个码头的变差系数分别为 0.24 和 0.41,说明后一码头的货流波动要比前一码头大些。

(2)货流季节不均衡对交通运输的影响。

货流量在时间上的分布一般是不均衡的,如农产品生产有季节性,其货流量也呈相应的季节性变化。货流季节不均衡对交通运输的影响非常大,交通路线和港站不能根据平均货流量,而是要根据最紧张时期的货流量来确定,这样会导致平时的固定设备便搁置不用,影响资金的周转。日常的运输组织工作,也因为货流的季节波动而引起许多麻烦,如必须调配劳动力、调剂车船利用等。

三、道路货物运输分类

道路运输货种繁多,道路运输企业受理托运货物的批量大小不同,各种货物对装运车辆也有不同要求,因而需要道路运输企业以多种类别满足货物托运人的要求。目前我国道路运输企业从事的运输类别主要有整车货物运输、零担货物运输、特种货物运输、集装箱运输等。

第二节 整车货物运输组织

一、整车货物运输的概念和生产过程

1. 整车货物运输的概念

托运人一次托运的货物在 3t(含 3t)以上,或不足 3t,但其性质、体积、形状需要一辆 3t 以上车辆进行道路运输的,称为整车货物运输。为明确运输责任,整车货物运输通常是一车一张货票、一个发货人。

以下货物必须实行整车运输:
(1)鲜活货物,如冻肉、冻鱼、鲜鱼;活的牛、羊、猪、兔、蜜蜂等。
(2)需用专车运输的货物,如石油、烧碱等危险货物;粮食、粉剂等散装货物。
(3)不能与其他货物拼装运输的危险品。
(4)易污染其他货物的不洁货物,如炭黑、皮毛、垃圾等。
(5)不利于计数的散装货物,如煤、焦炭、矿石、矿砂等。

2. 整车货物运输的生产过程

1)运输准备过程

运输准备过程又称运输生产技术准备过程,是货物进行运输之前所做的各项技术性准备工作,车型选择、线路选择、装卸设备配置、运输过程的装卸工艺设计等都属于技术准备过程。

2)基本运输过程

基本运输过程是运输生产过程的主体,是指直接组织货物,从起运地至到达地完成其空间位移的生产活动,包括起运站装货、车辆运行、终点站卸货等作业过程。

3)辅助运输过程

辅助运输过程是指为保证基本运输过程正常进行所需的各种辅助性生产活动。辅助生产过程本身不直接构成货物位移的运输活动,它主要包括车辆、装卸设备、承载器具、专用设施的维护与维修作业,以及各种商务事故、行车事故的预防和处理工作,营业收入结算工作等。

4)运输服务过程

运输服务过程是指服务于基本运输过程和辅助运输过程中的各种服务工作和活动。例如,各种行车材料、配件的供应,代办货物储存、包装、保险业务,均属于运输服务过程。

二、整车货物运输的站务工作

整车货物运输站务工作可分为发送、途中和到达三个阶段,内容包括货物的托运与承运,货物装卸、起票、发车,货物运送与到达交付,运杂费结算,商务事故处理等。货物在始发站的各项货运作业统称为发送站务工作。

1. 整车货物运输的发送站务工作

(1)受理托运。受理货物托运必须做好货物的包装,确定质量,并办理单据。

(2)组织装车。装车前对车辆进行检查。装车时注意码放货物,充分利用车辆的载质量和容积。装车后要检查货物的装载情况是否符合规定的技术条件。

(3)核算制票。发货人办理货物托运时,应按规定向车站缴纳运杂费,并领取承运凭证——货票,自始发站在货物托运单和货票上加盖承运日期之时起即算承运,承运标志着企业对发货人托运的货物开始承担运送义务和责任。

2. 整车货物运输的途中站务工作

货物在途中发生的各项货运作业,统称为途中站务工作。途中站务工作主要包括途中货物交接、货物整理及换装等内容。

3. 整车货物运输的到达站站务工作

货物在到达站发生的各项货运作业统称为到达站站务工作。到达站站务工作主要包括货运票据的交接、货物卸车、保管和交付等内容。

三、货物装卸

装卸作业是指在同一地域范围进行的、以改变物品的存放状态和空间位置为主要内容和目的活动。装卸作业是连接各种货物运输方式、进行多式联运的作业环节,也是各种运输方式运作中各类货物发生在运输的起点、中转和终点的作业活动。装卸是对物品在指定地点,以人力或机械实施垂直位移的作业。搬运是在同一场所内对物品进行水平移动为主的作业。没有装卸作业,整个物流过程就无法实现;没有高效率及高质量的装卸,整个物流过程的效率和质量也会受到严重影响。

1. 货车装卸的一般条件

(1) 零担货物装卸。较多使用人力和手推车、台车和运输机等作业工具,零担货物装卸也可使用笼式托盘、箱式托盘,以提高货车装卸、分拣及配货等作业的效率。

(2) 整车货物装卸。较多采用托盘系列及叉车进行装卸作业。

(3) 专用货车装卸。往往需要适合不同货物的固定设施、装卸设备,以满足装卸时需要的特殊技术要求。

2. 装卸作业的基本方法

1) 单件作业法

单件作业法是指将货物单件、逐件地进行装卸及搬运的方法,这是人工装卸搬运阶段的主导方法。目前,当装卸机械涉及各种装卸搬运领域时,单件、逐件装卸搬运的方法也依然存在。单件作业法的主要适用范围为:①出于安全需求只能采取单件独立装卸的货物;②装卸搬运场合没有或不适宜采用机械装卸;③货物形状特殊、体积过大,不便于采用集装化作业等。

2) 集装作业法

集装作业法是指现将货物集零为整(集装化)后,再对集装件(箱、网、袋等)进行装卸搬运的方法。这种方法又可按集装化方式的不同,进一步细分为集装箱作业法、托盘作业法、货捆作业法和滑板作业法等。

(1) 集装箱作业法。集装箱的装卸搬运作业在港口以跨车、轮胎龙门起重机、轨道龙门起重机为主进行垂直装卸,以拖挂车、叉车为主进行水平装卸。而其在铁路车站则以轨道龙门起重机为主进行垂直装卸,以叉车、平移装载机为主进行水平装卸。

(2) 托盘作业法。托盘作业法用叉车作为托盘装卸搬运的主要机械,即叉车托盘化。水平装卸搬运托盘主要采用搬运车辆和滚子式输送机;垂直搬运装卸托盘搬运托盘主要采用升降机、载货电梯等;而在自动化仓库中,则采用桥式堆垛机和巷道式堆垛机完成在仓库货架内的取、存及装卸。

(3) 货捆作业法。货捆作业法是先将货物货捆单元化(集装袋、网)等,再利用带有与各种框架集装化货物相配套的专用吊具的门式起重机、桥式起重机和叉车等进行装卸搬运作业,是颇受欢迎的集装化作业方式。

(4) 滑板作业法。滑板作业法是用与托盘尺寸一致的带翼板的滑板盛放货物,组成搬运作业系统,再用带推拉器的叉车进行装卸搬运作业。

3）散装作业法

散装作业法是指对煤炭、建材、矿石等大宗货物，以及谷物、水泥、化肥、粮食、原盐等货物采用的散装、散卸方法。其目的是提高装卸效率，降低装卸成本。散装作业法可以进一步细化为重力作业法、倾翻作业法、机械作业法和气力输送作业法等。

（1）重力作业法。重力作业法是利用货物的势能来完成装卸作业的方法。例如重力装卸车是指自己开门车或漏斗车在高架线或卸车坑道上自动开启车门，使煤炭或矿石等散装货物依靠重力自行流出的卸车方法。

（2）轻装作业法。轻装作业法是将运载工具的载货部分倾翻，从而将货物卸出的方法。例如，自卸汽车靠液压油缸顶起货箱实现货物卸载。

（3）机械作业法。机械作业法是指采用各种装卸搬运工具（如带式输送机、链斗装车机、单斗装载机、抓斗机、挖掘机等），通过舀、抓、铲等作业方式，达到装卸搬运的目的。

（4）气力输送作业法。气力输送作业法是利用风机在气力输送机的管内形成的单向气流的流动或气压差来输送货物的方法。

3. 装卸作业组织工作

运用现代装卸的技术方法，可以提高实际作业质量和效率。作业组织工作水平的高低，直接关系到装卸工作的质量和效率，对提高车辆生产率、加速车辆周转、确保物流效率都有十分重要的作用。

1）车辆装卸作业的时间构成

车辆完成货物装卸作业所占用的时间，是车辆停歇时间的组成部分，称为车辆装卸作业停歇时间。它主要有以下几部分时间组成：①车辆到达作业地点后，等待货物装卸作业的时间；②车辆在装卸货物前后，完成调车、摘挂作业的时间；③直接装卸货物的作业时间；④运输有关商务活动等的作业时间。

2）装卸作业的基本要求

装卸作业有以下几项基本要求：①减少不必要的装卸环节；②提高装卸作业的连续性；③相对集中装卸地点；④力求装卸设备、设施、工艺等标准化；⑤提高货物集装化或散装化作业水平；⑥做好装卸现场组织工作。

装卸作业组织工作包括：①制订科学合理的装卸工艺方案；②加强装卸作业调度指挥工作；③加强改善装卸劳动管理；④加强现代通信系统的应用水平；⑤提高装卸机械化水平；⑥应用数学方法改善装卸劳动力的组织工作。

四、整车货物运输单据及其管理

1. 货物托运单

货物托运单是发货人托运货物的原始依据，也是车站承运货物的原始凭证，它明确规定了承托双方在货物运输过程中的权利、义务和责任。货物托运单注明了货运货物的名称、规格、件数、包装、质量、体积、货物保险价和保价值、发货人姓名和地址、货物装卸地点及承托双方有关货运事项。

2. 货票与运杂费结算

货票是一种财务性质的票据，是根据货物托运单填写的。道路货物运输货票上注明了货物装卸地点,发送货人姓名和地址,货物名称、包装件数和质量,计费里程与计费质量,运杂费等,以根据托运单和运输线路,确定计费里程;确定货物的货运种别,查得规定的运价(或费率);按有关规定确定货物的计费质量进行运杂费结算。

3. 行车路单及其管理

行车路单就是行车命令,它是运输企业组织和指挥车辆进行作业的重要凭证,又是企业及各部门检查考核运输生产和行车消耗的重要依据。行车路单是企业调度中心签发给驾驶员进行运输生产的指令,是整车货运中最重要的原始记录。

对于行车路单的管理,必须坚持做到以下四点:

(1) 路单必须严格按顺序号使用,要采取有效措施防止空白路单丢失。

(2) 每一运次(或每一工作日)回队后必须将完成运输任务的路单交回,不允许积压、拒交。

(3) 行车路单内各项记录必须按要求填准、填全。车队调度员对交回路单的各项记录负有初审责任。

(4) 必须严格执行企业规定的路单使用程序和管理方法。

第三节 零担货物运输组织

一、零担货物资源组织

零担货物运输,指托运人托运货物其计费质量不足3t的货物运输。零担货物资源组织工作,始于货源调查,止于货物受理托运,是为寻找、落实货源而进行的组织工作。

1. 实行合同运输

实践证明,实行合同运输是道路货物运输企业行之有效的货源组织方法之一。实行合同运输有利于加强市场管理,稳定货源;有利于编制运输生产计划,合理安排运输;有利于加强企业责任感,提高运输服务质量;有利于简化运输手续,减少费用支出;有利于改进产、运、销的关系,优化资源配置。

2. 设立零担货运代办站(点)

零担货物具有零星、分散、品种多、批量小、流动广的特点,零担运输企业可以自行独立设立货运站点,也可以与其他社会部门或企业联合设立零担货运代办站点。这样既可以充分利用社会资源,弥补零担货运企业在发展业务中资金和人力的不足,又可以加大零担货运站的密度,扩大组货能力。零担货运代办站(点)一般只负责零担货物的受理、中转和到达业务,不负责营运。另外,设立零担货运代办站(点)的前提是广泛的市场调研,只有通过市场分析,才能了解货源情况,建立合理的零担货运网络。

3. 委托社会相关企业代理零担货运业务

货物联运公司、商业企业、邮局等单位均拥有广泛的营销关系网络,有较为稳定的货源。代理零担货运受理业务,可以利用这些单位的既有设施及其社会关系网络,取得相对稳定的资源。如上海长途运输公司与上海市100多家小集体和个体打包公司建立业务往来,承接了大量的零担货运业务。

4. 开展电话受理业务

设立电话受理业务,可以使货主就近办理托运手续,特别是能为外地货主提供方便。

5. 开展网上接单业务

现阶段,互联网已渗透到各行各业,零担货运企业应积极利用互联网开展网上接单业务,扩大货源。

二、零担货物运输的特点与要求

1. 零担运输的特点

1)计划性差

零担货物来源广泛,而且货物的流量、流向、流时等多为随机发生,均具有不确定性,难以通过合同方式将其纳入计划管理范畴。为了合理利用零担车辆,提高零担运输的运输效率和场库的设备利用率,运输部门必须加强对零担货物流量、流向的调查,掌握其变化规律,做好零担货物的受理工作。

2)组织工作复杂

零担货物种类繁杂、运输需求多样化,所以必须采取相应的组织形式才能满足人们的运输需求。这就导致零担货运环节较多、作业工艺细致、货物装载和配载要求较高,同时要求车站需要配置一定的仓库等货运设施设备以确定零担货物的质量及完成零担货物的装卸。

3)单位运输成本高

为了适应零担货物运输的需求,零担货运站需要配备一定的仓库、货架、站台,以及相应的装卸、搬运和堆垛机械及专用的厢式车辆。如此一来,必然导致占用较多的人力和物力,同时零担货运容易发生货损货差,赔偿费用和风险较高,造成单位运输成本增加。

4)货物运送形式多样

零担货运具有直达零担运输、中转零担运输和沿途零担运输等多种运输形式。

2. 组织零担货物运输的基本要求

(1)安全:减少货运事故,提高和保证运输质量;

(2)迅速:尽可能提高运送速度,减少中间环节;

(3)经济:要依靠管理提高效益;

(4)方便:方便货主,积极开展联运。

3. 零担货物运输业务构成

零担货物运输的经营活动包括零担货物的受理、仓储、运输、中转、装卸、交付等。其具体的作业流程包括受理、保管、配装、运送、卸车、交付等环节,如图6-1所示。

1)受理托运

受理托运是零担货物运输的第一个环节,是指零担货运的承运人依据营业范围内的线路、距离、中转站点、各车站的装卸能力、货物的性质及限运规定等业务规则和有关规定接受托运人的零担货物,办理托运手续。

在受理托运时,可根据受理零担货物的数量、运距以及车站作业能力采取不同的制度。

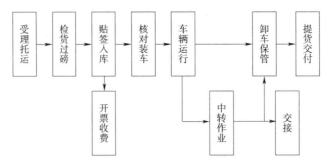

图 6-1 零担货物运输业务流程

①随时受理制。这种受理制度对于零担托运的日期无具体规定,只要属于车站的经营范围内的业务,发货人随时将货物送到车站即可办理承运。这种制度对顾客最为方便,初办零担业务的车站、业务量不大但沿途配装货物较多的沿途停靠站大多乐于采用此制度。这种制度的缺点是不能事先组织零担货源,计划性较差,不便于计划管理;货物集结时间较长,仓库设备利用率低。此外,对于一些急运物资也可以考虑使用此制度。

②预先审批制。这种制度要求发货单位或货主可先向车站提出申请,车站再根据各个发到方向及运量,结合站内设备和作业能力加以平衡,分别指定日期办理承运进货集结,最后组成各种零担班车。

该制度对于加强零担货运的计划性和组织化水平有重要作用。虽对货主带来了诸多不便,但货物集结时间集中,仓库设备利用率高,运输效率高。

③日历承运制。这种制度要求车站在基本掌握零担货物流量和流向规律的前提下,认真编制承运日期表,并事先向货主公布,发货人则按规定日期前来车站办理托运手续。

日历承运制度,便于将去向和到站分散的零担货物合理集中,为组织直达零担班车创造了条件;物资部门可以按照承运日期表,安排产品生产和物资调拨计划,实现均衡生产和计划运输。这种制度下,货物集结时间集中,仓库设备利用率高,运输效率高。

2) 托运单的填写与审核

托运单是发货人托运货物和货运站承运货物的原始凭证。受理托运时,必须由托运人认真填写托运单的各项内容,待承运人审核无误后才能承运。托运单原则上由托运人自己填写,承运人不予代填。托运单一式两份,一份由起运站仓库帮管留档,一份开票后随货同行。

承运人对托运人填写的托运单应认真审核,具体要求是:

(1) 认真核对托运单的各栏有无涂改,涂改不清者应重新填写。

(2) 审核到达站与收货人的地址是否相符,以免误运。

(3) 对货物的品名和属性进行鉴别,注意区分普通货物和零担货物,普通货物与危险货物等。如果有危险货物,应按《道路危险货物运输管理规定》(交通运输部令 2016 年第 36 号)处理。

(4) 对托运人在发货人记载事项栏内填写的内容应特别注意,审核发货人的要求是否符合有关规定,以及货运站能否承担货运任务。

3) 检验过磅

检验过磅作业是业务人员在收到托运单后,审核单、货是否相符,检查货物包装,过磅量方、贴标签、标志与开具货票的工作。

(1)审核单、货是否相符。核对货物品名、件数等是否与托运单相符,必须逐件清点,防止差错。注意检查是否夹带限运货物与危险货物。

(2)检查货物包装。对货物进行包装是托运人的职责。货物包装完好、适宜、便于装卸,是保证运输质量和货物自身安全的必备条件,所以必须按货物的特性和要求进行包装,必须达到零担货运关于货物包装的规定。

(3)过磅量方。检验完包装后,业务人员应对受理的零担货物过磅量方。货物质量是正确转载、核算运费和发生事故后正确计算赔偿费用的依据。货物质量分为实际质量、计费质量和标定质量三种:

①实际质量,是指货物(包括包装在内)过磅后的毛重。

②计费质量,可分为不折算质量和折算质量。不折算质量就是货物的实际质量。关于折算质量的计算可参考相关的规定。

③标定质量,是对特定的货物所规定的统一计费标准。若同一托运人一次托运轻浮和实重两种货物至同一到达站,只要货物的理化性质允许装配,则可以合并称重或合并折重计费。业务人员将货物过磅或量方后,应将质量或体积填入托运单内,置顶货位将货物移入仓库,然后在托运单上签字证明并签注货位号,加盖承运日期戳,将托运单一份留存备查,另一份交还货主持其向财务核算部门付款开票。

4)贴标签、标志与开具货票

零担货物过磅量方后,连同托运单交仓库保管员按托运单编号填写标签与有关标志,并根据托运单和磅码单填写零担货物运输货票,照票收取运杂费。

零担标签、标志是建立货物本身与其票据间联系的凭证。它表明货物本身性质,凭借其进行理货、装卸、中转和交付货物。标签各栏内容均需详细填写,在每件货物的两端或正面明显处各贴(扣)一张。

货票是一种财务性质的票据。在发运站,它是向发货人核算运费的依据;在到达站,它是收货人办理货物交付的凭证之一。此外,货票也是企业统计完成货运量、核算运输收入及计算有关货运工作指标的原始凭证。

5)仓库保管

仓库保管的第一项工作为验货入库。零担货物验收入库是货运站对货物履行运输及保管责任的开始。做好货物验收及保管工作可减少货损、货差,保证运输质量。进行货物保管、验收时,必须逐件清点交接,按指定货位堆放且堆码整齐,经复点无误后在托运单上注明货位。验收货物时应注意以下几点:

(1)凡未办理托运手续的货物,一律不准进入仓库;

(2)坚持照单验收入库,做到一票对货、票票不漏、货票相符;

(3)货物必须按流向堆存在指定的货位上;

(4)一批货物不要堆放在两处,库内要做到层次分明,留有通道,标签向外;

(5)露天堆放的货物要注意下加铺垫、上盖遮雨布。

仓库或货棚内应合理地划分货区和货位,这对提高中转作业效率和减少作业的差错有着重要的作用。货区和货位的划分应以中转站货物搬运距离最短、中转作业效率较高为原则。

为了便于管理,零担中转仓库或货棚可划分为发送区、中转区、到达区等。发送、到达和中转之间关系密切,货区的划分也无严格的规定。一般可视运量大小和设备布置的特点加以确定。对于一侧停靠车辆的仓库或货棚,中转货区宜放在中间,到、发货区可安排在两端。

仓库或货棚内的每个货区,又可分为若干货位,以便存放指定去向或到站的零担货物。货位可按到达站及方向分别划分,也可按顺序编号法划分,前者便于管理和装配,但当车辆不能接近货位时,会造成卸车后货物有较长的搬运距离;后者货位利用率高,货物搬运距离短,但管理工作复杂。

6)开票收费

当司磅人员和仓库保管员在托运单上签字后,就可进行开票收费作业,此作业环节包括运费和杂费的计算,可套用既定公式进行计算。

零担货运的杂费项目包括渡费(零担货运车辆如需要通过渡口,由起运站代收渡费)、标签费、标志费、联运运输费[通过两种以上的运输工具的联合运输以及跨省(自治区、直辖市)的道路运输,应该收取联运服务费]、中转包干费(联运中转中,中转环节的装卸、搬运、仓储、整理包装劳务等费用,实行全程包干,由起运站一次核收)、退票费、保管费、快件费、保险费等。

7)编制承运日期表

承运日期表具体规定了车站受理承运某到达站或方向上零担货物的日期。按承运日期表上所规定的日期受理零担货物,对有计划、有组织地运输零担货物具有重要作用,其优点是:

(1)便于将去向和到站比较分散的零担货流合理集中,为组织直达零担班车创造有利条件。

(2)可以均衡地安排起运站每日承运零担货物的数量,合理使用车站的货运设备,为日常零担承运、仓库管理、计划配装、装车组织、劳力安排创造有利的条件。

(3)便于物资部门安排产品生产和物资调拨计划,提前做好货物托运前的准备工作。

编制承运日期表时,应遵循一些基本原则,如:应尽最大可能组织直达零班车,杜绝不合理的中转环节;尽量缩短承运间隔期;保证车站作业的均衡性等。具体编制时,必须掌握下列资料:

(1)零担货物发送量。为了掌握这方面的货流资料,可根据历年实际完成的统计资料结合货源调查后加以分析。有了零担货物发送量,才能进一步确定组织某到达站直达零担班车的平均每日发送量。

(2)零担货物构成。主要掌握轻重货物的比例,以便采用相应的厢式车型或确定使用的成组工具,并计算平均静载质量。

(3)车站发送仓库的容量、货位数目以及管理方法。这对发送量大,仓库容量小的车站十分重要。因此,编制承运日期表时,必须充分考虑仓库的使用和管理方法,以便保证货物能够及时发送。

(4)车辆运行技术参数。这是确定车辆运行周期和零担车班期的重要依据,它与车辆配备数量以及最大承运间隔日期的确定也有很大关系。

(5)主要发货单位以及对方零担货运站的要求。

编制承运日期表,可参考如下步骤进行:

(1)计算组织到达某站一个直达零担班车零担货物所需要的集结时间,其计算公式为:

$$T = \frac{g}{Q_f} \tag{6-6}$$

式中:T——货物集结时间,日;

g——平均货物装载量,t;

Q_f——平均日发送量,t/日。

(2)根据有关规定和要求、零担货物的变化规律、车站作业能力以及车辆运行周期等资料,合理确定最大承运间隔期。

(3)比较零担货物计算的集结时间和最大承运间隔期,初步确定零担货物承运间隔期。

零担货物集结时间如小于或等于最大承运间隔期,则可按集结时间作为组织直达零担班车的承运间隔期;超过时,可考虑将同一方向上两个适宜到达站的货流予以合并,重新计算它们的集结时间,最后确定组织发往两个到达站直达零担班车的承运间隔期。

(4)根据车站仓库作业能力的大小、设备使用的合理性,在确保作业均衡和方便货主的原则下,对已确定的承运间隔日期进行调整,最后编制承运日期表。

承运日期表原则上应保持相对的稳定性,当货源货流发生变化或其他原因需要调整时,应提前编制并及时公布新的承运日期表。

8)配载装车

配载装车是零担货物起运的开始。零担货物的配装计划,必须根据承运零担货物的流量、流向,结合当日存余待运货物的情况,综合平衡后确定。

(1)零担货物的配载原则。

零担货物在进行装配装车时,应遵循以下配载原则:

①坚持"中转先运,急件先运,先托先运,合同先运"的原则。

②充分体现"多装直达,减少中转"的原则。必须中转的货物,应按合理流向配载,不得任意增加中转环节。

③进行轻重配装,巧装满载,充分利用车辆的载质量与容积。

④严格执行有关货物混装限制的规定,确保运行安全。

⑤加强中途各站待运量的预报工作,根据需要为中途站留有一定的载质量和容积。

(2)装车工作组织。

①装车前的准备。首先备货,货运仓库接到货物装车交接清单后,应逐批核对货物品名、货位、数量、到达站,检查包装标志、标签。其次填单,根据车辆的载质量或容积、货物的性质和形状进行合理配载,填制配装单和货物交接单。填单时,必须按照货物的先远后进、先重后轻、先大后小、先方后圆的顺序填写,以便按单顺次装车。对不同到达站和中转站的货物要分单填制。货物装车完毕之后,整理各种随货同行单据,包括提货联、随货联、托运单、零担货票及其他附送单据,按中转、直达离开,附于交接单的后面。最后,按单核对货物的堆装位置,做好装车标记。

②货物装车。完成上述准备工作后,即可按交接单的顺序和要求点件装车。进行装车作业时应注意以下几点:检查零担车体、车门、车窗是否良好,车内是否干净;均衡分布货物,防止偏重;贵重物品应堆装在防压、防撞的位置,以保证货物安全;紧密堆装货物,并注意货物固定,以防止运行途中货物倒塌、破损;同一批货物应堆装在一起,货签朝外,以便识别;货物装车完毕后复查,防止错装、漏装、误装。确定无误后,驾驶员或随车理货员清点随货单据,在交接清单上签章。交接清单应一站一单,以便于点交和运杂费的结算;检查车辆上锁及遮盖、捆扎的情况。

9) 车辆运行

零担货运班车必须严格按期发车,不得误班。班车必须按规定路线行驶,按规定站点停靠,并由中途站值班人员在行车路单上签章。行车途中,驾驶员或随车理货员应经常检查所载货物的情况,如发现异常,应做好记录,及时处理,或请就近货运站协助处理。

10) 货物中转

对于需要中转的货物应以中转式零担班车或沿途式零担班车的形式运送到规定中转站进行中转。中转作业主要是将来自各个方面的零担货物卸车后重新集结,组成新的零担班车继续运送至各自的终点站。

零担货物中转一般有以下三种方法:

(1) 落地法。

落地法是指将到达车辆上的零担货物全部卸下入库,按方向或到达站在货位上进行集结,然后重新配装组织成新的零担车的中转方法。这种方法方便易行,车辆载质量和容积利用率较高;但装卸作业量大、作业速度慢,仓库和场地的占用面积也较大,中转时间较长。组织中转作业时,应尽量减少落地货物的数量。

(2) 坐车法。

坐车法是指将到达车辆上运往前方同一到站且中转数量较多或卸车困难的那部分核心货物留在车上,把其余到达站的货物全部卸下,然后在到达车辆上加装与核心货物同一到站的货物组成一个新的零担车的中转方法。由于核心货物不用卸车,故减少了作业量,加快了中转作业速度,节约了装卸劳动力和货位;但留在车上的核心货物装载情况和数量不易检查和清点,在加载货物较多时,也难免会造成卸车和倒装等附加作业。

(3) 过车法。

过车法是指当几辆零担车同时到站进行中转作业时,将车内部分中转零担货物由一辆车向另一辆车上直接换装,而不卸到车站的货位上;组织过车时,可以向空车上过车,也可以向留有核心货物的重车上过车。

该方法运用了平行作业的原理,在完成卸车作业的同时即完成了另一辆车的装车作业,减少了零担货物的装卸作业量,提高了装卸效率,加快了中转速度。但此种方法对于到发车辆的时间衔接要求较高,容易受外界条件的干扰而影响计划的完成。

落地法可为各个中转站所采用。随着零担货运量的日益增加,零担货运组织工作也应得到相应加强,条件成熟时可逐步推行坐车法和过车法。采用这两种方法时,零担车在起运站装车时,应为中转站的作业创造便利条件;中转站也应认真做好零担货物中转配装计划。在条件许可时,如能根据实际情况将三种方法结合运用,将会产生良好的效果。

11）到站卸货

零担班车到站后,仓库人员应向驾驶员或随车理货员索要货物交接清单及随附的有关凭证,按单验货,件点件清。如果无异常情况,在交接单上签字加盖业务章;如有异常情况,需视不同情况采取相应处理措施：

（1）有单无货。双方签注情况后,在交接单上注明,原单退回。

（2）有货无单。查验货物标签,确认系货物到达站,应予以收货,由仓库人员签发收货清单,双方盖章,寄起运站查补票据。

（3）货物到站错误。将货物原车运回起运站。

（4）货物短缺、破损、受潮、污染、腐坏。双方共同签字确认,填写事故清单,按商务事故程序办理。

货物卸下后应堆放在指定地点,堆放时要保证货物完好无损,并定期巡视,防止发生仓储事故,把好保证货运质量的最后一关。

12）货物交付

货物交付是最后一项业务。货物到站卸下入库后,应及时通过电话或以书面形式通知收货人凭"提货单"提货,并将通知的方式和日期记录在案备查。对"预约送货上门"的货物,应立即组织送货上门,对逾期提取的货物要按有关规定办理。

货物交付要按单交付,件检件交,做到票货相符。交货完毕后,在提货单上加盖"货物交讫"戳记,然后收回货票提货联,汽车零担货物的责任运输才宣告完毕。

三、零担运输车辆运行组织

装运零担货物的车辆就是零担运输车辆(以下简称"零担车")。零担车一般分固定式零担车和非固定式零担车两种。其中,非固定式零担车是按照零担货流的具体情况,临时组织而成的一种零担车。这种零担车计划性差,适宜在新辟零担线路上或季节性零担货物线路上临时运行。不提倡非固定式零担车,条件成熟后应改为固定式零担车。

固定式零担车常称为汽车零担货运班车,它是以厢式专用车为主要载运工具,定期、定线、定车运行的一种零担班车。

1. 固定式零担车的主要特点

(1)实行"三定"运输(定线、定站、定车)；

(2)它是在货源调查与分析基础上组织运行的；

(3)应大力提倡固定式零担车。

2. 固定式零担车的主要形式

固定式零担车主要有直达、中转和沿途三种不同的组织形式。

（1）直达零担班车。直达零担班车是指在起运站将多个发货人托运同一到站且性质适宜配装的各种零担货物,运用同车装运直接送达目的地的一种运输组织形式,如图6-2所示。

直达式零担班车的运输组织与整车货运基本相同,是所有零担货运组织行驶中最为经济的一种,它具有以下特点：

①是汽车零担货运班车的基本形式,具有较好的经济效益性；

②可以节省中转费用,减少不必要的换装作业;减少了货物在途时间损失,提高了运送速度,有利于加速车辆周转和物资调拨;
③有利于零担货物运输安全和货物完好;
④必须有足够货源,货物集结时间不能太长;
⑤应按"多装直达、减少中转"的原则组织直达零担班车。

图 6-2　直达式零担班车组织形式

（2）中转零担班车。中转零担班车是指在起运站将多个发货人托运同一线路不同到站且性质允许配装的各种零担货物,运用同车装运至规定中转站,卸后复装,重新组成新的零担班车送达目的地的一种运输组织形式,如图 6-3 所示。

图 6-3　中转式零担班车组织形式

中转零担班车具有如下特点:
①它是直达零担货运班车的补充;
②它属于低一级的组织形式,适用于货源不充沛、难以组织直达零担班车的条件;
③不利于零担货物运输安全和货物完好,运送速度较慢。

（3）沿途零担班车。沿途零担班车是指在起运站将多个发货人托运同一线路不同到站且性质允许配装的各种零担货物,运用同车装运后,在沿途各计划停靠站卸下到达或装上发送零担货物后在继续前进,直至最后终点站的一种运输组织形式,如图 6-4 所示。

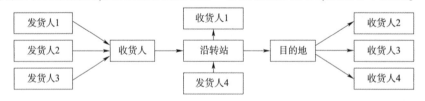

图 6-4　沿途式零担班车组织形式

沿途式零担班车的运输组织工作非常复杂,车辆在途运行时间较长,但能满足沿途客户的多品种、小批量的运输需求,可以充分利用车辆的载质量与容积。

沿途零担班车具有如下特点:
①它是直达和中转零担货运班车的补充形式;
②它是中转零担班车的一种变形,能满足沿途各物资单位和货主的需要,但交接交付环节较多;
③车辆途中运行时间较长,货物装卸次数增加,服务质量难以尽如人意。

第四节　特种货物运输组织

特种货物分为大件货物、危险货物、鲜活易腐货物等,特种货物的运输称为特种货物运输。特种货物有其各自的特殊性,因此每种特种货物运输都有其特殊的要求。

一、大件货物运输组织

1. 大件货物运输的特殊性

与普通道路货运相比较,道路大件货运具有如下特点:

(1)运输超限货物。

货物的外形尺寸超出一般道路通行界限,其单件货物的长、宽、高之一分别超出14m、3.5m、3m,或质量达到20t以上。如发电厂中的大型发电机组(质量达200多t,高度超过4m)、石油化工设备中的大型反应器(质量最高达600t,最大长度77m,最大直径达6.83m)、供电系统的大型变压器(质量超过190t,高度超过4m)、钢铁厂的转炉托圈(质量近300t,长度18m,宽度超过11m)等。

(2)采用超重型汽车列车(车组)。

由于大件货物的外形尺寸及质量集中程度差异很大,而且超重型车辆利用效率较低(我国目前平均仅为20%~30%),所以汽车列车的挂车部分一般才一个能拼装式结构以适应运行经济性要求。目前我国及法国、日本、德国等国道路大件运输车辆载质量均超过500t,其中我国最大载质量已达800t,即由上海市大型物件汽车运输公司引进的德国戈德霍夫800t级组合式液压平板车组,它可根据货物形状、集重程度和道路情况,进行纵向或横向拼接组装成几十种不同形式的组合体,以适应各种大型设备和特种物资的运输需求。

(3)运输准备工作复杂。

由于大件货物种类或外形尺寸超出一般道路通行界限,以及我国目前的公路条件、桥梁条件,能行驶上百吨车辆的较少,加上空中输电线网的障碍,路旁林木和建筑设施以及道路弯度和低下管路等,不一定能通过超长、超宽、超高及超重的大件货物,因而,需要事先对所经道路、桥梁、涵洞等进行必要的加固、改造,以及超重型挂车组的拼装作业,对沿线有关输电线路进行临时迁移。

2. 大件货运组织工作要点

1)办理托运

由大型物件托运人(单位)向已取得大型物件运输经营资格的运输业户或其代理人办理托运,托运人必须在(托)运单上如实填写大型物件的名称、规格、件数、件重、起运日期、收发货人详细地址及运输过程中的注意事项。凡未按上述要求办理托运或运单填写不明确,由此发生运输事故的,由托运人承担全部责任。

2)理货作业

在与托运人签订运输要约后,大件运输企业必须对货物进行理货作业,即对货物的几何形状、质量和重心位置事先进行了解,取得可靠数据和图样资料的工作过程。通过理货工作分析,为确定长大货物超限级别及运输形式、查验道路以及制定运输方案提供依据。

理货作业的主要内容包括：调查大型物件的几何形状和质量，调查大型物件的重心位置和质量分布情况，查明货物承载位置及装卸方式，查看特殊大型物件的有关技术经济资料，以及完成书面形式的理货报告。

3）验道

验道工作的主要内容包括：查验运输沿线全部道路的路面、路基、纵向坡度、横向坡度及弯道超高处的横坡坡度、道路的竖曲线半径、通道宽度及弯道半径，查验沿线桥梁涵洞、高空障碍，查看装卸货现场、倒载转运现场，了解沿线地理环境及气候情况。根据上述查验结果预测作业时间，编制运行路线图，完成验道报告。

4）制定运输方案

在充分研究、分析理货报告及验道报告基础上，制定安全可靠、可行的运输方案，其内容包括：配备牵引车、挂车组及附件，配备动力机组及压载块，确定最高车速限定，制定运行技术措施，配备辅助车辆，制定货物装卸与捆扎加固方案，制定和验算运输技术方案，完成运输方案书面文件。

5）签订运输合同

根据托运方填写的委托运输文件及承运方进行理货分析、验道、制定运输方案的结果，承托双方签订书面形式的运输合同，其主要内容包括：明确托运与承运甲乙方、大型物件数据及运输车辆数据、运输起止地点、运距与运输时间，明确合同生效时间、承托双方应负责任、有关法律手续及运费结算方式、付款方式等。

6）线路运输工作组织

线路运输工作组织包括：建立临时性的大件运输工作领导小组负责实施运输方案，执行运输合同和相应对外联系。领导小组下设行车、机务、安全、后勤生活、材料供应等工作小组及工作岗位，并组织相关工作岗位落实岗位责任制，组织大型物件运输工作所需牵引车驾驶员、挂车操作员、修理工、装卸工、工具材料员、技术人员及安全员等，依照运输工作岗位责任及整体要求认真操作、协调工作，保证大件运输工作全面、准确地完成。

7）运输统计和结算

运输统计指完成大型物件运输工作各项技术经济指标统计，运输结算指完成运输工作后按运输合同有关规定结算运费及相关费用。

二、危险货物运输组织

1. 托运

托运人必须向具有从事危险货物运输经营许可证的运输单位办理托运。法律、行政法规规定托运人必须办理有关手续后方可运输的危险货物，道路危险货物运输企业应当查验有关手续齐全有效后方可承运。托运单上要正确填写危险货物的品名、规格、件重、件数、包装方法、起运日期、收货人和发货人的详细地址、运输过程中的注意事项。凡未列入《危险货物道路运输规则》(JT/T 617—2018)的危险货物，必须附有关单证，并在托运单"备注"栏内注明。对于货物性质或灭火方法相互抵触的危险货物，必须分别托运。凡未按以上规定办理而引发运输事故的，由托运人承担全部责任。危险货物托运人应当对托运的危险货物种类、数量和承运人等相关信息予以记录，记录的保存期限不得少于1年。

2. 承运

承运人在受理托运时,应认真审核托运单上所填写货物的编号、品名、规格、件重、净重、总重、收发货地点、时间及所提供的相关资料是否符合规定,必要时应组织承托双方到货物现场和运输线路进行实地勘察,其费用由托运人负担;问清包装、规格和标志是否符合国家规定的要求,对不符合运输安全要求的,应请托运人更改后再受理等。

3. 包装与标志

危险货物在包装时,应根据不同的货种选择相应符合规定的包装材料,并要以一定的包装方法进行包装。对重复使用的危险货物包装物、容器,在重复使用前应当进行检查;发现存在安全隐患的,应当维修或者更换。对于封口、衬垫、捆扎及每件最大质量都必须符合规定要求。每件包装上应有常规的包装标志及危险货物保障标志两种。

4. 运输与装卸

运输与装卸的基本要求主要体现在以下几个方面。

1) 车辆

不得使用罐式专用车辆或者运输有毒、感染性、腐蚀性危险货物的专用车辆运输普通货物。其他专用车辆可以从事食品、生活用品、药品、医疗器具以外的普通货物运输,但应当由运输企业对专用车辆进行消除危害处理,确保不对普通货物造成污染、损害。不得将危险货物与普通货物混装运输。运输剧毒化学品、爆炸品的企业或者单位,应当配备专用停车区域,并设立明显的警示标牌。专用车辆应当配备符合有关国家标准以及与所载运的危险货物相适应的应急处理器材和安全防护设备。道路危险货物运输企业或者单位使用罐式专用车辆运输货物时,罐体载货后的总质量应当和专用车辆核定载质量相匹配;使用牵引车运输货物时,挂车载货后的总质量应当与牵引车的准牵引总质量相匹配。

2) 装卸

危险货物的装卸作业应当遵守安全作业标准、规程和制度,并在装卸管理人员的现场指挥或者监控下进行。危险货物运输托运人和承运人应当按照合同约定指派装卸管理人员;若合同未予约定,则由负责装卸作业的一方指派装卸管理人员。用于装卸危险货物的机械及工具的技术状况应当符合行业标准规定的技术要求。严禁专用车辆违反国家有关规定超载、超限运输。在危险货物装卸过程中,应当根据危险货物的性质,轻装轻卸,堆码整齐,防止混杂、撒漏、破损,不得与普通货物混合堆放。

3) 运送

驾驶人员应当随车携带《道路运输证》。驾驶人员或者押运人员应当按照《危险货物道路运输规则》(JT/T 617—2018)的要求,随车携带《道路运输危险货物安全卡》。

在运输危险货物时,严格遵守有关部门关于危险货物运输线路、时间、速度方面的有关规定,并遵守有关部门关于剧毒、爆炸危险品道路运输车辆在重大节假日通行高速公路的相关规定。道路危险货物运输企业或者单位应当通过卫星定位监控平台或者监控终端及时纠正和处理超速行驶、疲劳驾驶、不按规定线路行驶等违法违规驾驶行为。

在道路危险货物运输过程中,除驾驶人员外,还应当在专用车辆上配备押运人员,确保危险货物处于押运人员监管之下。道路危险货物运输途中,驾驶人员不得随意停车。因住宿或者发生影响正常运输的情况需要较长时间停车的,驾驶人员、押运人员应当设置警戒带,并采取相应的安全防范措施。运输剧毒化学品或者易制爆危险化学品需要较长时间停车的,驾驶人员或者押运人员应当向当地公安机关报告。

在危险货物运输过程中发生燃烧、爆炸、污染、中毒或者被盗、丢失、流散、泄漏等事故,驾驶人员、押运人员应当立即根据应急预案和《道路运输危险货物安全卡》的要求采取应急处置措施,并向事故发生地公安部门、交通运输主管部门和本运输企业或者单位报告。运输企业或者单位接到事故报告后,应当按照本单位危险货物应急预案组织救援,并向事故发生地安全生产监督管理部门和环境保护、卫生主管部门报告。

4) 交接

货物运送目的地后,要及时通知收货人提货。交接时,必须做到点收点交,做到交付无误。在双方交接过程中如发现货损货差,收货人不得拒收,应协助承运人采取有效的安全措施,及时处理,降低损失,同时在运输单证上批注清楚。驾驶员、装卸工返回单位后,应向调度人员报告,及时处理。装过危险货物的货车,卸货后必须彻底清扫干净。

5) 散漏处理

爆炸品散漏时,应及时用水湿润,撒上锯末或棉絮等松软物后轻轻收集起来,同时报公安消防部门处理,可能发生火灾危险时,应尽可能将其转移或隔离。

压缩气体和液化气体泄漏时,应立刻拧紧阀门;若为有毒气体泄漏,则应迅速转移至安全场所,做好相应的人身防护,站在上风处进行抢修;若有易燃易爆、助燃气体泄漏,应严禁火种接近。当气瓶卷入火场时,应向气瓶浇水,冷却后移出危险区域。

易燃液体发生渗漏时,应将渗漏部位朝上并转移至安全通风处,进行修补或更换包装;当易燃液体漏散时,应用砂土覆盖或者用松软材料吸附,然后将其集中至安全处处理。

易燃固体、自燃物品和遇湿易燃物品散漏时,应根据不同的特性妥善收集,然后转移到安全处更换或整理包装。收集的残留物不得随意遗弃,应该进行深埋处理。

氧化物和有机过氧化物散漏时,应先用砂土覆盖,再清扫干净,再用水冲洗,收集的散漏物品,不得倒入原货件内。

毒害品和感染性物品散漏时,先用砂土覆盖,再清扫干净。收集的散漏物不得随意丢弃,被污染的车辆、库场、用品应及时进行清洗消毒。

放射性物品散漏时,应由熟悉货物性质的专职人员进行处理。做好人身防护,当剂量小的放射性物品的外层辅助包装损坏时,应及时修复或调换包装。放射性矿石、矿粉散漏时,应将散漏物收集,并更换包装。

腐蚀品散漏时,应先用干砂、干土覆盖吸收,清扫干净后用水冲洗;也可视货物的酸碱性分别用稀酸或者稀碱溶液对之进行中和。

三、鲜活易腐货物运输组织

鲜活易腐货物,指在运输过程中,需要采取一定措施,以防止死亡和腐烂变质的货物,道路运输的鲜活易腐货物主要有鲜鱼虾、鲜肉、瓜果、蔬菜、牲畜、观赏性野生动物、花木秧苗、蜜蜂等。

1. 鲜活易腐货物运输的特点

(1) 季节性强,运量变化大。如水果、蔬菜大量上市的季节,沿海渔场的鱼汛期等,运量会随着季节的变化而变化。

(2)运送时间上要求紧迫。大部分鲜活易腐货物极易变质,要求以最短的时间、最快的速度及时送达。

(3)运输途中需要特殊照料。如牲畜、家禽、蜜蜂、花木秧苗等的运输,需配备专用车辆和设备,沿途对其进行专门的照料。

2.冷链运输组织

鲜活易腐货物运输中,除了少数部分因途中照料或车辆不适造成死亡外,其中大多数都是因为发生腐烂所致。冷藏方法可比较有效地防止腐烂现象发生,故被经常采用,它的优点是:能很好地保持食物原有的品质,包括色、味、香营养物质和维生素;保藏的时间长,能进行大量的保藏及运输。冷链运输可实现运输过程中的冷藏需求,是指在运输全过程中,无论是装卸搬运、变更运输方式、更换包装设备等环节,都使所运输货物始终保持一定温度的运输。

1)冷链运输的对象

冷链运输的对象主要按所运输的货物对温度要求来进行分类。

(1)保鲜类物品,如蔬菜、鲜花、水果、保鲜疫苗、鲜活水产品等,一般温度要求为 $2 \sim 8℃$。

(2)冷鲜类物品,如排酸肉品、江海鲜产品、豆制品、疫苗制品、巧克力等,一般要求温度为 $-5 \sim 0℃$。

(3)冷冻类物品,如速冻食品、速冻海鲜江鲜产品、冻肉制品等,一般要求温度为 $-18 \sim 18℃$。

(4)深冷冻物品,如冰激凌、高危险品、高级面包活菌酵母面团,一般要求温度为 $-45 \sim -20℃$。

(5)高危品须使用一种极端高危品运输冷藏车。

3.冷链运输车辆的选择

冷链运输是冷链管理的重要部分,冷链运输成本高,而且包含了较复杂的移动制冷技术和保温箱制造技术,冷链运输管理包含更多的风险和不确定性。冷链运输包含航空运输、船舶水路运输、铁路运输和道路运输。公路冷链运输是冷链运输的主要组成部分。

1)冷藏车辆形式的选择

冷藏车辆的选择是冷链运输首先遇到的问题。市场上冷藏车辆种类繁多,何种形式车辆最适合企业的运作模式,是购置车辆首先应该考虑的问题,公路冷藏运输车辆按形式不同,可以分为冷藏集装箱车、冷藏厢式车、冷藏连杆厢式车等;按制冷机的安装及形式不同可分为单机制冷厢式车、双温控厢式车等。目前,我国公路冷藏车辆陆续实行标准化,非标准车辆将受到限制,所以运营单位选择车辆的范围首先要考虑交通运输部批准的冷藏车辆系列。选择车辆的形式要根据行业特点、产品特性等因素综合考虑。例如,服务于海关的运输企业选择拖挂式冷藏集装箱车,运输单一温度的长途车辆选择冷藏厢式车,而服务超市多温度产品的形式的运输企业可以考虑双温控厢式车等。

2)冷藏车辆大小的选择

冷藏车辆吨位大小会影响到运营成本并限制车辆的使用安排。车辆的运营成本由车折旧、燃油费、修理费、人工费、路桥费、保险费等费用组成。在国外,驾驶员的成本占车辆运营费用的1/3,我国目前人工成本相对较低,但此种现象不会长期延续下去。由于车辆的费用中很大比例和车辆的行驶距离直接相关,所以加大单位距离的运载量是多数情况下优先考虑的因素。一般来讲,车辆越大单位货物的运输成本越低。这也是为什么国外道路上运营的大多为大吨位的车辆,而国内受多方面条件的限制,选择车辆考虑的因素要多一些。选择车辆大小时应考虑以下几方面因素:

(1)运输业务模式。无论是大批量长途运输还是小批量配送,长途运输应尽量选择大吨位的车辆。

(2)运输道路条件限制。一般市内配送受车辆限行的影响,在一定的期间内不允许大吨位车辆进城,所以城市配送要考虑此因素。

(3)订单批量。订单的小批量是目前运输企业特别是配送企业面临的主要问题。单位时间内一辆车能送几单货将制约车辆的装载能力。

3)冷藏车辆制冷能力的选择

冷藏车辆的功能主要是保持货品的温度,而不是降低货品的温度。车辆配备的制冷机的功率大小取决于冷藏箱尺寸、货品温度要求、箱体保温材料及环境温度等。一般而言,在特定的区域内,冷藏车辆的制冷机有标准配置。选择好车厢的大小后,对应相应温度有与其相匹配的制冷机。但在货品质量及对冷链控制要求较高的情况下,可以选择高一级的制冷机配置。

4)冷藏车辆制冷形式的选择

目前,冷藏车辆的制冷形式主要分为外接电源制冷、压缩气体制冷、独立车载发动制冷和冷板制冷等形式。外接电源制冷主要用于船运制冷集装箱,压缩气体制冷形式日本冷藏车辆上部分使用。我国公路冷藏车辆中主要采用独立车载发动机制冷和冷板制冷两种形式。独立车载发动机制冷形式应用得较普遍,它的优点在于不受时间和运输距离的限制,可调节不同温度范围。冷板制冷的优点在于车厢内温度较稳定,可多次卸货并且没有途中发动机损坏的风险,但缺点是温度范围较窄,需要制冷等待时间和不能接力运输等。

4.冷链运输组织工作

良好的运输组织工作,对保证冷链货物的质量十分重要。对于冷链运输,应坚持"四优先"的原则,即优先安排运输计划、优先进货装车、优先取送、优先挂运。

发货人在托运之前,应根据货物的不同性质,做好货物的包装工作。托运时,应向承运人提出货物最长的运达期限、某一种货物的具体运输温度及特殊要求,提交卫生检疫等有关证明,并在托运单上注明。检疫证明应退回发货人或随同托运单代递到终点站交收货人。

承运冷链货物时,承运人应对货物的质量、包装、温度等进行仔细检查。包装要符合要求,温度要符合规定。承运人应根据货物的种类、性质、运送季节、运距和运送地方来确定具体的运输服务方法,及时地组织适合的车辆予以装运。

冷链货物装车前,应认真检查车辆及设备的完好状态,做好车厢的清洁、消毒工作,适度风干后再装车。装车时,应根据不同货物的特点,确定其装载方法。如果为冷冻货物,应紧密堆码以保持其冷藏温度;若为水果、蔬菜等需要通风散热的货物,必须在货件之间保持一定的空隙;如为怕压的货物,则应在车厢内加搁板,分层装载。

对于冷链货物的运送,应充分发挥道路运输快速、直达的特点,协调好仓储、配载、运送各环节,及时运送。运输途中,应由托运方派人沿途照料。天气炎热时,应尽量利用早、晚时间行驶。

5. 公路冷链运输的优势

冷链运输包括公路冷链运输、铁路冷链运输、航空冷链运输、水路冷链运输等。这些冷链运输方式运营特点不同、市场规模不同、发展前景不同,彼此之间形成既互补又相互竞争的关系。它们之间的互补体现在联运的方式上,如公铁冷链联运、公航冷链联运、公海冷链联运等。然而,它们之间的竞争关系也显而易见。公路冷链运输和其他冷链运输方式之间就存在着巨大的竞争,并且大有愈演愈烈的趋势。公路冷链运输在竞争中迅速发展,市场占有率逐步提升,这与公路冷链运输相对于其他冷链运输方式所特有的优势密不可分。公路冷链运输的特有优势主要体现在以下几个方面:

(1)一体化全程服务。公路冷链运输实行门到门的一站式服务,中间环节少。一方面可以减少冷链货物暴露在非温控环境下的概率,降低货物因转运而造成的损失,提高货物的安全性;另一方面中间环节的减少,可以提高运输效率,缩短运输时间,保障了冷链货物送达的准时性。

(2)网络覆盖广泛。相对于铁路和航空来说,公路网络覆盖面更大,理论上可以深入每个角落,这为公路冷链运输门到门的服务提供了客观条件。

(3)安全性和时效性高。公路冷链运输相对于铁路冷链运输和航空冷链运输中间环节少,可控性强,且受天气、行政等不可控因素影响较小,这使得公路冷链运输安全性和时效性更高。

(4)服务质量稳定。公路冷链运输相对于铁路冷链运输和航空冷链运输运力充足,受淡旺季影响较小,有比较可靠的运力保障,保证稳定的服务质量。

(5)价格较低。公路冷链运输相对于航空冷链运输价格明显较低,即使与铁路冷链运输相比,在总价格上也有一定的竞争优势。

公路冷链运输所特有的优势决定了其在整个冷链运输市场中的重要地位。公路冷链运输的快速发展会带动整个冷链运输市场的快速发展,进而为中国冷链物流的整体发展和壮大作出巨大的贡献。然而,公路冷链运输也面临着众多挑战,例如如何保障公路冷链运输的安全性和时效性等。

第五节 集装箱运输组织

一、集装箱运输概述

1. 集装箱运输的定义

集装箱运输指用集装箱这种运输设备装载货物,在整个运输过程中以集装箱为运载单元所形成的一种运输组织方式。这种运输组织方式以集装箱为中心,由于优点十分明显,规模不断扩大,从常规系统角度来看,它已经超出了单纯运输组织方式的范畴,成为从货主门口(仓库)到收货人门口(仓库),由各种运输方式、各个参与主体相互衔接,多个要素共同构成的完整货物运输过程。

集装箱运输是对传统的以单件货物进行装卸运输工艺的一次重要革命,是当代世界最先进的运输工艺和运输组织形式,是交通运输现代化的重要标志。由于集装箱运输具有巨大的社会效益和经济效益,因而现代化的集装箱运输热潮已遍及全世界。各国都把集装箱运输的普及和发展作为该国运输现代化进程的标志,国际航运中心(国际运输中心、国际贸易中心)也以集装箱装卸中转量的规模为现代化进程的主要标志。

2. 集装箱的定义

集装箱(Container)的英文词义是一种容器,它是指具有一定规格和强度的专为周转使用的大型货箱。这种容器和货物的外包装与其他容器不同之处,在于除能装载货物外,还需要适应许多特殊要求。国际标准化组织制定了集装箱统一规格,力求使集装箱达到标准化。国际标准化组织不仅对集装箱尺寸、术语、试验方法等,而且就集装箱的构造、性能等技术特征作出某些规定。根据国际标准化组织104技术委员会的规定,集装箱应具有如下条件:

(1) 具有耐久性其坚固强度足以反复使用;
(2) 便于商品运送而专门设计的在一种或多种运输方式中无须中途换装;
(3) 设有便于装卸和搬运特别是便于从一种运输方式转移到另一种运输方式的装置;
(4) 设计时应注意到便于货物装满或卸空;
(5) 内容积为 $1m^3$ 或 $1m^3$ 以上。

可以简单地说,集装箱是一种强度、刚度和规格专供周转使用的大型装货容器。使用集装箱转运货物,可直接在发货人的仓库装货运到收货人的仓库卸货,中途更换车、船时,无须将货物从箱内去除换装。

为了有效地开展集装箱多式联运,必须强化集装箱标准化,故应进一步做好集装箱标准化工作。

3. 集装箱标准

集装箱标准按使用范围不同,可分为国际标准、国家标准、地区标准和公司标准四种。集装箱的标准化,极大地推动了多式联运的发展。

1) 国际标准集装箱

国际标准集装箱是指根据国际标准化组织104技术委员会制定的国际标准来建造和使用的国际通用的标准集装箱。

集装箱的标准化经历了一个漫长的发展过程。自1961年国际标准化组织104技术委员会成立以来,对集装箱国际标准做过多次修改、增减和补充,现行的国际标准为第1系列的4种箱型,即A型、B型、C型和D型共13种(表6-2)。表6-2中尺寸均为集装箱外部尺寸,其中1AAA箱型如图6-5所示。

国际标准集装箱现行箱型系列　　　　　表6-2

规格(ft)	箱型	长度(mm)	宽度(mm)	高度(mm)	最大承重(t)
40	1AAA	12192	2438	2896	30.48
	1AA			2591	
	1A			2438	
	1AX			<2438	

续上表

规格(ft)	箱 型	长度(mm)	宽度(mm)	高度(mm)	最大承重(t)
30	1BBB	9125	2438	2896	25.4
	1BB			2591	
	1B			2438	
	1BX			<2438	
20	1CC	6058	2438	2591	24
	1C			2438	
	1CX			<2438	
10	1D	2991	2438	2438	10.16
	1DX			<2438	

注：1ft=0.3048m。

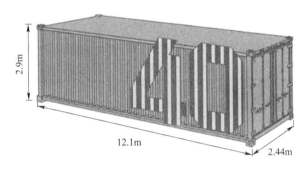

图6-5　1AAA集装箱外部尺寸

在A、B、C、D四类集装箱中，以A型与C型集装箱(长度分别为40ft和20ft)集装箱应用最广，其总数量也较多。

为了便于统计，以20ft的集装箱作为换算标准箱(简称"TEU")，即：

40ft集装箱=2TEU；

30ft集装箱=1.5TEU；

20ft集装箱=1TEU；

10ft集装箱=0.5TEU。

2) 国家标准集装箱

国家标准集装箱一般是各国政府按国际标准的参数，考虑到本国的具体技术条件而制定的。我国现行国家标准集装箱见表6-3。

我国现行集装箱标准　　　　表6-3

箱 型	长度(mm)	宽度(mm)	高度(mm)	最大承重(t)
1AA	12192	2438	2591	30.48
1A	12192	2438	2438	
1AX	12192	2438	<2438	

续上表

箱型	长度(mm)	宽度(mm)	高度(mm)	最大承重(t)
1CC	6058	2438	2591	24
1C	6058	2438	2438	
1CX	6058	2438	<2438	
10D	4012	2438	2438	10.16
5D	1968	2438	2438	

注:10D 和 5D 两种箱型主要用于国内运输,其他 6 种箱型主要用于国际运输。

为进一步推动多式联运的发展,我国的集装箱标准不断向大容量发展,如已成功研发 45ft 的宽体集装箱,未来还将探索 53ft 集装箱。

4. 集装箱的分类

随着集装箱运输的发展,为适应不同种类货物的装载需求,出现了不同种类的集装箱。这些集装箱不仅外观不同,而且结构、强度、用途等也不同。

1)按用途分类

(1)通用干货集装箱。这种集装箱也称为杂货集装箱,用来运输无须控制温度的件杂货,其使用范围极广。这种集装箱通常为封闭式,在一端或侧面设有箱门。这种集装箱通常用来装运文化用品、化工用品、电子机械、工艺品、医药、日用品、纺织品及仪器零件等。这是平时最常用的集装箱,不受温度变化影响的各类固体散货、颗粒或粉末状的货物都可以由这种集装箱装运。

(2)冷藏集装箱。它是以运输冷冻食品为主,能保持所定温度的保温集装箱。它专为运输如鱼、肉、新鲜水果、蔬菜等食品而特殊设计。目前国际上采用的冷藏集装箱基本上分两种:一种是集装箱内带有冷冻机的叫机械式冷藏集装箱;另一种箱内没有冷冻机而只有隔热结构,即在集装箱端壁上设有进气孔和出气孔,箱子装在舱中,由船舶的冷冻装置供应冷气的集装箱,称为离合式冷藏集装箱(又称外置式或夹箍式冷藏集装箱)。

(3)罐式集装箱。它是专用于装运酒类、油类(如动植物油)、液体食品以及化学品等液体货物的集装箱。此外,还可以装运其他液态的危险货物。这种集装箱分为单罐和多罐数种,罐体四角由支柱、撑杆构成整体框架。

(4)通风集装箱。它是为装运水果、蔬菜等不需要冷冻而具有呼吸作用的货物而设计的,在端壁和侧壁上设有通风孔的集装箱,如将通风口关闭,同样可以作为杂货集装箱使用。

(5)台架式集装箱。它是没有箱顶和侧壁,甚至连端壁也去掉而只有底板和四个角柱的集装箱。这种集装箱可以从前后、左右及上方进行装卸作业,适合装载长大件和重货件,如重型机械、钢材、钢管、木材、钢锭等。台架式的集装箱没有水密性,不能装运怕水湿的货物。

(6)平台集装箱。这种集装箱是在台架式集装箱上再简化而只保留底板的一种特殊结构集装箱。平台的长度与宽度与国际标准集装箱的箱底尺寸相同,可使用与其他集装箱相同的紧固件和起吊装置。这一集装箱的采用打破了过去一直认为集装箱必须具有一定容积的概念。

（7）敞顶集装箱。这是一种没有刚性箱顶的集装箱，但有由可折叠式或可折式顶梁支撑的帆布、塑料布或涂塑布制成的顶篷，其他构件与通用集装箱类似。这种集装箱适于装载大型货物和重型货物，如钢铁、木材，特别是像玻璃板等易碎的重型货物，利用吊车从顶部吊入箱内不易损坏，而且也便于在箱内固定。

（8）散货集装箱。它是一种密闭式集装箱，分为玻璃钢制和钢制两种。前者由于侧壁强度较大，故一般装载麦芽和化学品等相对密度较大的散货；后者则用于装载相对密度较小的谷物。散货集装箱顶部的装货口应设水密性良好的盖，以防雨水侵入箱内。

（9）汽车集装箱。它是一种运输小型轿车用的专用集装箱，其特点是在简易箱底上装一个钢制框架，通常没有箱壁（包括端壁和侧壁）。这种集装箱分为单层和双层两种。因为小轿车的高度通常为1.35~1.45m，如装在8ft（2.438m）的标准集装箱内，其容积要浪费2/5以上，因而出现了双层集装箱。这种双层集装箱的高度有两种：一种为10.5ft（3.2m），一种为8.5ft高的2倍。因此汽车集装箱一般不是国际标准集装箱。

（10）动物集装箱。这是一种装运鸡、鸭、鹅等活家禽和牛、马、羊、猪等活家畜用的集装箱。为了遮蔽太阳，箱顶采用胶合板露盖，侧面和端面都有用铝丝网制成的窗，以求有良好的通风效果。侧壁下方设有清扫口和排水口，并配有上下移动的拉门，可把垃圾清扫出去。此外还装有喂食口。动物集装箱在船上一般应装在甲板上，因为甲板上空气流通，且便于清扫和照顾。

（11）服装集装箱。这种集装箱的特点是，在箱内上侧梁上装有许多根横杆，每根横杆上垂下若干条皮带扣、尼龙带扣或绳索，成衣可利用衣架上的钩，直接挂在带扣或绳索上。这种服装装载法属于无包装运输，不仅节约了包装材料和包装费用，而且减少了人工劳动，提高了服装的运输质量。

2）按箱体材料分类

集装箱按其主体材料构成不同可分为四类：钢制集装箱、铝合金集装箱、玻璃钢集装箱和不锈钢集装箱。

（1）钢制集装箱，由钢材制成，优点是强度大、结构牢、焊接性高、水密性好、价格低廉；缺点是质量大、防腐性差。

（2）铝合金集装箱，由铝合金材料制成，优点是质量轻、外表美观、防腐蚀、弹性好、加工方便、加工费低、修理费低、使用年限长；缺点是造价高、焊接性能差、受撞时易损坏。

（3）玻璃钢集装箱。由玻璃钢材料制成，优点是强度大、刚性好，具有较高的隔热、防腐、耐化学腐蚀能力，易清扫，修理简便；缺点是质量大、造价高。

（4）不锈钢集装箱。一般多用不锈钢制作罐式集装箱。不锈钢集装箱的主要优点是不生锈、耐腐蚀性好、强度高；主要缺点是价格高、投资大。

5. 集装箱运输的优越性

集装箱运输是指以集装箱这种大型容器为载体，将货物集合组装成集装单元，在现代流通领域内运用大型装卸机械和大型载运车辆进行装卸、搬运作业和完成运输任务，实现货物"门到门"运输的一种新型、高效率和高效益的运输方式。

相比较于件杂货物运输，集装箱运输的优越性表现如下。

1)提高装卸效率,降低劳动强度

在装卸、搬运方面,对于短途运输配送来说,大约有 2/3 以上的时间是花费在零散货物的装卸、搬运上。在装卸、搬运作业中,将货物分成成组的单元越大,装卸、搬运效率越高。集装箱把货物以一个集装箱或几个集装箱为单元,进行集中装卸、搬运,装卸单元比件杂货物装卸单元扩大了 35~70 倍,而且均采用叉车、吊车等进行机械化操作,大大提高了装卸效率,降低了劳动强度。

2)提高货物运输的安全性与质量

集装箱相当于一个坚固、耐用的盒子,是一个相对封闭的运输设备,在某种程度上可以减少货物之间的碰撞与挤压,减少货损、货差。集装箱将货物人为隔开,相对来说集装箱内部造成的货损货差造成的货物挤压和碰撞要远远低于散装货物间的挤压与碰撞。在运输途中,由于装箱后进行一次性铅封(集装箱的铅封相当于集装箱的一个一次性锁,只能用一次,打开之后就不能再次使用。上面有个封号,是独一无二的,如果客户拿到的集装箱铅封上号码跟提单上一致,就代表集装箱没有被打开过),在到达目的地前不再开启,因此集装箱运输过程中可以做到大大减少货物的货损、货差,相应地,其运输安全性与质量均得以提高。据我国统计数据,用火车装运玻璃器皿,一般破损率在 30% 左右,而改用集装箱运输后,破损率下降到 5% 以下。

3)缩短货物在途时间,节约费用

集装箱的标准化给港口和场站的货物装卸、堆码的全机械化和自动化创造了条件。标准化货物单元的增大,提高了装卸效率。在货物数量一定的前提下,操作单元变大,意味着操作次数减少,由此可以大幅减少车辆在港口和场站停留的时间。据航运部门统计,一般普通货物在港停留时间约占整个运营时间的 56%;而采用集装箱运输,在港时间仅占运营时间的 22%。这一时间的缩短,对于运输企业来说,可以提高车船的周转率,同时减少装卸成本;对货主而言,货物流动速度加快,一方面意味着可大量节省商品必需的库存数量,及时投放市场,另一方面也意味着资金周转速度加快,为货主带来更多的利益。

4)节省货物运输包装费用,简化理货工作

集装箱是由坚固的金属或非金属材质制造而成,将货物装于集装箱内,货物与外界没有接触,不会经受风吹雨淋,极少会碰撞,安全性较高。出于集装箱的外部保护,一些货物就可以简化包装,节省包装材料,从而节约包装费用。据统计,用集装箱方式运输电视机,本身的包装费用可节约 50%。同时,由于装箱后进行一次性铅封,故简化了理货程序,降低了相关费用。

5)适于组织多式联运

集装箱运输适用于不同运输方式之间的联合运输。在换装转运时,海关及有关监管单位只需加封或验封转关放行,从而提高了运输效率。此外,由于国际集装箱运输与多式联运是一个资金密集、技术密集及管理要求很高的行业,是一个复杂的运输系统工程,这就要求管理人员技术人员、业务人员等具有较高的素质,才能胜任工作,充分发挥国际集装箱运输的优越性。

集装箱运输基本上克服了散杂货运输的种种弊端,所以深受运输公司、货主的欢迎,被称为是运输方式的一种革命。在我国,集装箱运输尤其是集装箱海运已经成为一种普遍采用的重要运输组织方式。目前,集装箱运输已进入以国际远洋船舶运输为主,以铁路运输、道路运输、航空运输为辅的多式联运为特征的新时期。

二、集装箱货物及装箱方式

1. 集装箱货物的分类

适合集装箱运输的货物,一般是既便于装箱,又能够经济运输的货物。这些货物按货物是否都适合装箱,可分为如下四类:

(1)最适合装箱货,是指价值达、运价高、易损坏、易盗窃的商品。这些商品按其属性(指商品的尺寸、体积和质量)可有效地进行装箱。属于这一类商品的有针织品、酒、香烟、医药品、打字机、各种小型电器、光学仪器、各种家用电器等。

(2)适合装箱货,是指价值较大、运价较高、不易损坏和被盗窃的商品,如纸浆、电线、电缆、面粉、皮革、金属制品等。

(3)边际装箱货,又称临界装箱货或边缘装箱货。这种货物可用集装箱来装载,但其货价和运价都很低,用集装箱来运输,经济性差,而且该类货物的而大小、质量、包装也难于集装箱化。属于这一类商品的有钢锭、生铁、原木、砖瓦等。

(4)不适合装箱货,是指从技术上看装箱有困难的货物。如原油和矿砂等不宜装箱运输,而采用专用运输工具运输可提高装卸效率,降低运输成本;又如桥梁、铁路、大型发电机等设备,由于其尺寸大大超过国际标准集装箱中最大尺寸的集装箱,故装箱有困难,但可以在组合式平台车上运载。

2. 集装箱装箱方式

根据集装箱货物装箱数量和方式不同,可分为整箱和拼箱两种集装箱装箱方式。

(1)整箱(Full Container Load,FCL),指货方自行将货物装满整箱以后,以箱为单位托运的集装箱。在货主有足够货源装载一个或数个整箱时采用,除有些大的货主自己置备有集装箱外,一般都是向承运人或集装箱租赁公司租用一定的集装箱。空箱运到工厂或仓库后,在海关人员的监管下,由货主把货装入箱内,加锁、铅封后交承运人并取得站场收据,最后凭收据换取提货单或货运单。

(2)拼箱(Less Than Container Load,LCL),指承运人(或代理人)接受货主托运的数量不足整箱的小票货运后,根据货类性质和目的地进行分类整理,把去往同一目的地的货物,集中到一定数量后拼装入箱。由于一个箱内的货物由不同货主的货拼装在一起,所以称拼箱。这种情况在货主托运数量不足装满整箱时采用。拼箱货的分类、整理、集中、装箱(拆箱)、交货等工作均在承运人码头集装箱货运站或内陆集装箱转运站进行。

三、集装箱运输工作组织

集装箱运输是一种新的现代化运输方式,它与传统的货物运输有很多不同,做法也不一致。目前,国际上对集装箱运输尚没有一种行之有效并被普遍接受的统一做法。但在处理集装箱具体业务中,各国做法大体相近。

1. 集装箱货运流程

从集装箱货运流程(图6-6)可以发现,采用整箱货物还是拼箱货物来完成集装箱货物运输,主要取决于集装箱货流,它是组织车(船)流和箱流的关键。

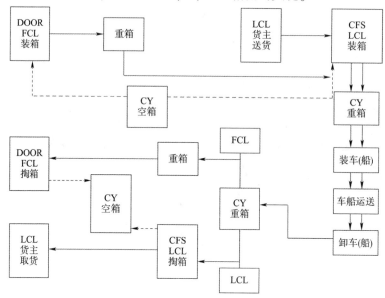

图6-6　集装箱货运流程

注:DOOR代表货主仓库,CY代表集装箱堆场,CFS代表集装箱货运站。

2. 集装箱货运组织

由于集装箱货运分为整箱和拼箱两种,因此在交接方式上也有所不同。纵观当前国际上的做法,大致有以下四类:

(1)整箱交,整箱接(FCL/FCL)。货主在工厂或仓库把装满货后的整箱交给承运人,收货人在目的地以同样整箱接货。换言之,承运人以整箱为单位负责交接。货物的装箱和拆箱均由货方负责。

(2)拼箱交,拆箱接(LCL/LCL)。货主将不足整箱的小票托运货物在集装箱货运站或内陆转运站交给承运人,由承运人负责拼箱和装箱,然后运到目的地货站或内陆转运站,由承运人负责拆箱。拆箱后,收货人凭单接货。货物的装箱和拆箱均由承运人负责。

(3)整箱交,拆箱接(FCL/LCL)。货主在工厂或仓库把装满货后的整箱交给承运人,在目的地的集装箱货运站或内陆转运站由承运人负责拆箱后,各收货人凭单接货。

(4)拼箱交,整箱接(LCL/FCL)。货主将不足整箱的小票托运货物在集装箱货运站或内陆转运站交给承运人。由承运人分类调整,把同一收货人的货集中拼装成整箱。运到目的地后,承运人以整箱交,收货人以整箱接。

上述各种交接方式中,以整箱交、整箱接效果最好,也最能发挥集装箱运输的优越性。

3. 集装箱货运交接组织

集装箱货流可能发生的起讫点通常有三个,即货主仓库(DOOR)、集装箱堆场(CY)和集装箱货运站(CFS)。集装箱货物的交接方式,根据贸易条件所规定的交接地点不同,可归纳为以下四种方式:

(1)门到门。这种运输组织的特征是,在整个运输过程中,完全是集装箱运输,并无货物运输,故最适宜整箱交、整箱接的情况。

(2)门到场站。这种运输组织的特征是,由门到场站为集装箱运输,由场站到门是货物运输,故适宜整箱交、拆箱接的情况。

(3)场站到门。这种运输组织的特征是,由门到场站是货物运输,由场站至门是集装箱运输,故适宜拼箱交、整箱接的情况。

(4)场站到场站。这种运输组织的特征是,除中间一段为集装箱运输外,两端的内陆运输均为货物运输,故适宜拼箱交、拆箱接的情况。

整箱货的接取送达作业是以"箱"为单位的,其装箱与拆箱作业由货主负责自理。装箱之前,发货人应对空箱技术状态做认真检查,确认是否满足货物的运输要求,并在货单上注明。如发现有不适用者,应及时向承运方提出更换。

整箱货物质量由发货人确定,货物装载质量应以不超过所使用集装箱规定的最大允许载重为限;如发现超重,除补收超重部分运费外,还将对货主进行罚款。因超重引起的责任及损失,由发货人承担。

货物在箱内装载时,必须稳固、均衡,且不得妨碍箱门开关。箱内货物装好之后,发货人应自行施封,并在箱门把手上拴挂货物标记。集装箱运输过程中,凭铅封进行交接。铅封应完整,箱体应完好,拆封时若发现货损、短缺或箱内货不符,应由发货人承担责任。铅封上印须标明发货人、发货地点以及施封日期。

收货人拆箱卸货之后,应将全箱清扫干净,必要时还应洗刷和消毒。

拼箱货的接取送达作业以普通货物形态完成的,其作业方式与整车或零担车作业方式相仿。拼箱货的装箱或拆箱作业,应在集装箱货运站内完成。

第六节 无车承运人

近年来,移动互联网技术与货运行业的深度融合,货运市场涌现出了一种新的运输组织形式——无车承运人。

一、无车承运人概述

1. 无车承运人的概念

"无车承运人运输合同"是由美国"truck broker"(货车经纪人)这一词汇演变而来,是无船承运人在陆地的延伸。无车承运人是以承运人身份与托运人签订运输合同,承担承运人的责任和义务,是通过委托实际承运人完成运输任务的道路货物运输经营者。

此概念包括三层含义:

(1)"无车承运人"是不拥有车辆而从事货物运输的个人或单位。

(2)"无车承运人"具有双重身份,对于真正的托运人来说,其是承运人;但是对于实际承运人而言,其又是托运人。

(3)"无车承运人"一般不从事具体的运输业务,只从事运输组织、货物分拨、运输方式和运输线路的选择等工作,其收入来源主要是规模化的"批发"运输而产生的运费差价。

无车承运人依托移动互联网等技术培育、建设物流信息平台,通过管理和组织模式的创新,集约整合和科学调度车辆、场站、货源等零散物流资源,能够有效提升运输组织效率,优化物流市场格局,规范市场主体经营行为,对于促进物流货运行业的转型升级和提质增效具有重要意义。

2. 无车承运人与货运代理人的联系与区别

传统的货运代理是货源和车源信息匹配的中介,主要收取信息费或运费差价。它与无车承运人的功能相类似,都是为货物运输需求和运力供给者提供各种运输服务。然而无车承运人是货运代理的延伸,是"物联网+"时代下的产物,是互联网与传统货代的融合创造出的新运输模式。

1)无车承运人与货运代理人的联系

(1)本质相同。二者的本质相同,都是运输中介组织。

(2)作用相同。二者在整个运输过程中都起组织者的作用。

(3)资产购置要求相同。二者均是轻资产运营,不需要专门购置车辆。

(4)盈利模式相同。二者都是利用信息不对称获取利益,收取的都是"信息资源费"。

2)无车承运人与货运代理人的区别

(1)法律性质不同。

传统的货运代理在本质上只是中介组织,在接受货主的委托后,货运代理只需要处理货物运输环节相关事宜,并不会签发具有法律效力的运输单据,所以不需要对货物的安全运输承担责任。从法律身份的角度考虑,无车承运平台在本质上虽然与中介组织相似,但在运输过程中却具有双重的法律身份。对于托运人来说,无车承运平台是承运人,二者建立合作关系后并没有发生实际的运输活动;对于实际承运人来说,无车承运平台又是托运人,在实际承运人接受运输订单后才会进行实际的货物运输活动。从法律责任的角度考虑,在货物运输过程中,无车承运平台都会签订运输合同并签发相应运输单据,故应在运输过程中对货物的安全运输承担责任和义务。

(2)收费方式不同。

传统货运代理企业的受益主体一般来源于向用户收取的中间服务费。在托运人和承运人进行货运交易的过程中,货运代理企业会根据交易量对托运人和承运人双方收取一定的服务费用。如果相同用户多次使用该企业提供的服务时,传统货运代理会进行多次收费。

而在"无车承运人"模式中,相比于传统货运代理企业,无车承运平台的优势在于实现了货运交易的透明化,减少了中介费用。无车承运平台的基础利润来源大致可以分为两部分。第一部分是托运人和实际承运人用户加入无车承运平台时,向平台支付的"平台入驻费"或注册费,第二部分是无车承运平台利用资源整合的优势,在托运人和实际承运人双方货运交易的过程中赚取的运费差价。

当托运人和实际承运人加入无车承运平台时,平台会向双边用户收取一定的"平台入驻费"或注册费,双边用户只有在支付费用后才能获得在平台上进行货运交易的权限;在货运交易过程中,无车承运平台负责处理货运交易活动中车货匹配、在途跟踪、运费支付等环节,在充分利用大量车货资源的基础上,可以从中获取一部分的运费差价。一般情况下,前者主要影响无车承运平台上托运人和实际承运人的用户规模,后者则主要是影响托运人和实际承运人用户在平台上的互动交易量。

目前,无车承运模式在我国处于初级发展阶段,所以无车承运平台的基础利润来源主要是收取注册费和获取运费差价。但是无车承运平台是一个线下实体交易平台与线上网络信息平台的虚实结合体,是一个"物流+互联网+大数据+金融=物流平台"的新型商业模式,未来将主要依靠附加的增值服务来支撑整个平台的运营。

(3)成立的条件不同。

从我国相关法律及规定的角度出发,在注册资金的管理制度方面,无车承运模式和货运代理的存在一定的区别。我国对无车承运企业实行的是登记制度,无车承运企业只需要交纳一定保证金就可以进入货运市场。而对货运代理企业实行的是审批制度,只有注册资金达到相应的数额要求才会通过申请。

无车承运人与货运代理人的区别见表6-4。

无车承运人与货运代理人的区别　　　　　　　　　　　　　　　　表6-4

项　　目	无车承运人	货运代理人
运输合同的订立	可以	不可以
收全程运费	可以	不可以
收佣金	不可以	可以
收运费差价	可以	不可以
对全程运输负责	承担	不承担
对委托人身份	承运人	代理人
对实际承运人的身份	代理人	委托人
托运人法律地位	双重身份	单一法律地位

3. 无车承运人在现代物流中的优势

(1)拥有先进的现代物流理念和丰富的运营管理经验。

无车承运人是集知识密集和技术密集于一体的现代服务企业,知识驱动型的发展模式使其形成了先进的物流发展理念和丰富的管理经验,为现代物流的发展打下了良好的基础。

(2)能够系统整合和集成社会零散物流资源,提高了运输组织效率。

无车承运人拥有发达的信息化网络,掌握庞大的货源信息,了解当地的运力结构和产品类型,通过对实体资源的有效整合,从而实现虚拟与实体网络的有效结合,实现了物流的网络化和规模化运营,提高了物流运作的整体效率。根据典型企业的调查分析,无车承运试点企业的车辆里程利用率较传统运输企业提高50%,平均等货时间由2~3天缩短至8~10h,交易成本下降约6%~8%。

(3)拥有较强的低成本扩张能力,能够快速地扩大服务范围。

由于无车承运人无须购买运输车辆,其轻资产运营的特点一方面降低了企业规模扩张的成本,另一方面企业可以将有限的资金高效地用于信息资源的获取环节,扩大无车承运业务的辐射范围,增强企业的核心竞争力。

(4)拥有敏捷的市场反应能力,能够灵活应对瞬息万变的市场环境。

对于有车承运人来说,重资产运营的特点使其不得不将有限的精力投入运输环节;而无车承运人则能"轻装上阵",其工作重点是关注市场的运力、货源信息和如何有效组织调配市场资源。因此,无车承运人更容易根据市场供求变化来调整自己的发展策略,具有较高的抗风险能力。

(5)可以较好地保护消费者权益。

货运代理人作为纯粹的代理人,对货物在运输过程中出现的经济损失并不负有赔偿责任。这样一来就极易出现前面我们所说的"诚信缺失"等现象,严重影响了市场秩序。而无车承运人作为货主的第一承运人,对货物在运输、仓储等环节中的灭失承担直接的赔偿责任。因此,较之货运代理人,无车承运人更加重视整个运输过程中各环节的安全性、时效性,从而能够有效地保护货主权益。

二、我国无车承运人政策梳理

随着我国公路货运的不断发展,起始于美国罗宾逊的"无车承运人"模式也渐渐进入中国市场。从无到有,无车承运人持续受到国家的高度关注,其相关政策也开始萌芽,逐步形成并予以颁布。

2013年5月,交通运输部颁布的《关于交通运输推进物流业健康发展的指导意见》(交规划发〔2013〕349号)中提及"无车承运人"一词,要求充分发挥无车承运人对物流资源的整合作用,推进其向现代物流服务商转变。2014年12月,交通运输部发布《交通运输部关于全面深化交通运输改革的意见》(交政研发〔2014〕242号),提出支持无车承运人管理方式的创新。2015年2月,《交通运输部办公厅关于印发贯彻实施交通运输部全面深化交通运输改革的意见重要举措分工方案的通知》(交政研发〔2015〕25号)发布,再次明确提出了支持无车承运人、货运中介等管理方式创新。2015年11月,国务院办公厅发布《关于推进线上线下互动加快商贸流通创新发展转型升级的意见》(国办发〔2015〕72号),提出鼓励依托互联网平台发展无车承运人。

2016年3月,财政部、国家税务总局发布《关于全面推开营业税改征增值税试点的通知》财税〔2016〕36号,提出无车承运人的纳税可以参照按照交通运输服务缴纳,解决了无车承运人税务发票的问题。为推动无车承运人发展,促进物流业降本增效,2016年8月,交通运输部推出了《关于推进改革试点加快无车承运物流创新发展的意见》(交办运〔2016〕115号)。为进一步支持依托互联网平台的无车承运人发展,完善交通运输业个体纳税人异地代开增值税专用发票管理制度,国务院办公厅也于2016年9月发布了《关于转发国家发展改革委物流业降本增效专项行动方案(2016—2018年)》(国办发〔2016〕69号)。

2017年3月,《交通运输部办公厅关于做好无车承运试点运行监测工作的通知》(交办运函〔2017〕256号)详细提出试点运行监测工作的总体要求,并公布了29个省(自治区、直辖市)筛选确定的283家无车承运人试点企业。在此期间国务院发布了《国务院关于印发"十三五"现代综合交通运输体系发展规划》(国发〔2017〕11号),提出积极发展无车承运人等互联网平台型企业,整合公路货运资源。

2018年1月,国家税务总局发布《关于开展互联网物流平台企业代开增值税专用发票工作的通知》(税总函〔2017〕579号)以及《货物运输业小规模纳税人申请代开增值税专用发票管理办法》(国家税务总局公告2017年第55号),明确表示平台可以代开小规模纳税人增值税专用发票。2018年2月,交通运输部发布《关于公布无车承运人试点考核合格企业名单的通知》(交办运函〔2018〕235号),确定了229家通过考核的无车承运人企业,考核合格的试点企业将延续试点期一年,许可证有效期至2019年2月28日;不在考核合格试点企业名单内的企业被终止无车承运人试点资格。同年4月,交通运输部发布《交通运输部办公厅关于深入推进无车承运人试点工作的通知》(交办运函〔2018〕539号),提出加强数据监测。这也反映政府的职能在转变,监管模式也发生转变,从事前监管变成事中、事后监管,以及从静态监管升级为大数据动态监管。大数据监管将会越来越普遍,对企业的要求也越来越高。2018年10月,交通运输部发布《无车承运人试点综合检测评估情况》,公布了无车承运人试点监测问题及排名。

为贯彻落实国务院关于促进平台经济规范健康发展的决策部署,规范网络平台道路货物运输经营,维护道路货物运输市场秩序,促进物流业降本增效,交通运输部、国家税务总局在系统总结无车承运人试点工作的基础上,于2019年9月发布了《网络平台道路货物运输经营管理暂行办法》(交运规〔2019〕12号),自2020年1月1日起施行。

三、无车承运人运营模式分析

无车承运业务的参与主体主要是托运人、实际承运人和无车承运人。托运人即货主,指货物所有权和收益权的拥有机构或个人,在交易过程中是货运需求方;实际承运人即车主,包括货运市场上的所有经营业户;无车承运人运作的基本原理是使货运市场上的供需资源形成规模化的聚集状态。

1. 运营主体

2018年,全国复核通过229家无车承运人企业,这些企业运营主体信誉较好,拥有稳定货源,信息平台应用较为充分,并具备一定的赔付能力和一定规模。其中,传统物流企业135家,占47.7%,互联网平台企业133家,占47%;民营企业数量为141家,占61.6%;国有企业72家,占31.4%;外资公司一共13家,合资公司3家。从地域分布看,东部地区无车承运人试点企业最多,占43.2%。中西部地区相当,东北地区的最少。汇总目前无车承运人试点企业资料,发现无车承运人主要是由信息平台企业、传统运输企业、物流园区企业和第三方物流企业演变而来。

1) 信息平台企业

该类企业在取得无车承运资质前,主要从事物流信息技术服务或者平台技术研发,不直接负责运输。该类企业将主要资金投入技术研发与产品营销,最大的优势是拥有较强的信息技术和数据分析能力。提供全过程服务,包含诚信考核、车辆定位跟踪、支付结算,监控运输环节,并提供车辆维护等服务,用户体验感较好。其最大不足是缺少货物运输领域的业务资源、运输组织和运营经验。

2) 传统运输企业

该类企业又包括传统货运企业和货代企业。传统货运企业车辆资源丰富,有充足的自营车辆和运输能力,多数为大型的客运、货运公司,货运市场占有率较高,是无车承运人的中坚力量。运营经验与资源丰富,升级现有物流信息系统,开展无车承运业务。该类型无车承运人的功能主要为车货源的信息汇入、对车辆的服务和跟踪,但平台功能较为基础,对于无车承运平台系统技术升级、功能开发投入较少,多数平台的功能集中在发布信息与信息匹配上,缺少数据分析应用。传统货代企业受政策以及技术升级的影响,正在寻找转型升级的方向,而无车承运人正是一种可供选择的发展道路,目前已有不少货代企业成功转型。

3) 物流园区企业

物流园区、综合货运枢纽是人、车、货、信息、资金等多重物流要素的聚集地,汇聚大量的货物、车辆和信息等优势业务资源,且在一定区域拥有丰富的社会影响力,以自建或者联盟的方式搭建线下实体网络,通过信息服务平台联通线下实体,呈现网络化经营特点。

通过园区管理信息系统与O2O商业模式相结合的方式整合运力,具有发展无车承运的天然优势。

4) 第三方物流公司

大型的第三方物流公司对物流行业认识程度较深,物流行业经验丰富,掌握着大量的货源,有良好的货运基础和稳定的客户,以此为基础更容易整合车源,具备一定的技术研发能力。该类企业发展朝着轻资产转型,选择放弃自有运输车辆,建立整合社会运输资源的信息系统,减少固定资产占比,充分发挥平台运力。如美国罗宾逊物流公司成功发挥了无车承运模式的优势,目前许多第三方物流公司都在学习罗宾逊物流模式。

2. 服务对象

无车承运人在运输市场涵盖范围广、业务量增长较快、提供专业化运输服务,具体服务对象包括供应链上下游企业、运输仓储企业、金融保险企业、运输服务企业和其他部门等。

1) 供应链上下游企业

供应链上下游企业主要为生产制造、工商企业,其为满足自身生产经营需要从而产生实际货运需求,作为物流运作流程中的物流需求方,也是无车承运模式中的托运方,是无车承运人最主要的服务对象。同时,无车承运人为供应链上下游企业提供供应链解决方案,围绕货运环节,在供应链的上下游企业开展业务服务范围拓展,全面优化客户供应链货物运输环节。

2) 运输仓储企业

运输仓储企业包括运输公司、仓储中心、配送公司等,是无车承运物流运输业务的实践者与完成者,也是无车承运模式中的实际承运人;是无车承运人的利益合作者,也是运力资源整合的对象。该类企业提供物流信息、组织物流设备实现货物装卸、运输、交付等基础货运服务,也包括城市配送、专线运输等专项服务。

3) 金融保险企业

一般这类企业通过为车货双方提供借贷、保险等增值服务,从中获取利润。同时,也为无车承运企业提供费用结算、安全理赔方面的服务,进而提高无车承运人组织协调和风险防范能力。

4) 运输服务企业

运输服务企业一方面包括汽车加油、售后维修、平台维护等与无车承运业务相关的服务性企业,为无车承运提供增值服务,使其获得税收项目抵扣;另一方面包括物流设施运营、城市配送中心等物流节点企业,在实际运输过程中进行运输资源的集散,起到承上启下的作用。

5)其他部门

无车承运人为政府管理部门、物流企业、学术研究机构提供无车承运市场业务运营所形成的精细化数据,是行业主管部门监管市场、预测行业发展的科学决策支撑,也是学术研究机构开展的经济运行、物流规划等相关科研课题的研究的分析基础和依据。

3. 无车承运人基本业务流程

无车承运人的业务对象主要是托运人(即货主)、实际承运人和货物需求方,实际承运人又包括个体驾驶员和运输公司。其基本业务流程包括信息发布、智能匹配、议价/抢单、签订运输合同、装货、运输、卸货、回单确认、结算、开票等环节。货主通过系统输入完整的货运需求信息,之后货运需求信息会上传至无车承运人平台,系统完成物流信息的协同匹配,确定实际承运人,按照货运要求将货物送达目的地,完成结算支付,最后货主可在平台上对此次运输服务进行反馈评价。在运输过程中无车承运人全程在途跟踪和安全监控,并且将相关信息能够及时反映给客户企业。无车承运人业务流程如图6-7所示。

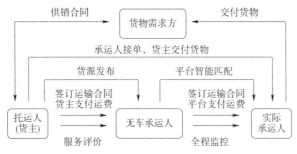

图6-7 无车承运人业务流程

4. 我国无车承运业务典型运营模式

按企业背景与核心资源不同,无车承运可分为五种运营模式,即"无车承运+电子商务"模式、"无车承运+园区基地"模式、"无车承运+物流平台"模式、"无车承运+传统货运"模式、"无车承运+多式联运"模式。

1)"无车承运+电子商务"模式

电商企业凭借自身的货源优势,整合社会零散运力资源,搭建物流服务平台,在满足电商交易平台上游供应商以及合作第三方商家货物运输需求的同时,为社会提供第三方物流服务。该模式的特点是拥有较强的货源优势,货运需求频次多、批量小、范围广,能吸引大量的运力资源,涵盖干线运输、城市配送多个环节,能够实现全链条物流资源高效匹配。

2)"无车承运+园区基地"模式

该模式是指货运枢纽、物流园区经营人搭建物流信息服务平台实现零担专线资源线上合理配置和线下物流高效运行,为社会提供一站式、系统化物流解决方案并承担运输组织工作。该模式的特点是园区基地在物流节点城市形成实体网络化布局,实现不同物流基地之间信息的互联互通,更大范围地集约了社会运输资源,并且以园区基地为依托,延伸产品服务链条,提供增值服务。

3)"无车承运+物流平台"模式

该模式是指物流平台企业利用自身信息网络和数据优势,整合平台线上线下资源,为客户提供无车承运和第三方物流服务。该模式的特点是具备先进的平台运行技术,拥有强大的信息网络和数据分析能力,有一定的市场影响力。另外,该模式具备规范的运营规则和服务标准。

4)"无车承运+传统货运"模式

该模式是指传统的货运企业利用货运平台整合运力,组建运输车队,提供整车零担运输、城市配送等"门到门"运输服务。该模式的特点是传统货运企业拥有成熟的运营模式,运输团队经验丰富,且拥有明确的运营规则和服务规范。

5)"无车承运+多式联运"模式

该模式是指无车承运人依据运输方式的比较优势和技术经济特征,对物流资源进行整合,为货主提供一体化联运服务。该模式产业链条长、资源利用率高,但同时管理要求复杂、协调难度大,风险也更高。

 思考与练习

1. 什么是整车货物运输?
2. 零担货物运输的特点是什么?其组织形式有哪些?
3. 零担货物的中转作业方法都有哪些?
4. 什么是大件货物?其运输组织工作包括哪些环节?
5. 危险货物是如何进行分类的?
6. 危险货物的运输与装卸有哪些要求?
7. 冷链运输组织要点是什么?
8. 简述集装箱标准化的意义。
9. 简述集装箱运输组织流程。
10. 简述无车承运人与货运代理人的区别。
11. 我国无车承运人的主要组织形式有哪些?

第七章 城市公交运营组织

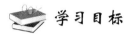

学习目标

1. 了解城市道路公共交通的系统组成;
2. 理解城市公共交通的特征;
3. 熟悉常规公交调度管理的内容与方法;
4. 掌握定制公交的运营组织内容。

城市常规公交是城市建设的重要组成部分,也是反映城市经济发展程度和城市现代化建设水平的重要标志。依据乘客需求,制订合理的常规公交行车计划、行车调度计划,对于提高城市交通资源利用效率,缓解城市交通拥堵具有重要意义。

第一节 城市道路公共交通的系统组成

随着城市化进程的快速推进,严峻的交通拥堵、环境污染已经成为阻碍城市健康、可持续发展的"硬约束"。面对人口、资源和环境矛盾日益突出的压力,国家加大了对公共交通的投资和政策倾斜力度,明确提出"优先发展城市公共交通是提高交通资源利用效率、缓解交通拥堵的重要手段",并以国家行政法规的形式将城市公共交通界定为公益性事业,指出必须将公共交通纳入公共财政体系,将优先发展城市公共交通作为节能降耗和保护环境的一项重要举措。城市道路公共交通作为目前我国城市公共交通的主体,其运营组织水平直接影响城市社会与经济系统的运行秩序。

一、城市道路公共交通的定义

广义的城市道路公共交通是指为方便城市及近郊公众的出行,以胶轮机动车辆行驶在市区各级道路上的客运交通方式的总称。城市道路公共交通是城市公共交通的重要组成部分,是城市建设与发展的重要基础之一,是城市生产和生活的基础保障,也是城市投资环境和社会生产的基本物质条件,同时又是展示城市精神文明,反映国民经济、社会发展水平和市民道德风貌的窗口。狭义的城市道路公共交通是指在规定的城市道路上,按固定的时刻表,以公开的费率为公众提供短途客运服务的系统,是由常规公共汽电车、快速公共汽车、无轨电车、出租汽车等交通方式组成的道路公共客运交通系统,是关系国计民生的社会公益事业。

由以上定义可以看出,城市道路公共交通是一种专为城市地区居民及公众出行活动(生产、工作、学习、生活等)需要而提供的营业性客运交通,它是城市客运的重要组成部分,与其他城市公共交通方式以及个体客运交通相配合,构成了城市的客运交通。可见,城市道路公共交通是整个交通运输业的一个分支,具备交通运输业的全部特征。同时,它显示了更为突出的社会服务性。

二、城市道路公共交通的分类

2007年10月1日起实施的《城市公共交通分类标准》(CJJ/T 114—2007)将城市道路公共交通系统分为公共汽车、快速公共汽车、无轨电车、出租汽车,其特点是灵活机动,成本较低,是使用最广泛的公共交通系统,一般是城市公共交通系统的主体。

城市道路公共交通系统是指路面公共交通,根据动力类型不同一般分为常规公共汽电车、快速公交系统、无轨电车、出租汽车四种。

1. 常规公共汽电车

常规公共汽电车车是目前世界各国使用最广泛的公共交通工具,主要利用燃油或燃气为动力,平均运行速度在15~25km/h。公共汽车始于1905年的美国纽约,当时用公共汽车代替原有的公共马车,并于20世纪30年代得到了迅速的发展。公共汽电车之所以被广泛采用,是由于它具有固定的行车线路和车站,按班次运行,通达地区多、载客量大、对道路条件要求不高、线路开设投资不大、票价便宜、较为机动灵活,并且公共汽车运行所需的附属设施的投资较之其他现代化公共交通工具也较少。常规公共汽电车的车辆类型包括小型公共汽电车、中型公共汽电车、大型公共汽电车、特大型公共汽电车(铰接)、双层公共汽电车等,有效地适应了不同乘客不同层次的需要。

2. 快速公交系统

快速公交系统简称快速公交(Bus Rapid Transit,简称BRT),建设部2010年发布的《快速公共汽车交通系统设计规范》(CJJ 136—2010)将快速公交定义为:以大容量、高性能公共汽电车沿专用车道按班次运行,由智能调度系统和优先通行信号控制的中运量快速客运方式。快速公交系统采用先进的公共交通车辆和高品质的服务设施,通过封闭式专用道路空间来实现快捷、准时、舒适和安全的服务,通常也被人称作"地面上的地铁"。因为它运量较高、速度较快、舒适性高、成本较低,纵观所有城市公共交通方式,BRT可以说是一种性价比极高的公共交通方式,成为当前国际工程界为解决城市交通问题而大力推广的一种公共交通模式。

BRT最早出现于巴西的库里蒂巴。1974年,库里蒂巴建成了世界上第一条BRT线路,经过40多年的发展,BRT已经迅速风靡全球,世界各国许多城市在效仿库里蒂巴市的经验的同时,也开发、改良、建设了不同类型的快速公交系统。20世纪末,我国开始引进BRT理念,1999年昆明建成我国第一条BRT线路。据不完全统计,截至2019年底,我国已有北京、常州、杭州、济南、厦门、广州等30多个城市拥有BRT线路。

3. 无轨电车

无轨电车以电力牵引,需要架空的输电线(也可由高能蓄电池或超级电容器供电)和专用的车辆等设备。1901年7月10日,世界首个载客的无轨电车系统在德国开通运营。1914年,上海开通我国首条无轨电车线路。无轨电车有固定的行车路线和车站,可以靠人行道边停站,必要时也可超越其他车辆。无轨电车的客运能力以及运营速度与公共汽车基本相同,但初期投资较大,且行驶时因架空输电线的限制,机动性不如公共汽车,空中架设的网线还会影响城市的美观。其优点是噪声低、不排出有害废气、起动加速快、变速方便。无轨电车的车辆类型包括中型无轨电车、大型无轨电车、特大型(铰接)无轨电车。

4. 出租汽车

出租汽车是按照乘客和用户意愿提供直接的、个性化的客运服务,不定线路、不定车站、以计程或计时方式营业,为乘客提供"门到门"服务的汽车。与常规公共汽电车客运相比,出租汽车可达性高、舒适性好、速度快,在城市中满足对出行有较高要求的乘客需要,如中高收入者、公务出行者、游客等;但存在着对道路资源占用多,能源消耗大和污染严重等与私人小汽车交通相似的问题。随着"互联网+"在交通运输领域的不断渗透,出租汽车被细分为巡游出租汽车和网络预约出租汽车。

三、城市道路公共交通的特征

1. 为人们提供大众化、共享出行方式

为人们提供大众化、共享出行方式是城市道路公共交通存在和发展的首要目的。城市道路公共交通通过大量的投入和科学的运营管理来创造具有足够吸引力的客运服务能力及服务水平,从而促使尽可能多的居民选择这种出行方式,并为其提供良好的服务,以便有效地利用现有的城市交通资源,维护交通环境。

2. 公益服务特征

据现代汉语的基本含义,"公益"的意思是指公共的利益,"公益性"一般是指某一组织的宗旨基本上都是围绕有利于公共利益的发展而建立的,该组织或其成员的活动也是以公共利益而并非盈利目的而进行的。

城市公交主要是为方便所有城市居民的出行而服务的,按公益性定义,城市公交属于公益性范畴。具体来说,城市公交的公益性主要体现在两个方面,一是城市公交的服务宗旨为满足城市居民出行需求,其服务对象为所有城市居民,可见其实现的是公共利益;二是城市公交实行的是低票价(2007年1月1日起,北京公交率先开始打折,自此,全国各地公交低票价正式启动),并非以盈利为目的。因此,可以说城市公交具有显著的公益性。

很显然,公共交通在为社会提供服务的过程中,消耗了一定数量的活劳动与物化劳动,为人们的位移创造了使用价值。公交企业都是独立核算独立经营的,企业维持再生产,必须以票价的形式收回劳动所创造的价值。但为维持公共交通的公益性,目前,全国公共交通存在着一个突出的问题就是票价低于成本,因而各地普遍存在着公交企业亏损的状况。

3. 市场经营性

城市道路公共交通的功能在于提供满足人们出行需求的交通服务,它能实现乘客的空间位移效用和及时、快速到达目的地的时间效用,这就是城市道路公共交通所实现的使用价值。城市公共交通同其他商品一样凝结着无差别的人类劳动,我们能看到的驾乘人员、调度人员、管理人员等,是他们每天的辛苦劳动来换来公共交通每天正常的运行,并且他们的劳动是由社会必要劳动时间所决定的,这就是城市道路公共交通的价值。城市道路公共交通价值的实现形式之一就是买票乘车,及乘客通过付费换得乘坐道路公共交通的权利。由此可见,城市道路公共交通具有价值和实用价值这一一般商品所固有的属性。由于公共交通具有商品属性,那么它向社会提供的出行服务也具有商品属性,应按市场经济规律运营获取利润,这说明它具有明显的市场经营性,城市道路公共交通在运营中实现其自身的经济效益。

城市道路公共交通的公益性决定了城市道路公共交通必须讲求社会效益,它的社会效益主要表现如下方面。首先,交通是城市的四大基本职能之一,是城市运行的支撑系统,而城市公共交通又是城市交通的主体,所以说城市公共交通是保证各项政治、经济、文化活动顺利开展的前提与保障;城市公共交通实行低票价,可以让所有人都毫无经济负担毫无压力地选择公共交通服务。另外,直观来看,公共交通能力的提高,可以减少个人出行时间和体力消耗,提高交通设施的投资效益;在现有条件下提高城市道路公共交通服务质量,可有效缓解交通拥挤,减少环境污染,降低能源消耗,改善城市交通秩序,提高城市现代化管理水平等,可以说城市公共交通的社会效益是非常鲜明的。与此同时,城市道路公共交通还具有经营性,经营性要求其追求经济效益。那么既要保证社会效益,又要追求经济效益,如何兼顾?公益性是城市道路公共交通的基本属性,公益性要求必须社会效益优先,其次是经济效益。基于此原则,城市公交企业的发展理念为,在保证社会效益的前提下,可通过各种途径增收,保证用最低的营运成本,获得最好的经济效益。

4. 规模经济和一定的自然垄断性

具有网络服务性质的城市道路公共交通,由政府通过税费的收入提供资金进行建设,以最大限度地提高公共交通网的人口覆盖率,扩大客流的吸引范围和吸引量。这些公用设施投资一旦完成,随后的产品或服务流量越大,平均成本就越低。总体而言,城市公共交通存在规模经济,但不同运输方式规模经济的程度不同。规模经济程度由大到小依次为公共汽车、公共电车、出租汽车。

规模经济使得市政公用设施由一家或少数几家企业经营比多家企业同时经营更符合社会经济效率的原则。垄断性的市政公用设施垄断能力的大小,取决于沉淀成本的大小和规模经济的大小,这两个因素共同决定潜在进入者进入市政公用设施服务市场的难度。

5. 适度竞争性

城市公交的竞争性主要表现两个方面。一是不同公共交通工具之间存在竞争。由于城市公交包括大型汽电车、小公共汽车和城市轨道交通等多种交通工具,相同的起讫点,不同交通工具间存在竞争。二是同一种交通工具间也存在竞争。即使同一种交通工具,同一条线路,不同企业之间也是可以竞争的。可见城市公交具有明显的竞争性。但是,在公共交通行业里实行完全的自由竞争是行不通的。首先,自由竞争环境下,基于市场竞争中资本的逐利本性,必然会出现两种现象,即盈利线路经营者多,亏损线路无人经营;其次,在公交客运量相对稳定的前提下,盈利线路经营者扎堆,必会使盈利线路也变为亏损线路。可见,自由竞争不仅会使部分线路无人经营,无法满足所有居民出行需求,有悖于城市公共交通的公益性属性,同时还会造成公交资源的极大浪费。因此说,城市公交不能够自由竞争,而应该适度竞争,即在政府有效引导管制(线路特许经营)下的适度竞争。需要强调的是,若要实现适度竞争,必须先保证公交企业的可持续发展,那么政府必然应该对亏损企业予以补贴,并引导公交企业不断提高服务质量与运营效率。

6. 需求弹性较小

公共交通提供的产品和服务,已经构成了现代城市生活的必需品,需求弹性较小。生活在城市里的人们对公共交通提供的产品和服务具有很大程度的依赖性,显然私人交通与公共交通在一定程度上具有互补性,但由于在价格、品质、提供普遍服务等方面差距较大,实际上的可替代性仍然很小。

7. 接受政府管制

这点主要源于城市公交的公益性特征,即服务的普遍性与低价格性,而企业都有逐利本性,因此需要政府对公共交通行业从市场准入、价格、服务、安全、退出等方面进行政府管制。国内外城市公共交通发展实践表明,公共交通线路经营权作为重要的公共资源,必须坚持政府主导的发展方向,不宜作为市场资源进行过度的市场化经营,需要政府授予特许经营权后企业才能经营。同时,政府对于一些企业随意更改或取消客流量小的亏损线路予以严格管制,以满足所有城市居民的日常出行需求,并且票价的制定与调整以及服务质量都要受政府管制。

第二节 城市公共汽电车运营组织

调度是公交车辆从事运营生产的组织方式和手段,通过合理的调度车辆、劳动力,为乘客提供安全、方便、迅速、舒适的服务,同时为完成企业的运营计划和各项经济技术指标而开展工作。运营调度是公交企业经营管理的主体。所以,运营管理的质量已成为公交企业社会效益和经济效益的重要标志。

一、车辆调度形式及选用

公交车辆的运行,涉及公交企业内外多个部门、多环节,客观上需要集中领导、统一指挥,这就需要建立一个强有力的、具有权威的指挥系统,这个系统由各级调度机构组成,各级调度机构所进行的工作为车辆调度工作,简称调度工作。公交调度是公交运营的核心,它是公交车辆从事运营生产的组织方式和手段。

调度部门根据客流的需要和城市公交的特点,通过制订行车作业计划和发布调度命令,协调运营生产中各个环节、各部门的工作,合理安排、组织、指挥、控制和监督运营车辆的运行和各有关人员的工作,从而为乘客提供安全方便、迅速、准点和舒适的乘车服务,最大限度地节省人们的出行时间,同时为完成企业的运营计划和各项经济技术指标。

1. 调度的分类

1)静态调度和动态调度

(1)静态调度主要是确定线路人力、车辆及发车计划,具体来说就是在给定客流需求条件下,计算投放运营车辆;对驾乘人员、车辆进行调配;编制行车作业计划,根据客流在不同季节、时间段的变化要求,确定发车间隔,并保持车间隔均衡。静态调度的目标是在运能供应和满足客流需求的条件下,提高效益,尽量提高运行车公里和车速。

(2)动态调度是指根据道路交通情况、车辆运行状况、突发事件及其他实时信息,修改规定的车辆运行时刻表,以保证车辆准点率、行车间隔,维持设定的服务水平。具体来讲就是进行实时调度,根据线路、车辆及客流等信息对已经确定的调度方案进行实时调整,包括线内调度或跨线调度,对车辆实时运行建立和电子站牌实时信息显示。

2)一级调度、二级调度和三级调度

可以根据城市规模的大小、公交企业的设备状况,因地制宜建立二级或三级调度机制。大城市由于公交线路、车辆、人员较多,一般实行三级调度体制,中小城市则实行二级调度体制。

一级调度是公司总调度,由公司分管运营的副经理兼任主任,另设副主任若干名,负责全公司的运营调度管理工作。

二级调度是分公司调度,由副经理兼任主任,另设副主任若干名,负责所辖线路的运营调度管理工作。

三级调度是车队(线路)调度,由车队副队长任组长,副组长一般由线站调度长兼任,负责现场调度指挥。

2. 车辆的调度形式

车辆的调度形式是指依据客流的时间、方向、断面等要素的特征,所采用的运输组织形式。在城市公共交通运输中,采用合理的调度形式,有利于改善乘客拥挤、平衡车辆及路线负荷,提高运输生产率和运输服务质量,促进城市公交的发展。

1)正班车、加班车和夜班车

(1)正班车。车辆在正常运营时间内连续工作相当于两个工作班,正班车是每条运营路线必须安排的一种车辆调度形式。由于实行双班制、连续工作,所以又称为双班车、大班车。

(2)加班车。是一种辅助调度形式,主要是在客流高峰时上线运营。加班车一日累计工作时间相当于一个工作班,也包括临时性的加车,又称为单班车。

(3)夜班车。是为满足夜间乘客的需要而开行的班车。一般只在夜间乘客较多的某些干线上运营,班次较疏,定时运行,是衔接正班车的一种辅助调度形式。

2)全程车、区间车、快车(大站车、直达车)、跨线车以及定班车等

(1)全程车是一种基本调度形式,全程车的车辆从线路起点发车直到终点站止,必须在沿线各固定停车站点依次停靠,按规定时间到达各站点、全程双向行驶,又称慢车。

(2)区间车是一种辅助调度形式,车辆只在某一客流量的高区段之间行驶。

(3)大站车是一种快速的调度形式,车辆仅在沿线乘客集散量较大的站点停靠并在其间运行。

(4)直达车是快车的一种特殊形式,车辆仅在线路的起讫点停靠,直达运行。

(5)跨线车是客运高峰时间带有联运性质的一种调度形式。跨线车是为平衡相邻线路之间的客流负荷减少乘客转乘而组织的一种车辆跨越运行的一种调度形式。跨线车不受原来行驶线路的限制,根据当时客流集散点的具体情况确定起讫点,有利于疏运高峰乘客、减轻换乘车的负担,方便直达。

(6)定班车是为接送有关单位职工上下班或学生上下学等情况而组织的一种专线调度形式,车辆按定时间、定路线、定班次和定站点的原则进行运输。

实践证明,上述调度形式在平衡车辆及线路负荷,改善拥挤,提高运输生产率和运输服务质量以及促进客运发展方面都发挥了积极作用。

3. 调度形式的选择

车辆的各种调度形式,均有其适用的线路、客流等条件的要求,调度人员必须合理选择,

才能有效调度车辆和人员,提高公交服务质量。

1) 全程车、正班车调度形式

所有的运营线路均需以全程车、正班车作为基本调度形式,并根据线路客流分布与客运需求的特殊性辅以其他调度形式。

2) 高峰加班车调度形式

当某段运营时间内出现客流高峰时,采用加班车调度形式。客流高峰时段通过计算客流时间不均衡系数确定,时间单位可取 h。时间不均匀系数被用来评价客流当日运营时间内各小时分布的不均匀程度,它是指运营线路日运营时间内某 1h 客运量与平均每小时客运量之比,即:

$$K_{ti} = \frac{Q_i}{Q_h} \tag{7-1}$$

式中:K_{ti}——线路运营时间内第 i 小时的时间不均匀系数,$i=1,2,3\cdots$;

Q_i——线路运营时间内第 i 小时的线路客运量,人次;

Q_h——线路运营时间内平均每小时线路客运量,人次。

通常,当 $K_{ti} \geq 1.8$,称为客流高峰小时;当 $1 \leq K_{ti} < 1.8$,称为客流平峰小时;当 $K_{ti} < 1$ 时,称为客流低峰小时。

K_{ti} 大于采用加班车调度形式的界限值(1.8~2.2)时,就有开行加班车的必要。

客流高峰小时仅在线路的个别运营时间内出现,此时需相应增加运输车辆。一般情况下,一天中早晚上下班时间的客流最为集中,易形成客运高峰,其中尤以早高峰客流量最大,约占全日客运总量的 7% ~20% 左右。高峰小时客流特别集中的情况,还会产生在旅游城市或城市中行政机关、大型企业或大型公共设施(运动场、展览馆、影剧院、公园等)分布较集中地区的某些运营线路上。

另外,也可采用线路运营时间内某小时高路段(断面)客流量(Q_s^*)与平均每小时高路段客流量($\overline{Q}_s^*$)之比来近似计算高峰小时的时间不均匀系数,即:

$$K_{ti} = \frac{Q_s^*}{\overline{Q}_s^*} \tag{7-2}$$

高路段指统计时间内沿线客运量较大运输方向的客流量最大的路段,又称高断面。实践表明,组织生产性高峰小时的公共客运有很大困难,因此普遍在寻找降低这个高峰的可能性。对此,国内外许多城市普遍采取错开企事业单位上下班时间或休假日的办法,这是一个较有成效的措施。国外还有的企业实行按弹性时间表组织企业工作,即一周中大部分工作时间是硬性规定的,另留下一部分工作可在职工最方便的时间去完成,这可以在一定程度上减少高峰客流。

3) 区间车调度形式

当线路出现连续的高断面时,可加开区间车;不连续时则加开设大站车。

路段客流高峰的判断,可通过路段不均匀系数法或差值法确定。

(1) 路段不均匀系数。

路段不均匀系数是指统计时间内运营线路某路段客流量与平均路段客流量之比,即:

$$K_{si} = \frac{Q_i^*}{\overline{Q}_i^*} \tag{7-3}$$

式中：K_{si}——路段不均匀系数；

Q_i^*——统计时间内第 i 路段的客运量，人次；

$\overline{Q_i^*}$——统计时间内平均路段客运量，人次。

通常将 $K_{si}>1$ 的路段称为客流高峰路段，当 K_{si} 在 1.2~1.5 时，属于正常调节范围，不一定开设区间车。若 K_{si} 大于开行区间车调度形式的界限值(1.2~1.5)，可采取开行区间车调度措施，改善客流高峰路段的运输服务工作。

(2)差值法。

路段客流量差指单位时间内某路段客流量与各路段平均客流量之差。

当路段客流量大于 2~4 倍的车辆额定载客量时，在该路段可以采取开行区间车的方式予以解决。

4)快车(大站车、直达车)调度形式

方向不均匀系数和站点不均匀系数是快车调度形式的确定依据。

(1)方向不均系数。

客流动态运输方向的分布具有很大的不平衡性，长期看是均衡的，一般有去有回；然而从短期看，客流存在着方向上的不平衡性，用方向不均匀系数表示。

方向不均匀系数指统计时间内某线路高单向客运量与平均单向客运量之比，即：

$$K_a = \frac{Q_a}{\overline{Q_a}} \tag{7-4}$$

式中：K_a——路段不均匀系数；

Q_a——统计时间内第 i 路段的客运量，人次；

$\overline{Q_a}$——统计时间内平均路段客运量，人次。

当 K_a 大于界限值(1.2~1.4)时，可考虑部分车辆在客流较小的方向开行大站车；若首末站的乘客集散量都很大，全程正班车、加班车、大站车以及区间车均不能满足需要，可开行直达车。

(2)站点集散量不均匀系数。

客流沿运营线路的上下车地点分布的不均匀程度，可由站点不均匀系数作为评价指标。站点集散量，指在统计时间内到达某停车站乘客的上车人数(集结量)与下车人数(疏散量)的总称。站点集散量不均匀系数可由下式计算：

$$K_{cj} = \frac{Q_{cj}}{Q_c} \tag{7-5}$$

式中：K_{cj}——站点不均匀系数；

Q_{cj}——统计时间内第 j 停车站乘客集散量，人次；

Q_c——统计时间内沿线各停车站平均乘客集散量，人次。

一般情况下，对于 K_{cj} 大于(1.4~2.0)的停车站，可考虑开设快车，以缓解乘车拥挤、提高运输效率。

通过以上各系数判断调度形式时需要注意，还须考虑线路车辆平均满载程度。当平均满载程度较高时，其值可取较低限，反之可相应取较高值。

由于城市公交运营受多因素影响,调度形式的选用除根据线路客流情况进行有关计算外,还需考虑道路与交通条件、企业自身的组织与技术条件以及有关运输服务质量要求等因素。在同一条线路上,调度形式不宜过多,一般不超过两种。

二、行车作业计划的编制

行车作业计划是指公交企业在已定线网布局的基础上,根据客流的基本变化规律和运输生产的要求,编制的带有生产作业性质的计划。行车作业计划是公交企业运营计划的具体形式,具体规定了公交企业各基层单位在计划期内应完成的一系列工作指标。

行车作业计划是合理组织车辆运行、组织驾乘人员的劳动、提高服务质量的重要手段,行车作业计划编制的质量直接影响企业的经济效益和社会效益。行车作业计划根据客流动态在不同时期呈现规律性变化,可分为季节、月度、平日(周一至周五)、节日以及假日行车作业计划。

1. 行车作业计划编制的原则与程序

目前,我国公交企业行车作业计划的编制主要有两种形式:一种是采用传统的调度方法,主要依靠管理人员,根据公交线路客流规律,凭借经验确定发车间隔和发车形式;另一种是智能交通调度,是根据实时客流信息和交通状态,在无人参与的情况下自动给出发车间隔的调度形式。在编制行车作业计划时,无论采用什么方法,所遵循的原则与一般程序是基本相同的。

调度部门在编制行车作业计划时,要求尽可能做到:

(1)以最大限度的方便性和最少的乘车时间与等待时间,安全地将乘客送达目的地。

(2)车辆在线路上有计划、有节奏地均衡运行。

(3)合理配置车辆,使线路的主要运行参数符合规范和标准。

(4)与其他线路的公共汽电车合理配合,与其他客运方式之间相互衔接。

(5)在不影响运营服务质量的前提下,合理安排行车人员的作息时间。

2. 行车作业计划编制的一般程序

编制公共汽车行车作业计划的基本程序分八个步骤。

1) 线路客流调查

在编制、修订行车作业计划前,必须选择合适、有效的调查方法,进行线路的客流调查,以确定客流预测的基本数据。

传统的人工调查方法主要有随车调查法、驻站调查法和问询调查法等,这三种方法均可以得到比较全面的数据,但是要耗费大量的人力和财力,不适合经常性的动态客流数据调查。

随着现代科技的发展,自动数据采集方法逐渐得到发展和应用,如IC卡数据采集、红外线自动乘客计数系统、踏板式自动乘客计数系统以及激光感应器采集系统(LICS)等,可以进行全线路、全日的综合调查,也可以根据实际需要进行部分路段、站点和峰别的重点调查。

2) 分类、分析调查资料

对取得的调查资料,进行认真细致的分析研究,找出运营时间内客流分布变化的规律,并将作为确定调度方式、计算运行参数的依据。

3)确定调度形式

依据客流在时间、路段、方向及站点等分布情况,在采用全程车、正班车调度形式的同时,选择其他辅助的调度形式。

4)计算线路的主要运行参数

运行参数的计算包括初值计算、数值调整以及确定参数终值等环节。

5)编制行车作业计划

依据编制原则,安排和确定行车班次与发车时刻,排列行车间隔、行车次序,以及行车人员休息时间等。行车时刻表是计划调度的基本形式,行车时刻表的编制质量和执行中的准确程度,直接反映调度工作的能力、企业管理水平的高低和社会效益、经济效益的优劣。

6)计算各项运行指标

行车作业计划编制完成以后,通过计算车辆的日行驶里程、运营速度、车辆的满载率以及平均车班工时等各项运行指标,反映和评价该计划的可行性。

7)审核

行车作业计划编制完成以后,必须进行审核,在线路上试运行,如发现问题及时修正,直到适应线路的实际情况。实施前要报公司总调度室审核、备案。经公司总调度室核准后,方可组织实施。

8)组织执行

行车作业计划经批准后,要制定详细的办法组织运营,不得擅自变更或者停止运营。

行车作业计划具有一定的稳定性,一般每季调整一次,有的城市只在冬、夏两季调整,即半年调整一次。调度人员、行车人员及企业其他工作人员必须严格按照行车作业计划规定的线路、班次和时间,按时出车、正点运行,保证运输服务的质量。

3. 车辆运行定额及主要运行参数

车辆运行定额与运行参数是行车作业计划编制的重要依据,是国家(行业)和企业为达到社会服务效果和企业的经济效益而制定的规范、标准,是线路行车组织的规范性数据,主要包括单程时间、始末站停站时间、周转时间、计划车容量、线路车辆数、行车间隔以及行车频率等。

1)单程时间(t_n)

单程时间是车辆沿线路完成一个单程的运输工作,由始发地发车开始到终点站结束为止所耗用的时间,包括单程的行驶时间(t_{nT})和各中间站停站时间(t_{ns}),其中路段行驶时间是指车辆从路段一端的停靠站起步开始,经过加速行驶、稳定行驶、减速停车到达路段另一端的停靠站完全停车为止所耗费的全部时间。

影响单程时间的主要因素有车辆的技术速度、车辆的加减速性能、驾驶员的驾驶技术、道路交通情况以及上下车乘客数量、沿路交叉口的交通控制情况等。

通常,单程行驶时间的确定可以采用实际观测统计的方法,原则上应该分路段与时间段,即按不同季节或时期,对不同路段与时间段,取其平均值作为标定行驶时间的依据,再根据沿线交通情况,按各时间段分布确定行驶时间定额。在交通情况稳定时,可以只按照高、平、低的客流峰别分别确定。

2) 始末站停站时间(t_t)

始末站停站时间即车辆在起始站和终点站的停站时间,包括调动车辆、签发行车路单、车辆清洁及日常维护、行车人员休息与交接班、乘客上下车以及停站调速行车间隔等所必需的停歇时间。

在客流高峰时间,为了加速车辆周转,车辆在始末站的停站时间,原则上不应该大于行车间隔的2~3倍。

在客流平峰期间,始末站停站时间的确定,应视车辆清洁、行车人员休息,调整行车间隔以及车辆例行维护等因素综合考虑。

(1)在通常情况下,以单程时间为准,按下列公式确定平峰期始末站停站时间:

$$\left.\begin{array}{l}\bar{t}_t = 4 + 0.11 t_n, 10 \leq t_n \leq 40 \\ \bar{t}_t = 0.21 t_n, 40 < t_n \leq 100\end{array}\right\} \quad (7-6)$$

(2)在平峰期内还需要计算每一辆正班车的上下午车班内,各有一次行车人员的就餐时间,一般为车辆单程时间的15%左右。

(3)我国多数城市夏季气温较高,一般在每日下午开始后的一段时间里气温最高,此时还应适当增加始末站停站时间,以保证行车人员必要的休息时间,但增加的时间一般不能超过原停站时间的40%。

3) 周转时间(t_o)

车辆从起始站出发,运行到达终点站后再运行回到起始站,称为一个周转。所以,车辆周转时间等于单程时间与始末站停站时间之和的2倍。

车辆沿线路往返运行所需时间要受客流量大小、道路交通状况、驾驶员的驾驶水平等多因素的影响,因此车辆周转时间通常是按不同的客运峰期分别规定一个区间值,允许其在一定范围内变化,不同客运峰期内的周转时间应尽可能与该峰期延续时间匹配,或不同峰别的相邻时间段周转时间与相应的时间段总延续时间相协调。

4) 计划车容量(q^o)

计划车容量,指行车作业计划限定的车辆载客量,又称计划载客量。这是根据计划期内线路的客流情况、行车经济性要求、运输服务质量要求规定的计划完成的载客量,可按下式确定:

$$q^o = q_o \gamma^o \quad (7-7)$$

式中:q^o——计划车容量,人;

q_o——车辆额定载客量,人;

γ^o——车厢满载率定额,%。

车辆的额定载客量取决于车辆自身的结构与性能,包括由座位数确定的乘客人数和有效站立面积确定的乘客人数两部分。车辆额定载客量 = 固定座位数 + 站位面积 × 每平方米站位定额。我国城市客运车辆的站位定额标准规定,每平方米有效站立面积的乘客站位数最高限定为8人。

5) 线路车辆数

线路车辆数是线路所需配备的最高的车辆数量,包括线路车辆总数、分时间段车辆数。在编制行车作业计划时,该指标表示行驶的车次数,在计算时要取整。

线路总车辆数(A)的确定一般以高峰小时客流所需车辆数为准,即:

$$A = \frac{最高客流量 \times 高峰时段周转时间}{60 \times 车辆额定载客量 \times 高峰小时满载率定额} \tag{7-8}$$

各时间段所需车辆数则根据该段时间内最高路段客流量、该时段车辆的周转时间及其满载率定额确定。周转时段所需车辆数由小时段行车频率和经过小时段的时间共同确定,即:

$$周转时段所需车辆数 = \frac{小时段行车频率}{60} \times 经过小时段的时间 \tag{7-9}$$

当有多种车辆调度形式时,线路车辆数为各种调度形式所有车辆数的总和。

6) 行车间隔

行车间隔是指正点行车时前后两辆车到达同一停车站的时间间隔,又称行车间距。在全部运营时间内,由于不同时间段投入的车辆数以及周转时间不同,因此应分别确定行车间隔。

行车间隔的大小是反映城市公交的服务质量的一个重要指标,行车间隔时间短,乘客的等待时间少,社会效益好,但车辆的满载率可能会受影响;反之则会增加乘客的等待时间,影响公交企业的服务质量。

在编制行车作业计划时,行车间隔的确定一般要经过计算、调整和排列三个步骤。

(1) 行车间隔的计算。用周转时间与线路车辆总数之比计算行车间隔并取整,即:

$$t_{时} = \frac{周转时间}{线路车辆总数} \tag{7-10}$$

(2) 行车间隔的调整。车辆周转时间与车辆总数之比为整数或半数时,按计算值等间隔排列;否则取整,通常取两个接近原计算值得整数,二者之差为1。

(3) 行车间隔的排列指计算值为不同大小的行车间隔在同一时间段或周转时间内的排列次序与方法,通常有下列三种排列形式:

① 由小到大顺序排列。这种排列主要用于客流量逐渐减少的场合,如高峰转入平峰或平峰向低峰的过渡时间段。由小到大是加大行车间隔的一种调度形式。

② 由大到小顺序排列。这种排列主要用于客流量逐渐增加的场合,如低峰向平峰或平峰向高峰的过渡时间段。由大到小,是缩小行车间隔的一种调度形式。

③ 大小相间排列。主要用于客流量较稳定的时间段,在同一时间段或周转时间内,尽可能使各行车间隔镶嵌得当,采用按行车间隔大小排列时,在无加车的情况下,尽可能采用较小行车间隔在前,较大行车间隔在后,以免发生周转不及。

【例 7-1】 某路段在客流低峰时的周转时间为 55min,车辆总数为 12 辆,试确定其行车间隔,要求为整数。

① 行车间隔时间的计算值为:$55 \div 12 = 4.58(\min)$。

② 调整:取两个接近原计算值的行车间隔时间,即 4min 和 5min。

③ 对车辆数进行分配,必须满足以下条件:

a. 调整后的各种行车间隔拟分配的车辆数之和为车辆总数;

b. 调整后的行车间隔与拟分配的车辆数相乘并求和,等于车辆的周转时间。

设行车间隔为 4min 有 x 辆车,行车间隔为 5min 有 y 辆车,则有以下关系式成立:

$$\begin{cases} x+y=12 \\ 4x+5y=55 \end{cases}$$

解得 $x=5, y=7$。

即在该线路客流低峰时,行车间隔为4min的应有5辆车,行车间隔为5min的应有7辆车。

7)行车频率

行车频率是单位时间内,通过线路某一断面或停车站的车辆数。确定方法有两种:

(1)行车频率 = $\dfrac{\text{最高路段单向通过量(人/h)}}{\text{计划车容量(人/辆)}}$ = 线路车辆数×车辆周转系数

其中车辆周转系数是指车辆在运营线路上,每一小时内可以往返循环周转的次数。

(2)行车频率 = $\dfrac{60}{\text{平均行车间隔(min)}}$

行车频率计算值需取整数,作为发出车次的实际值。

8)车班数

车班数包括车班总数及按不同车班工作制度运行的车班数。

(1)确定车班总数,计算公式如下:

$$\sum B = \dfrac{\sum T_\text{d} + \sum T_\text{c}}{t_\text{B}} \tag{7-11}$$

式中:$\sum B$——车班总数,车班;

$\sum T_\text{d}$——线路工作总时间,h;

$\sum T_\text{c}$——全部车辆收发车调控时间之和,h;

t_B——车班工作时间定额,h。

车辆的路线工作总时间即全部车辆在路线上的工作时间之和,其计算方法可分别按周转时间或运营时间段来计算。

(2)确定车班数。通过计算车班系数(ΔA),选定车班工作制度,从而确定按车班工作制度运行的车本数(B_i),即:

$$(\Delta A) = \sum B_i - 2A_0 \tag{7-12}$$

式中:A_0——线路车辆数,辆。

①如果$\Delta A>0$,则车班工作制度为三班工作制。其中,第一、第二工作班的车班数均为A_0,即$B_1=B_2=A_0$;而第三工作班车班数$B_3=\Delta A_0$。

②如果$\Delta A=0$,则全部车辆为双班制,每工作班的车班数均为A_0,即$B_1=B_2=A_0$。

③如果$\Delta A<0$,且$|\Delta A|<A_0$,则为单班与双班兼有的车班工作制。其中,按单班工作的车班数$B_1=|\Delta A|$,按双班工作的车班数$B_2=B_3=A_0-|\Delta A|$。

④如果$\Delta A<0$,且$|\Delta A|=A_0$,则为单班工作制,车班数$B_1=A_0$。

4.行车作业计划的内容

编制行车作业计划的目的是编制行车时刻表。

1)行车时刻表的类型

在实际工作中,各地编制的行车作业计划包含的内容不尽相同,但主要事项包括确定线路牌、车辆进出场时间、运营时刻、行车间隔、行车人员用餐时间的排列等。因此,依据行车时刻表包含内容的不同,可以将行车时刻表分为车辆行车时刻表和车站行车时刻表。

(1)车辆行车时刻表。车辆行车时刻是按运行车班次制定的车辆沿路线运行时刻表,分路牌编制,见表 7-1。表内列有该班次车辆出场时间,每周转时间内到达、开出沿线各站点时间,在一个车班内(或一日营业时间内)需完成的周转次数以及回场时间等。

××路公共汽车行车时刻表   表 7-1

始末站:A 站—F 站 出场时间:5:00
行车班次:×× 回场时间:20:30

站距(km)			A	B	C	D	E	F
				1	0.6	0.9	0.8	1.2	
1	上行 →	到	5:00	5:08	5:12	5:16	5:20	5:24
		开	5:05	5:09	5:12	5:16	5:20	5:29
	下行 ←	到	5:48	5:45	5:41	5:37	5:33	5:24
		开	5:52	5:46	5:41	5:37	5:33	5:29
2	上行 →	到	…	…	…	…	…	…
		开	…	…	…	…	…	…
	下行 ←	到	…	…	…	…	…	…
		开	…	…	…	…	…	…
3			…	…	…	…	…	…
4			…	…	…	…	…	…

(2)车站行车时刻表。车站行车时刻表是指路线始末站及重点中间站点的行车时刻表,分站点编制,见表 7-2。表中规定了在该线路行驶的各班次公共汽车每周转一次的到达、开出该站的时间,行车间隔及换班或休息时间等。

××路××站公共汽车行车时刻表   表 7-2

班次	1		2		…	…	16	
	开	到	开	到	…	…	开	到
1	5:00	5:52						
2	5:10	6:01						
3								

2)行车作业计划编排的主要内容

行车作业计划编排的主要内容就是根据运行参数,排列各时段车次的行车时刻。应注意的是,在具体编制过程中,若发现有些参数的初算值不符合要求,应予以修正,直到符合要求为止。

(1)安排和确定行车班次(路牌)。行车路牌是车辆在线路运行的次序或秩序,车辆的路牌号也称为车辆运行的次序号。起排的方法有两种:一种是从头班车的时间排起,自上而下、从左向右顺序地填写每一车次的发车时刻直到末班车;二是从早高峰配足车辆一栏排起,然后向前推算到头班车,这种方法能较好地安排每辆车的出车顺序,也能较经济地安排运行时间。待全表排好后,再定车辆的次序号,并填进车辆进、出场时间,这样比先定序号后排时间的方法要简便一些。

(2)行车间隔排列。行车间隔必须按车辆周转时间以行驶车辆数的计算方法确定,不得随意变动,避免车辆周转不及时或行车间隔不均匀。可以通过适当压缩或增加车辆在始末站停站时间的方法来调节。

【例7-2】 AH线全线长度为4.5km,停车站数为8个,中间站平均停站时间为0.5min。首班车发车的地点为A站,首班车从A站发车时间为5:00,终点站H站的发车时间为5:20,末班车时间A站为22:49,H站为23:10,每次收发车里程合计0.6km。A站在客流高、中、低峰时的停站时间规定分别为5min、9min、14min,H站则均为3min,单程运送时间规定均为21min。线路营业时间内客流分布与定额见表7-3。试确定各时间段的行车间隔分配与排列方案。

线路营业时间内客流分布与定额 表7-3

序号	起止时间	人次（人）	时间不均匀系数	峰型	最高路段客流量（人）	车辆额定载客量（人）	周转时间（min）	小时行车频率（min）	满载率定额（%）
1	5:00—6:00	1346	0.64	低	392	72	50(41)	9.1	60
2	6:00—7:00	3806	1.81	高	988	72	41	14.4	95
3	7:00—8:00	4386	2.09	高	1140	72	41	16.7	95
4	8:00—9:00	2155	1.03	平	624	72	45	12.4	70
5	9:00—10:00	1654	0.79	低	496	72	50	11.5	60
6	10:00—11:00	1432	0.68	低	430	72	50	10.0	60
7	11:00—12:00	1489	0.71	低	417	72	50	9.7	60
8	12:00—13:00	1929	0.92	低	521	72	50	12.1	60
9	13:00—14:00	2090	1.00	平	668	72	45	13.3	70
10	14:00—15:00	2224	1.06	平	644	72	45	12.8	70
11	15:00—16:00	2793	1.33	平	810	72	41	14.1	80
12	16:00—17:00	4011	1.91	高	1043	72	41	15.2	95
13	17:00—18:00	3154	1.50	平	852	72	45	14.8	80
14	18:00—19:00	1611	0.77	低	483	72	50	11.2	60
15	19:00—20:00	1025	0.49	低	318	72	50	7.4	60
16	20:00—21:00	1104	0.53	低	309	72	50	7.2	60
17	21:00—22:00	871	0.41	低	253	72	50	5.9	60
18	22:00—23:00	725	0.35	低	182	72	50	4.2	60
	合计	37800			10566				
	平均	2100			587				

首先应确定周转时间。先推算出车辆返回发车站的到达时间,按到达时间所在小时段的周转时间确定。如在7:44—8:29时间段,车辆到达时间8:29所在的时间段为8:00—9:00,依据表7-3,该小时间段的周转时间为45min,则7:44—8:29时间段的周转时间为45min。

其次需要确定周转时段所需车辆数。不跨时间段的，直接用公式计算；跨时间段的，先计算各分段所需车辆数，各分段所需车辆数之和，即为周转时间段所需车辆数。如表7-4中序号2的起止时间为5:41—6:22,跨两个时间段(5:00—6:00,6:00—7:00),经过两个时间段的时间分别是19min和22min,据表7-4这两个时间段行车频率分别为9.1和14.4,则：

经过 5:00—6:00 时间段所需车辆数 = 9.1÷60×19≈2.88(辆)；

经过 6:00—7:00 时间段所需车辆数 = 14.4÷60×22 = 5.28(辆)。

故 5:41—6:22 周转时间你所需车辆数 = 2.88 + 5.28 = 8.16(辆)。

其他跨小时段所需车辆数和周转时段所需车辆数均照此方法换算。

然后计算、安排行车间隔。行车间隔的计算值不为整数时，进行调整，并据时间段客流变化情况进行排列。如7:03—7:44时间段，行车间隔值 = 周转时间÷线路车辆数 = 41÷11 ≈ 3.7(min),取4min,3min两个行车间隔。由于7:03—7:44时间段为客流高峰时段,8:00—9:00为平峰，采用由小到大的行车间隔排列方式。因此,7:03—7:44时间段的行车间隔的排列方案为:3min×3,4min×8。由此，各时段行车间隔排列方案见表7-4。

各周转时段车辆行车间隔分配与排列   表 7-4

序号	起止时间	周转时间(min)	跨小时段行车频率计算值(辆)	线路车辆数(辆) 计算值	调整值	行车间隔(min) 计算值	分配与排列方案
1	5:00—5:41	41	9.1	6.22	6	6.83	7min×5,6min×1
2	5:41—6:22	41	9.1,14.4	8.16	8	5.13	6min×1,5min×7
3	6:22—7:03	41	14.4,16.7	9.96	10	4.10	5min×1,4min×9
4	7:03—7:44	41	16.7	11.41	11	3.73	4min×8,3min×3
5	7:44—8:29	45	16.7,12.4	10.45	10	4.50	4min×10,5min×1
6	8:29—9:19	50	12.4,11.5	10.05	10	5.00	5min×10
7	9:19—10:09	50	11.5,10.0	9.36	9	5.56	5min×4,6min×5
8	10:09—10:59	50	10.0	8.33	8	6.25	6min×6,7min×2
9	10:59—11:49	50	10.0,9.7	8.09	8	6.25	6min×6,7min×2
10	11:49—12:39	50	9.7,12.1	9.64	10	5.00	5min×10
11	12:39—13:24	45	12.1,13.3	9.56	10	4.50	5min×1,4min×10
12	13:24—14:09	45	13.3,12.8	9.78	10	4.50	5min×1,4min×10
13	14:09—14:54	45	12.8	9.60	10	4.50	5min×1,4min×10
14	14:54—15:35	41	12.8,14.1	9.51	10	4.10	4min×9,5min×1
15	15:35—16:16	41	14.1,15.2	7.58	8	5.13	6min×1,5min×7
16	16:16—16:57	41	15.2	10.39	10	4.10	4min×9,5min×1
17	16:57—17:42	45	152,14.8	11.12	11	4.09	4min×10,5min×1
18	17:42—18:32	50	14.8,11.2	9.48	9	5.56	5min×4,6min×5
19	18:32—19:22	50	11.2,7.4	8.26	8	6.25	6min×6,7min×2
20	19:22—20:12	50	7.4,7.2	6.14	6	8.33	8min×4,9min×2
21	20:12—21:02	50	7.2,5.9	6.00	6	8.33	8min×4,9min×2

续上表

序号	起止时间	周转时间(min)	跨小时段行车频率计算值(辆)	线路车辆数(辆)		行车间隔(min)	
				计算值	调整值	计算值	分配与排列方案
22	21:02—21:52	50	5.9	4.98	5	10.00	10min×5
23	21:52—22:42	50	5.9,4.2	3.87	4	12.50	12min×2,13min×2
24	22:42—23:32	50	4.2	1.26	1	18.00	18min×1

(3)增减车辆的排列。线路上运行的车辆按时间分组，随客流量的变化而有所增减。不论车辆加入或抽出，均要考虑前后行车间隔的均衡，要注意做到既不损失时间，又不造成车辆周转时间不均的矛盾，并做到车辆均匀地加入或抽出。这样，即使配车数量、行车间隔有变化，但仍能保持行车的均匀性。

(4)全程车与区间车的排列。在编制行车作业计划时，由于全程车与区间车的周转时间不等，混合行驶时，不仅要注意区间断面上的行车间隔均衡，而且要求区间车与全程车合理安排，以充分发挥区间车的效果，方便乘客。如果区间车断面上的发车班次与全程车无法对等，不能相间行驶时，也要注意配合协调、间隔均匀。

(5)行车人员用餐时间的排列。安排行车人员用餐时间，一般有三种方法：增加劳动力代班用餐；增车增人填档，替代用餐行驶的车辆参加运行；不增车不增人，用拉大行车间隔的方法，让出用餐所需要的时间。

必须注意，选用任何一种方法均应考虑线路用餐时运能与运量保持供需平衡，同时应避开客运高峰时间，一般以 15~20min 为宜。

三、站务作业

1. 站务工作的主要内容

公共汽电车客运站务作业主要是在始末站点组织车辆运行，负责公交场站的服务和站场设施的维护与管理、预防处理突发事件等工作。在车辆运行的不同阶段，站务工作的重点内容不同。

1)出场阶段

车辆准点出场是保证一天运营秩序的首要环节，必须加强对行车人员上班到岗时间的考核，督促行车人员做好出场前的准备工作，包括车辆、票证、垫款及车上用品等；督促行车人员按班次准点发车；掌握行车人员的动态，发现脱班人员及时派预备人员顶岗或者将后车调整行车次序，保证准点出场运行。

2)早晚高峰阶段

由于市民上下班和学生往返学校学习的时间相对集中，线路在周一至周五的早晚各会出现2h左右的客流高峰时段。线路早晚高峰4h的乘客人数一般占到全日乘客人次的40%左右。这是经营者提高服务质量和获取经济效益的关键时刻。必须掌握高峰时客流动态、道路交通以及行车人员工作等情况，在现场指挥调度车辆，及时修正行车作业计划，确保良好的行车秩序；确保站内乘客候车秩序良好，保证车辆进出站安全。

3)交接班阶段

交接班是一天的中间管理环节。管理人员要注意接班人员准时到岗的情况，如人员脱班时要及时派预备人员顶岗。如一时无预备人员，下班人员应继续行驶，一般以一个往返为限。

交接班最佳地点的位置是在路线1/3左右处，这是最充分利用线路劳动力的地方。但如果管理人员管理不力、致使行车人员脱班等，会造成车辆滞站时间过长、乘客意见较大等。目前大部分线路选择在终点站交接班，是因为有调度员可监管。

4）进场阶段

行车人员对营运车辆要做好维护工作，发现故障、损伤等及时向修理部门报修。维修部门要加强对进场车的检修，确保第二天车辆能够准时投入运营。

配备公交运营智能化系统的车辆，在车辆进场时，须读取IC卡（集成电路卡）信息，将车辆一天的运营基本信息导入数据库，包括路牌、车型简称、车号、驾乘人员工号、实际进场时间、里程、油耗、故障类型等。

采用人工收费的车辆，行车人员需核对票款和有关物品的齐全情况，解交票款。同时，结算好车辆的日运行里程和时间，整理好有关记录。

2. 现场调度的基本原则

编制完成行车作业计划以后，由于受道路通行、运营秩序等因素的影响，要调整行车时刻表，使行车频率、行车调度方法符合客流规律，保证各时段、各断面运力和运量平衡。现场调度就是调度人员依据行车组织实施方案的要求，在运营路线的行车现场，结合客流变化和车辆运行情况直接对行车人员下达行车调度指令的工作。其基本任务是确保行车间距，及时恢复行车秩序，灵活调度车辆行驶路线，及时增减车辆、调整运能。

1）计划性原则

行车作业计划是公交企业运营计划的具体实施，是现场调度人员指挥、调度车辆的依据。严格按照行车作业计划组织车辆运行，使各车次均衡、有序地运行，是完成行车作业计划、向社会提供优良服务的重要保证。

2）纪律性原则

调度工作一定要高度集中统一，听从指挥。要上下一条线、全局一盘棋，下级服从上级、局部服从全局。

3）预防性原则

为预防行车过程中公交企业、相关路线、运能与运量之间可能的各种矛盾，现场调度人员应熟悉有关条例与法规，深入现场进行客流调研、分析，积累经验，掌握规律。做到思想有预见、工作有预防，善于采取必要措施，消除薄弱环节，争取工作主动权，避免运营过程中断。

4）及时性原则

行车作业计划综合地考虑了不同时间段的客流、道路等诸多因素的变化，但不可能完全反映线路当时的客流变化及道路临时发生的情况。所以调度人员在严格执行行车作业计划的基础上，还需根据当时的情况，机动灵活、迅速及时地调度车辆，尽快恢复运营秩序。调度不及时会造成不良的社会影响，严重的还会造成经济损失。

3. 现场调度的基本方法

行车现场调度方法是按照行车作业计划控制车辆运行，合理分布车辆行车间距，尽快恢复运营秩序,保证车辆均衡载客运营的方法。

在城市公交调度中,为实现对车辆的实时监控和调度,保证公交线路正常运营,很多城市已经开始运用公共交通智能调度系统,动态地获取实时的交通信息[车辆线路信息、GIS(地理信息系统)信息、GPS(全球定位系统)信息、时间信息、客流信息、安全行车规定信息以及路况信息],根据线路客流情况进行实时调度,降低了运营成本,提高了乘客公众的满意度。

现场调度可分为常规调度和异常调度两大类。

1)常规调度

全线行车情况基本上符合行车作业计划方案,车辆处于正常运行时的调度工作称为常规调度。常规调度的基本内容是:

(1)督促驾乘人员提前上车,按时发布开车指令;
(2)注意车辆到站状况,调节车辆停车时间,准点发车;
(3)安排好驾乘人员用餐与交接班事宜,检查车辆整洁情况;
(4)及时、正确地记录好调度日志等原始报表。

2)异常调度

线路因各种原因造成行车秩序紊乱,车辆运行偏离行车作业计划时的调度工作称为异常调度。车辆运行不正常的情况,有时比较单一,有时比较复杂,为尽快恢复运营秩序,提高运输服务质量,常用的基本调度方法有以下几种。

(1)调频法。

调频法是指调整行车间距的调度方法,又称"调频法"。当线路上客流某段时间内客流量增减不过多,在不增减车辆的情况下,使用压缩或放宽车间距或两者同时采取的调度方法。客流量减小,增大行车间隔,减少行车班次;客流量增大,缩短行车间隔,增加行车班次。当车辆误点到站且误点时间不超过规定的停站调节时间时,则减少计划的停站时间,提前发车,按原计划准点发车;若误点时间超过停站时间不多,除了提前发车外,还可延后前几个车次的发车时刻,以便使行车间隔均匀。

(2)调站法。

调站法,即调整车辆沿途停靠站数,增加或减少停靠站点的方法,以加快车辆周转,减少乘客等待时间,解决沿途乘客待运问题的调度方法。即全程车少停站、大站车多停站、直达车重点停站。当车辆误点时间较长时,指定误点车辆不停靠常规线路上若干个中途站点,以节约中途停站时间,加快车辆的周转;当线路两端客流较大而中间客流较少时,一般应载客越站停靠,采用直达快车方法,以满足两端乘客乘车的需要;当客流在线路某几个站点较大时,可采用大站停车的调度方法,以平衡乘客候车时间,加快车辆周转。

(3)调程法。

调程法,即调整车辆行驶里程,指车辆改变原行驶路线的行程,利用缩短或增加行驶里程的方法。即全程车缩短行程,在中途某个站点返回,或区间车增大行驶里程,以弥补高断面运能的不足。当车辆到达始末站误点时间较长,超过全程周转时间1/3左右时,可采用调程法补偿已经损失的周转时间。有时为了增加某些站点的运能,也可采用调程法。

(4)调能法。

调能法,即调整线路运输能力。调整线路运输能力主要有在原有行驶车辆中增加车辆和减少车辆两种方式。加车法主要用于路线的客流突然增加，或线路因故需延长周转时间，但又要保持原有的车距的情况下。抽车法主要用于路线客流突然下降，或线路发生车辆故障、肇事、纠纷，或因客流需要支援其他路线时等。为使加入或抽出车辆后的车距均匀分布，首先应确定加（减）车的数量、时间和所需影响的范围，然后对原有的车距进行计算调整。

(5) 缩时法。

缩时法，即缩短周转时间的调度方法。采用缩时法的情况有：在运营现场，道路交通条件有明显的改善，道路通行能力提高，车速加快；实际客流比计划下降较多，造成车辆中途上下客时间减少，车辆普遍提前到站；交通中断，临时缩短路线行驶等。

(6) 延时法。

延时法，即延长车辆周转时间的调度方法。采用延时法的情况有：在运营现场，车辆运行过程中遇严重的交通堵塞和行车事故；客流增加，乘客上下车时间增多，在运营高峰时，出现乘客滞站现象；遇冰、雪、雾及暴雨等恶劣天气，车辆通行缓慢。延长车辆周转时间的限度，以该线驾驶水平较低的驾驶员为准。

(7) 调线法。

调线法，即变更行驶路线的方法。车辆运行中由于某些原因，如交通事故、火灾、道路施工等造成车辆不能全线通行，为了最大限度方便乘客，保证线路的继续运营，采用绕道行驶、分段行驶及缩线行驶等方法进行临时处理。当线路运力有余时，为支援其他线路运营，也可采用跨线行驶方法。

绕道行驶即临时改变行驶线路，绕过阻塞路段继续行驶。

分段行驶即以阻塞地点或路段为界，分成两条行车路线，并重新安排两段线路的临时行车计划，多余车辆抽调在适当地点停放待命。

缩短行程即当受阻路段在线中的某一端，且无其他道路可以绕行时，则甩掉受阻路段，缩短行程。其行车计划需要重作安排。

跨线法用于相邻路线客流高峰时段出现的时间有较大差异，或本线全程与区间、大站之间的运能需要互补时。跨线法能对充分利用运能、工时，既能解决客流需求，又能降低运营成本。使用时要注意跨入的时间要与客流相吻合，车辆的路别标识与行驶的路线要相一致。驾驶员对跨线路段要熟悉，行车人员下班时间不能相差太大。

(8) 调档法。

调档法，是将车辆的车序号临时重新组织调整的一种调度方法，主要用于路线车辆故障抛锚、肇事、纠纷、换班及行车人员用餐时。车辆在出场或始末站发生故障，如能很快修复行驶的，可与后车倒换次序运营。高峰时，因运营需要将车辆的车序号临时调整的，一般先控制车距，在高峰之后再恢复行车次序。利用车辆调档完成行车人员用餐的方法，是有效利用时间、提高工作效率的较好措施。

现场调度需要灵敏的信息反馈，随时准确地掌握现场变化情况，处理问题要机敏果断，采取的调度措施要及时适当，只有根据不同线路的客流特点和现场情况机动灵活地运用调度方法，才能不断提高业务水平。随着智能调度系统功能的日益强大，城市道路公共交通运营调度的效率与水平将会大幅提高。

第三节 定制公交运营组织

在互联网技术变革和市场机制双重作用下,定制公交迎合了居民日益增长的高品质出行服务需求,在客运市场中迅速占据一席之地。定制公交是常规公交的一种辅助运营模式,属于城市公共交通的范畴。发展定制公交可以进一步优化城市客运交通系统的结构、减少城市私家车的出行比例、缓解城市道路交通压力、减少城市道路资源的占用。未来,定制公交在城市公共交通系统的作用与地位将会显著提升。

一、定制公交的定义

由于定制公交是我国近年来新兴的公交服务系统,目前国内关于定制公交的定义主要有以下两种:

(1)定制公交是从小区到单位,或从单位到小区的一站式直达快车,又可称为定制商务班车。

(2)定制公交是一种多样化公共交通服务方式,它是为促使私家车通勤者转向使用公共交通出行而设计的。

二、定制公交的产生背景

定制公交最早出现在美国、新加坡及欧洲的一些国家。20世纪70年代,美国等发达国家无论是在城市内部还是城市之间,私家车无疑是最流行的出行方式。然而,私家车的大量使用也引发了一系列社会问题,如交通拥堵、空气质量恶化、能源供应紧缺等问题突出,道路扩张和相关交通基础设施拆迁所带来的噪声和出行不便也引起人们的不满。为解决交通出行中的这些问题,美国政府开始进行"辅助公交"的政策研究。1974年,美国交通部下属的公共交通署在辅助公交政策研究中首次对辅助公交进行定义:"辅助公交是在市域范围内面向公众包含多种形式的客运服务方式,其服务模式明显区别于传统公共交通系统(有固定的时刻表和线路的常规公交和轨道交通),辅助公交一般在公路和街道上运营"。在此定义的基础上,美国交通部先后推出合乘出租、电招巴士、小巴辅助公交等辅助公交模式,这即是定制公交的前身。

随着经济快速发展,我国城市的机动化水平显著提高。为满足居民日益增长的出行需求,缓解城市交通拥堵问题,在国家确立公交优先发展战略目标后,地方政府出台了一系列政策措施,比如扩大公交线网布局、加强轨道交通建设、设置公交专用道、限制私家车出行等。这些措施在一定程度上缓解了城市交通压力,但多年来基于公共交通的公益性属性,常规公交执行低票价政策,致使企业多数亏损经营,靠政府财政补贴实现收支平衡与可持续发展,多年来常规公交的服务质量提升效果甚微,难以满足居民的多样化与高质量的出行需求,公交客运量逐年持续下滑。在对生活质量要求越来越高的今天,人们更加注重小众化、个性化、高品质的公交服务体验,地面公交的准确性、可达性、多样性以及舒适性得到越来越多人的关注。作为互联网背景下兴起的一种新的交通模式,定制公交的出现为提升地面公交系统品质提供了一个新的思路。定制公交是通过集合相似出行需求的个体,为其提供量身定制的公共交通服务方式。这种介于普通公交和私家车之间的一种新兴交通方式,能更好地满足通勤者多层次、多样化的出行需求,特别是高品质出行需求,因而有希望能够吸引私家车主转为使用公交车出行,从而使城市交通拥堵问题得到缓解。2013年8月15日,青岛率先开通定制公交。此后,北京、济南、天津、深圳等城市纷纷结合各自情况,推出定制公交线路。

三、定制公交的运营组织分析

目前国内已开展的定制公交,按照经营模式可分为两类。一是互联网企业利用互联网平台整合线下闲置车辆和驾驶员资源,提供定制公交服务(简称"互联网模式");二是依托公交特许经营企业整合或新增公交车辆,提供定制公交服务(简称"特许经营模式")。不管是哪种经营模式,其运营组织主要均是基于其七大构成要素进行选择与设计,来实现城市定制客运服务的。

1. 乘客

定制公交的乘客主要为具有相同出行起终点区域、相似出行时间、相同服务水平要求的人群,主要对象为具有固定通勤出行需求的企事业单位员工、都市白领等。定制公交的乘客一般需要提前承诺一定的服务期,并按服务期进行线路预定,方便运营者按照服务期对线路走向进行规划和调整,服务期可以按月、季度或年进行选择。目前,北京市定制公交针对服务期的不同,提供的线路可选预订方式包括按周期(当月工作日总天数为一个周期)预订、限行日预订、次日余座预定。

2. 车辆

定制公交的车型选择要综合考虑预订乘客量人数、实际运营的车辆数、车辆运营及维护成本、线路行驶的道路条件等方面因素。目前,北京市的固定线路定制公交主要采用12m、10m和8m三种车型,车辆均配有空调及旅游车型舒适座椅,运营者根据不同线路的乘客需求量安排相应类型的车辆。此外,天津市主要采用45座和20座两种车型,成都市采用12m的大型公交车辆,而昆明和青岛等城市则采用一般的旅游型车辆。由于定制公交需要保证"一人一座",且软垫座椅占用空间较大,因此为了尽可能多的布置座位,定制公交车辆内部一般采用"2+2"的座椅布局形式,同时,车内配置和装饰应注重乘客的乘车舒适性和实用性,还有增加雨伞、USB(通用串行总线)充电插口、放置电脑的小桌板等人性化服务设施。

3. 站线

定制公交线路的站点设置较为灵活,需要按照乘客预先提供的出行需求定制。为了缩短乘客的步行时间,实现"门到门"运输,定制公交车站一般设置在尽可能接近出行起终点区域内大多数乘客的出行起讫点位置。车站位置既可以利用现有的常规公交站点,也可以根据乘客出行起终点需求增设独立的定制公交站点。目前,定制公交的线路形式多为预先确定站点位置和走向的固定线路。随着信息技术的进步和规划技术的发展,也可以采用根据乘客实时出行需求,考虑道路交通状况设计的动态线路形式。

4. 票价

定制公交的票价一般结合城市居民平均收入水平、公交运营及维护成本等设置。北京市的定制公交票价按政府要求在公益性原则下可以由运营者自主定价,且可以随线路长度、线路类型和运营车辆车型的不同采取不同的票价。由于定制公交一般需要乘客提前提出预订需求,因此乘客的购票方式主要为网上购票和 APP 购票。为了吸引客流,定制公交可以针对购票时间长短给予一定优惠,如预订超过 3 个周期可以享受折扣票价等。

5. 路权

定制公交与常规公交相似,只要满足公交车通行条件的道路都可以运行定制公交。为了保证定制公交较快的运行速度和较高的准点性,定制公交可以走公交专用道。当交叉口有公交专用信号等公交优先措施时,定制公交可与常规公交一样享有优先通行的权利。

6. 运营时间

由于定制公交根据乘客实际需求设计线路,为了保证线路中所有乘客到达目的地的时间不会晚点,定制公交在线路起点站准时发车,若乘客超过发车时间未上车,车辆也不会等待。不同线路的发车时间由车上乘客需求调查信息中的上班时间、下班时间和线路试运营时的在途预计行驶时间决定。

7. 预订服务系统

为了便于乘客预订线路、查询线路信息、咨询服务,定制公交运营者建立了功能齐全的定制公交专用服务系统,充分利用电话、网页、手机 APP、短信、微信等平台,提供需求信息采集、新线招募、线路预订、订单查询、退款等服务功能,便于不同类型的乘客使用。

四、定制公交的发展优势

相比较于其他城市道路公共交通方式,定制公交更有助于提升城市公共交通系统的吸引力与生命力,其发展优势主要表现在以下几个方面。

1. 线路设计更灵活

传统公交线路定票价、定路线、定站位运营,服务面积有限,同时对沿途站位的设置,始末站的停车均有较高的要求。而定制公交停靠的站点少,通常是从居住小区到单位(或学校)、从单位(或学校)到居住小区的一站直达式班车,可以增加公共交通服务区域,为更多市民提供便捷高效的服务。

2. 运营服务更高效

通过汇集出行起终点相近的乘客出行需求,定制公交可以实现起终点直达运输服务,使其运营效率高于常规公交、轨道交通等需要多次停站上下车的交通方式。同时,与私家车出行相比,作为一种公共交通方式,它可以减少道路和车辆资源的不合理利用。此外,由于定制公交可以提供高品质、安全舒适的乘车环境和人性化、高质量的出行服务,因此可以吸引更多通勤者转向定制公交出行,缓解常规公交、轨道交通拥挤情况,分担道路通勤压力。

3. 出行成本更低廉

定制公交仅在早晚高峰时段运营,在通勤高峰期,乘客打车困难、道路车辆行驶速度较慢,对于出行者而言,选择定制公交出行,可以走公交专用道,速度比出租汽车和私家车更快,同时票价更低、乘车有座、环境舒适,提高了出行效率,降低了出行成本。而对比常规公交和轨道交通出行者,虽然乘坐定制公交价格略高,但是停站次数少,出行时间成本有所节约,且一人一座,乘车环境更加舒适。

4. 社会效益更显著

定制公交作为一种公共交通模式,秉承公益性原则,能够减少城市机动车的使用率、减少汽车尾气排放、缓解交通环境污染、减少路边停车占用的城市有限道路空间资源、降低城市通勤交通压力、缓解城市交通拥堵、推动乘客绿色出行和城市交通的可持续发展。

五、定制公交在城市交通中的作用

定制公交作为一种多样化公交服务,旨在通过细化出行者需求,为特定通勤者提供更加个性化、高品质的定制运输服务,其在城市交通的作用主要表现在以下三个方面。

1. 辅助公共交通的运营

在"公交优先"政策的支持下,我国城市公交发展虽取得了长足进步,但在客流高峰期间,现有公共交通满载率高、车内拥挤、服务水平低的问题仍然非常突出,很多市民更愿意使用私家车出行,这也在一定程度上抑制了传统公共交通的作用。定制公交作为辅助公交的一种,可以弥补公共交通运力和服务空间上的不足,通过细化通勤乘客的出行需求,提供个性化、定制性的运输服务,满足多样化的乘客出行需求。发展定制公交有助于完善城市通勤交通系统结构,提高城市公共交通的服务水平。

2. 满足多层次的出行需求

城市经济不断发展致使人们生活节奏加快,乘客对出行时间、出行服务品质、乘车舒适度、满意度等方面的要求不断提高,传统的交通方式已难以满足所有乘客的出行需求。而定制公交具有"高效、便捷、准时、安全、舒适"的特点能够满足乘客的出行期待,发展定制公交可以满足乘客多样化、个性化、高品质的出行需求,实现多层次的公共交通服务。

3. 缓解道路拥堵

交通拥堵是城市交通发展中面临的严峻问题。现阶段,我国大城市的通勤交通模式主要以公共交通为主、私人交通为辅。定制公交因其在早晚高峰时段的乘车舒适性、运行准点性、价格实惠等特点,能够吸引一部分私家车出行者转变出行方式而选择公共交通出行,这在一定程度上可以减少私家车的使用,有效节省道路、停车场等公共交通资源,降低城市交通环境污染,提升城市空气质量,缓解高峰时段交通需求与供给之间的矛盾。

六、定制公交行业发展路径的思考

定制公交行业发展尚处于起步阶段,发展路径的选择尤为重要。要明确定制公交发展定位和模式,厘清政府和市场关系,营造有利于定制公交发展的内外部环境。

1. 明确定制公交的功能定位

定制公交主要服务城市通勤出行,是一种需求响应式的高品质公交服务,具有快捷、舒适、可靠和类似"门到门"等特征,具备与私家车竞争的服务水准。从运营特点来看,定制公交线路设置和调整更灵活,能够快速识别和响应需求,有助于提升公交服务网络的应变能力。从服务品质上,定制公交既体现了集约出行优势,也更多地考虑了"个性化"出行需要。定制公交与常规公交更多是补充而非竞争关系,应与常规公交错位发展,侧重于为乘客提供"优质优价"公交服务。

2. 兼顾公益性和经济性

对政府而言,公共交通不仅是解决城市拥堵、降低污染的重要方式,同时也是提高社会效益、解决出行不公平性的一种体现。因此,在实现经济性的同时,也要兼顾公益性。经济性主要体现在对票价的调整上,可通过开源节流的方式,寻求多方资助。定制公交在运行时经过城市不同的功能区,串联了地铁站、中心服务商业街以及停车区等客流吸引点。定制公交为这些地区带来了客流,可考虑吸引沿线的商家和一些机构联合赞助,从而降低票价。公益性的实现则体现在对定制公交的扩大应用上。除了传统的出行班车,还应该为城市的弱势群体设计一些辅助公交,如残疾人预约出行、老龄人就医、中小学及幼儿园校车、连接公租房及廉租房小区与市中心的低价公交等服务。这些服务和已有的定制公交共同构成城市公交的辅助系统,既能够拓展公共交通服务的类型,也能为政府更好地提供公益性交通服务创造条件。

3. 营造公平法制的市场环境,鼓励多元主体参与经营

定制公交经营体制机制与常规公交应有所区别。目前"低票价+政府补贴"的常规公交经营体制,旨在提供基本的、可负担的公交出行服务,保障居民参与社会活动的基本出行条件。定制公交主要满足居民高品质、个性化的公交出行需求,其行业规模、服务供应、票价规则应主要由市场决定和调节。实践表明,在市场环境的正向激励下,企业有动力提供更好的服务,乘客也愿意接受相对更高的票价,行业发展可以不依靠政府补贴。政府应营造公平竞争的市场环境,既不"歧视"互联网企业,又要给特许经营企业"松绑",允许其定制公交服务采用更灵活的票价制度,同时取消政府补贴和相关经营限制。政府应鼓励互联网平台与特许经营企业开展合作,发挥互联网平台关注用户、创造价值的优势,同时利用特许经营企业线路运营方面的经验及车辆、场站配套设施资源,实现互利共赢。此外,在完善行业监管体系的前提下,可允许互联网模式提供部分跨市公共交通出行服务,快速响应都市圈一体化发展需要。

4. 加强站场和路权保障,提高定制公交运行效率

定制公交线路布设方式不同于常规公交,对站场和路权有特殊要求,在公共交通配套设施规划中应予以专门考虑。一是充分利用路内既有停车空间,为定制公交设置专用的始末站发车位。同时增加全市公交始末站供应,重点提升主要就业片区公交始末站的规模和密度,允许定制公交通过合作协商等方式,使用部分常规公交始末站。二是考虑定制公交密集设站和停车候客需求,为定制公交设置专用停靠站点,避免占用常规公交车站停车候客,影响常规公交线路正常运行。三是结合快速公交走廊规划及潮汐车道网规划,形成覆盖主要高、快速路的路中公交路权优先体系,允许定制公交使用快速公交车道、潮汐车道,进一步提高定制公交运送速度,提升服务竞争力。

5. 提升行业监管能力,规范市场经营行为

互联网定制公交作为客运行业的一种新兴业态,目前行业监管体制机制还不健全。近期陆续暴露出不少违法违规问题,比如部分平台使用无运营资质的车辆和驾驶员,部分车辆安全和保险状况达不到跨市、市内运营要求,互联网平台主体责任不明确等,容易引发经济、法律纠纷,存在安全隐患。交通行业管理部门应从防范市场失灵的角度明确管理职责,守住行业发展底线。通过出台互联网定制公交经营管理办法,完善定制公交企业备案和安全生产管理制度,依法落实行业监管职责,规范市场经营行为,保障消费者的合法权益。

思考与练习

1. 简述城市道路公共交通的分类。
2. 简述城市道路公共交通的特征。
3. 简述城市公共汽电车运营调度的分类。
4. 简述区间车、加班车、大站快车等调度形式的确定方法。
5. 简述城市公交的行车作业计划的内容。
6. 城市公交运行作业计划编制过程中,行车频率、车辆数、行车间隔如何确定?
7. 异常调度的方法都有哪些?

参 考 文 献

[1] 鲍香台,何杰.运输组织学[M].2版.南京:东南大学出版社,2015.
[2] 董千里.交通运输组织学[M].北京:中国铁道出版社,2007.
[3] 邵振一,董千里.道路运输组织学[M].北京:人民交通出版社,2003.
[4] 马天山,孙启鹏.集装箱运输管理[M].北京:人民交通出版社,2009.
[5] 杨浩.运输组织学[M].北京:中国铁道出版社,2015.
[6] 高洪涛,李红启.道路甩挂运输组织理论与实践[M].北京:人民交通出版社,2010.
[7] 马天山.运输经济(公路)专业知识与实务[M].北京:中国人事出版社,2015.
[8] 陈贻龙.运输组织学[M].北京:人民交通出版社,2003.
[9] 骆勇.道路运输组织学[M].北京:人民交通出版社,2006.
[10] 王玉辉.传统出行的激荡时代[M].北京:人民交通出版社股份有限公司,2018.
[11] 邹海波,吴群琪.交通与运输概念及其系统辨析[J].长安大学学报:社会科学版,2007(01):20-23.
[12] 魏娟.道路货物运输组织[M].北京:经济管理出版社,2012.
[13] 沈志云.交通运输工程学[M].北京:人民交通出版社,2003.
[14] 胡思继.交通运输学[M].北京:人民交通出版社,2011.
[15] 金晓红,顾正洪,付丽红.道路运输组织学[M].徐州:中国矿业大学出版社,2015.
[16] 董千里.特种货物运输[M].北京:中国铁道出版社,2007.
[17] 胡思继.综合运输工程学[M].北京:北京交通大学出版社,2005.
[18] 朱新明.物流运输管理[M].大连:东北财经大学出版社,2008.
[19] 郑若函,赵东明.集装箱运输实务[M].北京:对外经济贸易大学出版社,2014.
[20] 吴文静.道路运输组织学[M].2版.北京:人民交通出版社股份有限公司,2017.
[21] 杭州长运运输集团有限公司.道路旅客运输服务与管理[M].北京:人民交通出版社,2013.